浙江省传播与文化产业研究中心成果

2020 年度国家社科基金重大项目“融媒体环境下互联网平台型企业现代治理模式研究”（20＆ZD321）阶段性研究成果

互联网与社会发展研究丛书

浙江省互联网平台调研报告（2021）

曾海芳　李　欣　主编

中国广播影视出版社

牌照与海外：中小互联网企业的生存之道

刘祥 袁媛 任蝶 白璐
陈沛蓉 李思蓉 黄晓恪

B企业是浙江本地孕育的互联网企业，也是较早获得视频运营许可牌照的民营企业，近两年它大力拓展海外市场，在营收、用户规模与影响力方面均取得不错的成绩。拥有牌照、中小互联网企业、拓展海外，将这几个关键词组合在一起，可以凝练出本调研的主题——中小互联网企业为了自身的生存与发展是如何运用牌照优势以及如何拓展海外市场的，这些战略选择反过来又对其本身造成了哪些影响？本调研围绕浙江本地视频业务经营企业——B进行，通过线下走访、员工座谈、线上资料搜集等还原B企业的发展历程、业务定位与未来战略选择，并通过对B企业这一典型样本的研究，审视与思考浙江本地中小互联网企业的生存与发展的方法。

一、短视频行业的现状、历程与趋势

根据2017短视频行业大数据洞察报告分析定义，短视频是指视频长度不超过15分钟，主要依托于移动智能终端实现快速拍摄和美化编辑，可在社交媒体平台上实现实时分享和无缝对接的一种新型视频形式。移动短视频用户规模不断扩大，短视频时间短、信息承载量高等特点使移动手机用户得以充分利用碎片时间观看，更符合当下网民手机使用行为习惯。短视频的用户流量创造了广大的注意力市场，因此众多互联网公司竞相注资开发短视频平台。我国短视频平台呈几何量级涌现，这对用户的内容满足和社交需求提供了极大的助推力量，但因其与传统媒体不同的媒介属性，也给互联网治理带来了一系列新的挑战。数据显示，2019年中国短视频市场规模达828.2亿元，同比增长608.5%；2020年短视频市场规模为1408.3亿元，同比增长速率仍保持在70%。短视频市场规模增长迅速，因其门槛低、趣味性高、草根性强等特点吸引用户下载使用，加之直播的引入使得用户黏性增强，短视频发展前景可观。

（一）短视频的市场现状

1. 短视频的用户规模

2019年以来，短视频用户规模快速增长，据CNNIC发布的第46次《中国互联网络发展状况统计报告》显示，截至2020年6月，我国网民规模为9.40亿，其中手机网民规模达到了9.32亿，占比达99.2%，其中短视频用户规模达8.18亿，占网民整体的87%。极光数据显示，2020年第三季度，短视频行业用户时长占比达26.6%，稳固占据用户手机注意力头把交椅。2020年9月，短视频行业的用户人均时长绝对值及同比增量均明显高于其他行业，人均每日使用时长超过1小时，较去年同期增长近半小时。

2. 短视频的竞争格局

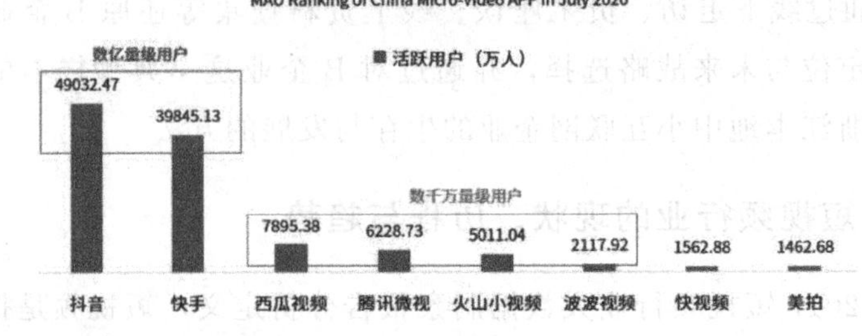

图1 2020年中国短视频行业竞争格局分析

数据显示中国短视频平台月活排名中，抖音、快手分别以49032.47万人及39845.13万人排名前二，而其他平台用户量级均未达1亿。艾媒咨询分析师认为，虽然短视频领域平台众多，但抖音及快手作为头部平台的优势明显，两大平台拥有庞大的用户基础，同时在内容丰富性、商业化探索方面也处于行业前列。

3. 短视频的市场规模

CNNIC 发布第 47 次《中国互联网络发展状况统计报告》显示，截至 2020 年 12 月，我国网民规模达 9.89 亿，互联网普及率达 70.4%。我国网民的人均每周上网时长为 26.2 个小时。根据调查数据显示，短视频备受用户喜爱。我国网络视频（含短视频）用户规模达 9.27 亿，较 2020 年 3 月增长 7633 万，占网民整体的 93.7%。其中，短视频用户规模为 8.73 亿，较 2020 年 3 月增长 1.00 亿，占网民整体的 88.3%。据艾媒咨询调查数据显示，2020 年中国短视频市场规模达到 1408.3 亿元，继续保持高增长态势，2021 年中国短视频市场规模约为 2672.9 亿元，同比增长 89.8%。[①] 短视频平台不断在商业模式上进行探索，一方面成为创新性新媒体营销平台；另一方面也结合直播带货迎来新的增长点，市场仍将进一步发展。近年逐渐在维护用户黏度、提高社交属性等方面发力，因此用户群体有一定增加短视频应用使用时长的趋势。吸引了越来越多的细分领域通过短视频平台来获取自己的粉丝和用户，累积沉淀进行转化。

4. 短视频的外溢效应

各大短视频平台不断拓展对外传播疆域，如抖音海外版 TikTok、快手海外版 Kwai 等应用迅速扩张海外市场。短视频平台在努力扩展海外市场的同时，还担负起了输出文化的使命，生动直观、新颖易懂的短视频作品突破了语言的局限性，更具有跨文化传播力。此外，短视频与其他行业的融合趋势愈发显著，尤其在带动贫困地区经济发展上作用明显。通过带动乡村旅游、推动农产品销售等方式，拉动贫困地区经济发展。截至 2019 年 9 月，已超过 1900 万人在快手平台上获得收入，其中超过 500 万人来自国家级贫困县，有 115 万人通过在快手平台卖货，年销量总额达到 193 亿。

5. 短视频的产品梯队

目前短视频市场产品数量体系众多，头部的几个产品基本上占据了整个短视频市场行业的 80%以上流量，而后面从第 3 到第 10 瓜分剩余的用户流量，抖音、快手等头部产品类型基本上占据了短视频的半壁江山。以目前短视频代表产品“抖音”为例，抖音不仅有国内版还有海外版，日活跃用户数量（Daily Active User，DAU）已经达到 5 亿以上规模数据（截至 2020 年

① 来源：智研咨询发布的《2022—2028 年中国短视频行业市场研究分析及投资前景评估报告》。

12月），注册用户量含海外在内已经达到15亿。除了抖音系列，其他短视频产品也在瓜分长视频市场，如西瓜视频、火山短视频，可以说是形成了一套低、中、高端的组合拳，覆盖了整个短视频行业的各个细分用户群体与维度。头条类产品目前已经基本形成了自己的体系：资讯以头条为代表，整合皮皮虾、内涵段子为辅助；短视频领域，主打自己的拳头产品抖音，配合西瓜短视频、西瓜视频形成自己高、中、低组合拳，覆盖全方位的人群客户。

（二）短视频的发展阶段

图2 2011年至今中国短视频行业发展历程及特点

第一阶段：2011—2015年，称之“蓄势期”。智能手机、3G网络、WiFi逐渐普及，短视频发展处于初始的蓄势期。

第二阶段：2016—2017年，称之“转型期”。4G网络开始普及，短视频分发渠道增多，平台类型呈现多元化。

第三阶段：2018—2019年，称之“爆发期”。多方资本涌入，政策监管力度加大，各类短视频平台发展迅猛。

第四阶段：2020年至今，称之“沉淀期”。头部平台优势扩大，并寻求资本化；但抖音的独大趋势明显。

（三）短视频的市场发展趋势

1. 各大互联网巨头纷纷布局短视频业务

2017年腾讯投资快手3.5亿美金。今日头条在2017年相继推出火山和抖音这两个各具特色的短视频产品，以多产品进军短视频产业市场，之后抖音开始接入电商渠道。百度在 2018 年 1 月上线 Nani 小视频，正式进军短视频市场。

2. 短视频内容升级

各大短视频平台的内容主要源于普通网民和明星网红，在生产模式上呈现出 PGC 与 UGC 并存的特点。平台强调编辑推荐和算法应用的结合，产业链条开始呈现长尾化、细分化发展。各产品具体的打法略有不同，快手以 UGC 模式先发优势，依靠用户原创内容上传至平台分享，以强用户黏性聚拢体量庞大的用户群，之后发力 PGC 模式，在内容质量与规模上探索平衡之道。短视频内容的种类也越来越多元化，并不断地融入各行业、各领域，开启了“短视频＋”的时代。

3. 用户需求成为首要驱动力

从微博开始，网民已从“受众”转变为“用户”，逐渐从“旁观”到“参与”。用户兴趣逐渐小切口化，产品内容的普适性面临挑战。如何在用户的碎片时间给予其良性的循环刺激使其在产品上停留较长的时间，是当前需要重点考虑的问题。现在的用户正处于高涨的碎片化娱乐需求阶段，如何提高黏性、降低排斥性，是短视频平台和产品需要解决的现实问题。

4. 多元化盈利模式涌现

短视频行业面临着高昂成本的问题，包括内容生产成本、内容传播成本、用户获取成本等。持续化、规模化的内容生产才能长期维持用户的活跃度，创造更多的粉丝付费可能性。通过流量变现、电商变现、版权内容变现等方式实现盈利，其中以流量变现（广告）的比例最高，电商变现的发展势头很迅猛，版权内容变现的增长天花板清晰可见。

5. 丰富的广告营销工具

目前的短视频产品以提升用户体验为出发点，不断升级广告营销。信息流广告的大量涌现使得广告市场体量进一步增加，引发广告投放的技术升级。通过智能分析用户的行为和兴趣分布，将兴趣和广告匹配后推送至用户端。短视频产品在原生广告上用户感知性高，广告表达形式立体，原生广告不同于传统的贴片广告，并不独立于内容存在，而是将广告融入内容的生产，在实践中表现出丰富的延展性和创意的可塑性，虽然兴起不久但创造出了极大的市场价值。2018 年春节期间推出的短视频系列广告《把乐带回家》、手机淘宝的《夜操场》等是短视频原生广告的经典案例。

（四）短视频产业与市场存在的问题

1. 低质量内容多

现代社交媒体技术的发展实现了“思想意见的公开”，“分权”特性使得每个人都能成为传播主体，观点和内容的生产和传播更迅速、低成本化，网络的低门槛化带来了更多的“三俗”内容。内容生产者为了博关注、吸引眼球、迎合猎奇心理，“三俗”内容泛滥。快手、火山短视频、美拍平台曾传播涉未成年人低俗不良信息，由于网络信息的渗透力越来越强，无论是内容生产还是传播，都会带来不良影响。高话题性、高关注度和拥有一定影响力的公众人物成为一些短视频平台营销的重点，短时间内明星艺人的光环吸引了许多用户的眼球，而对于短期获利的追求和长期整体发展的忽视，使得短视频平台出现优质原创内容稀缺的问题。

2. 内容同质化严重

虽然现在是短视频的风口，但和文字创作一样，短视频一开始就出现了内容雷同的问题，优质内容欠缺、供给量不足是目前短视频面临的最大挑战。一旦视频话题积攒了一定人气，便有越来越多的用户模仿发起者的动作。基于新媒体技术的二次传播更有发展空间，受众总是喜新厌旧的，一种内容或玩法多次观看会产生审美疲劳，这样的短视频内容显得毫无价值。

抖音推出的一键剪同款功能，虽然可以在短期内显著提升用户活跃度，但也造成了在特定时间段内类似内容的大量涌现，极易造成用户视觉体验疲劳。

3. 监管薄弱

相较于短视频市场的快速发展，该领域的监管仍存在很多薄弱地带，是当前短视频市场发展面临的一大问题。利用用户的猎奇窥探心理，一些短视频平台存在“贩卖”色情、暴力等不良内容的现象，挤压了优质短视频的生存空间，十分不利于整个行业的良性发展。此外，短视频平台也存在着不少知识产权争议问题，针对反复侵权行为，短视频分发平台也应当承担更强的注意义务，复制、截取等随意使用他人原创视频的行为损伤了用户原创内容的积极性，进而也会影响短视频平台的健康发展。

二、视频经营许可证（牌照）的由来与效果

B企业作为国内较早开展网络视频业务的民资企业，得益于历史机遇赋

予的牌照红利，规避掉了《互联网视听节目服务管理规定》对于介入视听节目服务的时间节点限制，成为浙江乃至全国现存的为数不多的拥有视频牌照的中小型民资企业。视频经营许可证的发展历程、现状以及对目前短视频市场的影响，成为B企业目前进行定位转变与战略选择的主要依据。

（一）视频经营许可证制度的由来与影响

1. 视频许可证的由来

2004年广电总局制定《互联网等信息网络传播视听节目管理办法》。

2008年1月31日起实施的《互联网视听节目服务管理规定》中第七条明确规定，从事互联网视听节目服务，应依本规定取得广播电影电视主管部门颁发的《信息网络传播视听节目许可证》。

2015年6月10日，广电总局发布《互联网等信息网络传播视听节目管理办法（修订征求意见稿）》（以下称管理办法）公开征求意见的通知。该管理办法对互联网视听内容划定范围。其第三条明确：本办法所称互联网等信息网络传播视听节目服务（以下简称网络广播电视服务），是指以互联网等信息网络（含有线、无线网络）、局域网络及利用互联网架设虚拟专网为传输通道，以电视机、手机（含各类手持电子设备）等电子设备为接收终端，从事向公众定向提供广播电视服务的活动，包括IP电视（IPTV）、手机电视、互联网电视等。第九条：申请从事IP电视（IPTV）、手机电视、互联网电视内容服务的，应当是经国务院新闻出版广电行政部门批准设立的地（市）级以上广播电视播出机构和中央新闻单位。申请从事IP电视（IPTV）、手机电视、互联网电视内容服务的，还应当具备2000小时以上的节目内容储备，同时应有30人以上的专业节目编审人员。

2. 视频许可证的基本现状

《互联网视听节目服务管理规定》（以下简称《规定》）是2007年底发布的，2008年1月执行。截至目前，共有近600家单位拿到此证。这些单位中传统媒体占据大半壁江山，其余新媒体大多是具备多年视频网站经营经历，或是背靠强大资本方的互联网平台。视频牌照的审批权与管理权在国家广电总局，对于视频牌照的申请资格要求越来越严格、越来越高，一般性的民营企业或商业机构目前很难申请到视频牌照。牌照在视频市场的稀缺性越来越明显，在很大程度上限制了外来的竞争者入局，但这种形势属于监管红利，具有较大的外部风险性与可变性。

3. 短视频机构获证资格与做法

根据《规定》，要取得这个视听许可证的首要条件就是“具备法人资格，为国有独资或国有控股单位，且在申请之日前三年内无违法违规记录。其中国有控股单位包括多家国有资本股东股份之和绝对控股的企业和国有资本相对控股企业（非公有资本股东之间不能具有关联关系），不包括外资入股的企业”。也就是说必须是国资企业，即使某些视频类公司做了 VIE 结构，理论上都不能拿到视听许可证。但申请主体留了个余地：“在《规定》发布之前依照国家关于互联网管理相关法规设立的网站（不含外资），无违法违规行为的，及有轻微违规行为能及时整改，在申请之日前三个月内无再犯的，可以申办许可证并继续从业。”规定是 2007 年 12 月发布，2008 年 1 月 31 日生效的。所以只要是在这个法规之前建立的网站都可以申请到视频经营许可证。

最近几年内获得牌照的互联网平台操作如下：今日头条就是通过收购“运城阳光”曲线得到了视听许可证，编号 0410466。爱奇艺曾和百度共用一个视听许可证，2011 年 11 月 28 日，百度旗下视频网站奇艺在启用新域名 iqiyi.com 后正式启用了新的视听许可证，许可证编号为 0110544，该编号之前为一家名为北京新联信德广告传媒有限公司的新媒体公司，公司成立于 2007 年 3 月 27 日，在 2010 年 9 月 10 日更新的“北京市信息网络传播视听节目业务单位一览表”里，新联信德旗下的 56671 娱乐网（www.56671.cn）获得视听许可证。秒拍与小咖秀、一直播同属于一下科技，一下科技有一张从北京宇晨亿荣网络科技有限公司那儿易手而来的视听许可证。B 站就是和上海东方传媒有限公司（SMG）合作，官网公示用的 SMG 的视听许可证。小米拥抱了央视旗下的牌照方 CNTV，乐视拥抱了国广。

从目前广电总局对于牌照的申请管理规定、审批历史、申请者的操作路径来看，民资企业或商业机构想获得新的牌照只有以下路径：新申请单位要求为国有独资或国有控股单位；在这个规定生效之前建立的网站；并购有该视听证的企业，曲线获得该牌照；和母公司共用一张牌照；投靠各省市电视台等广播电视播出机构。对于新入局短视频市场的互联网公司，并购拥有视听牌照的企业、与母公司共用牌照、与各省市电视台联合等做法就成为必然的选择。

（二）视频经营许可证对短视频市场的影响

1. 视频许可证的供需态势

一方面视听许可证的发放审核被收紧，新申请单位要求为国有独资或国有控股单位；另一方面监管调控进一步升级，没有这张牌照的视频类企业头顶都有一把达摩克利斯之剑。2016 年 9 月，广电总局发文要求，必须持有《信息网络传播视听节目许可证》才能开展直播业务。此前，没有拿到视听许可证牌照的直播网站，暂用中华人民共和国文化和旅游部《网络文化经营许可证》，后者申请相对容易。

“梨视频”的整改风波更是给同类视频企业敲响了一记警钟，在强监管维系的垄断市场里，没有牌照护身，随时都有可能面临监管处罚。一些希望通过视频内容有所发展的企业，依然可以选择与有牌照的企业进行深度合作，或者通过资本兼并，由此来解决牌照因素。

2017 年今日头条通过并购“阳光宽频”曲线获得了视听许可证，未雨绸缪取得一枚护身符，而“梨视频”因没有相关资质而遭到北京网信办的整改处罚。风波之后，今日头条暂时安全，梨视频宣布转型。一喜一忧之间，也给其他未取得互联网相关资质、有视频业务的同行网站敲响了一记警钟。

由于监管的日趋严格以及发放牌照门槛的提高，据统计，自 2009 年以来广电总局没有给民营网站发过一张视听许可证，今日头条、一直播、喜马拉雅、蜻蜓这些迅速崛起的互联网新秀，只能出重金去收购那些持有视听许可证的机构。一时间，视听许可证变得紧俏抢手，据媒体报道，目前市场上一张视听许可证已经炒到了 8000 万，并且还有可能进一步水涨船高。短视频的“牌照风波”也在一定程度上显现了行业发展的临界点，政策、资本的壁垒开始形成。

2. 视频许可证的实际执法案例

2014 年 4 月，广电总局联合文化和旅游部禁播一批互联网平台动漫节目，其中《进击的巨人》《寄生兽》《刀剑神域》《死亡笔记》《吸血鬼同盟》《东京食尸鬼》《黑执事》等多部热门动漫均位列其中。涉及包括优酷、爱奇艺、腾讯视频等几乎全部国内主流视频公司。

2014 年 9 月，广电总局下发通知重申网上境外影视剧管理规定。要求用于互联网等信息网络传播的境外影视剧必须依法取得《电影片公映许可证》或《电视剧发行许可证》。未取得许可证的境外影视剧一律不得上网播放。一些视频公司已经受到“先审后播”政策影响。搜狐视频此前已取得《纸牌屋》第三季网络独播权，但迟迟不能在国内上线。

2014 年 7 月，广电总局曾分别约见拥有互联网电视集成播控平台牌照的七家牌照方高层，并对境外影视剧、集成平台 EPG，以及停止开展直播业务等提出整改要求，剑指最严重的互联网公司“擦边球”行为——“电视盒子”事件。广电总局当时的措辞空前严厉：“后续哪家不按总局要求做，就收回牌照，不带好头，就处理，如果七家都违规，就暂停互联网电视业务。”随后广电总局在批评 CNTV（中国网络电视台）旗下未来电视整改不力时，指出与之合作的小米、乐视的机顶盒 UI（用户界面）违规。

2017 年 2 月 4 日，北京市委网信办、市公安局、市文化市场行政执法总队责令梨视频进行全面整改，原因是梨视频在未取得互联网新闻信息服务资质、互联网视听节目服务资质的情况下，通过开设原创栏目、自行采编视频、收集用户上传内容等方式大量发布所谓“独家”时政类视听新闻信息。

2017 年 6 月，A 站因不具备《信息网络传播视听节目许可证》，被广电总局要求关停视听节目服务，全面整改，包括严禁未持有视听许可证的机构主体上传视听节目，并对不符合《互联网视听节目管理规定》的影视剧、网络电影、新闻节目、纪录片、专题片、综艺节目等视听节目予以下线；后又被北京市文化市场执法总队责令对视频节目内容进行整改。

从上述案例可以看出，监管部门正在从资格审查及内容导向两方面加强对短视频平台的监督和管理，监管态势日趋严格，处罚也愈发严厉。即使取得了视频牌照，也不意味着在以后的经营中就会一帆风顺，更不存在所谓的免死金牌，一旦出现问题就会面临严重处罚，即使是国资机构也不例外。

3. 视频许可证的市场效果

许可证或成内容平台下半场竞争的关键筹码。在互联网直播视频图文资讯等内容领域，野蛮生长过后就会迎来规范化，而规范化的关键一步则是监管方以许可证的形式让各平台的业务合规化。某种程度上许可证是内容平台下半场竞争的关键筹码之一。爱奇艺等视频平台向短视频节目合作方发送了通知，要求对方出具《广播电视制作经营许可证》，否则暂时无法上线节目合作方的视频内容。这个信号表明，随着视频业务正在成为诸多互联网平台的标配，各种视频平台产生的低俗内容乱象引发了管理部门对平台资质与监管的收紧，而平台要求的《广播电视制作经营许可证》，不仅是短视频制作需要的，也是拍摄综艺、影视剧离不开的。《广播电视制作经营许可证》与《信息网络传播视听节目许可证》是视频行业含金量高、与主营业务关系密切的两个许可证。当下直播平台迎来空前监管，广电总局下发通知要求直播机构持有《信息网络传播视听节目许可证》，首批共颁发了588张许可证，而熊猫TV、虎牙TV、斗鱼TV、全民TV、战旗TV等不具备许可证。发展到今天，也只有少数直播平台后续拿到了许可证，许多中小直播平台就卡在了许可证资质一环。当时许多大型平台寻找能够并购持证的“壳资源”，小公司寻求被持证企业并购，没有资质的小平台纷纷关停。曾经辉煌一时的二次元网站A站就是在无证经营上栽跟头的典型企业。2017年6月，A站因不具备《信息网络传播视听节目许可证》，被广电总局要求关停视听节目服务，全面整改，包括严禁未持有视听许可证的机构主体上传视听节目，并对不符合《互联网视听节目管理规定》的影视剧、网络电影、新闻节目、纪录片、专题片、综艺节目等视听节目予以下线；后又被北京市文化市场执法总队责令对视频节目内容进行整改。虽然A站最终靠腾挪辗转解决了危机，但是后续又不断被关停、多次陷入舆论风波，导致用户流失。相比之下，晚了两年出生的B站却是牌照齐全，在业务经营上少了很多阻力。A站曾经是中国最辉煌的宅文化基地，后来却渐渐没落，重要节点就在于许可证资质问题没有得到解决。

图文资讯、短视频、长视频互相渗透，持证上岗成为内容平台长期发展的必要策略。当前许多内容平台其实都在生产自制的栏目化内容，内容层面涉及社会热点、新闻评论、体育赛事、名人访谈等传统媒体平台的业务范畴。对于监管部门来说，内容资讯新闻类的短视频是容易产生社会影响力的一个领域，如果对此类内容风险控制不当，不合规的内容很容易引发问题。继直播平台“持证上岗”整改后，进入快车道的短视频行业正在遭遇政策红线。监管部门正在从资格审查及内容导向两方面加强对短视频平台的监督和管理。2018年两会后广电总局连续开展了多项整治行动，对未持证互联网企业进行了严肃处罚。这些风向表明，有关部门对提供短视频服务的企业的监管力度会持续加强，《广播电视节目制作经营许可证》的发放审核可能日趋收紧。同时，当前短视频与长视频领域正在互相渗透，以爱奇艺、优酷、腾讯视频为代表的长视频平台正在产出更多短视频内容，而不少短视频平台也在布局长视频业务，两者融合互补。在此情况下，短视频、长视频、移动资讯内容的边界变得模糊，三者正在互相渗透，这同时也意味着与视频相关的内容平台都有一定的风险隐患。对于平台方来说，多持一张证就能更有效规范其平台的内容形态，进而做好应对网络信息监管的准备。未来在市场与政策激流中存活下来的内容平台，也一定会比原来更加专业化和规范化。那些布局视频业务但一直无证裸奔的企业风险会倍增，持证上岗的规范化管理将成必然。从这个角度来看，如果能先人一步拿证，意味着获得了业务布局扩展的入场券以及稳定经营的资格，没有后顾之忧。反之，一旦监管政策收紧，许可证办理与获取的资格会进一步收紧，内容平台持证成为应对监管的必要策略。

移动资讯内容平台向视频扩张成大趋势，牌照成为有限的价值资源。对于持证上岗的一点资讯而言，拿下《广播电视节目制作经营许可证》，很明显是想要布局短视频业务，进行品类扩充，而持证上岗的背后，还在于可以为拿到含金量更高的《信息网络传播视听节目许可证》铺平前路。2008 年 1 月31 日起实施的《互联网视听节目服务管理规定》中第 7 条明确规定，从事互联网视听节目服务，应依本规定取得广播电影电视主管部门颁发的《信息网络传播视听节目许可证》。当前，内容平台从图文到音视频内容正在不断进化与延伸，种种迹象表明内容平台、知识经济正在与视频结合。从今天来看，对于今日头条、一点资讯、百家号、大鱼号、企鹅号等移动资讯平台来说，从图文业务发展到移动视频、短视频业务已是一种趋势，而诸多内容平台均已经上线了视频业务。在视频行业的短视频玩家越来越多，除抖音、快手、秒拍、美拍等老牌玩家之外，众多新玩家涌入。知乎已经在移动端上线了新功能“视频创作工具”，积极推进短视频业务；而微博也在向短视频转型；网易 2018 年度计划用于补贴内容的资金高达 15 亿元，寄希望于薄荷直播和菠萝视频两款独立应用来撬动头部格局；腾讯复活了微视，百度也正式对外宣布对梨视频的战略投资，等等，还有众多创业型短视频玩家纷纷入局。短视频或将成为视频网站、资讯内容平台都会重兵入局的一个内容市场领域。

《互联网新闻信息服务许可证》《广播电视制作经营许可证》《信息网络传播视听节目许可证》三个证的重要性越来越彰显，前者对应内容平台的图文资讯业务的资质，后两者对应直播、短视频、长视频等内容业务的资质。在今天，基于抓住视频业务流量红利的需要，许多内容平台从单一的图文资讯平台向直播、短视频业务扩展，继而向全内容平台转型，此时，许可证牌照资质成业务扩展的关键一环。因为有了许可证，才意味着可以进一步扩展内容生态，资讯、长视频、短视频与直播业务都可以做；没证做了不合规，一旦监管要求整改下架相关内容版块，要么通过收购拥有牌照的公司，要么借助壳公司，达到符合政策要求的目的。不管哪种结果，都会对公司业务进展造成巨大压力与打击，甚至在发展的黄金时间段被竞争对手反超。牌照资源的有限性意味着该领域的竞争会越来越激烈。这是一场看不见硝烟的竞争，某种程度来说，从野蛮厮杀到成熟业务扩张阶段，许可证成了内容平台的必要“护城河”。

监管收紧，一纸许可证事关市场行业格局变化。如今，网络原创内容的兴起，短视频与网络综艺都进入快车道，但内容停播、平台整改，以及广电总局对资格审查和内容导向监管收紧，而视频又已经是内容平台的标配性业务，短视频这个风口还在吹风，以前的图文自媒体、传统视频团队以及各大巨头等都开始试水短视频领域。从过去直播行业的发展路径来看，一纸许可证可能会淘汰或者重创众多玩家，也将搅动移动资讯行业以及短视频行业格局。早前有些民资背景的公司申请并拿到了广电总局颁发的许可证。现在这批公司即使什么业务都不做，仅凭借这一张牌照就拥有数千万的并购价值，而且随着风投资金大量涌入视频领域，这一张牌照的价格还会被进一步推高。在监管收紧的背景下，许可证不好拿，能拿到视听许可证的，背后资方的背景和资源就显得尤为重要。过去很多没有拿到牌照的公司只能通过曲线救国的方式拿钱收购或入股拥有牌照的公司，以达到符合政策要求的目的，但这种方式未来是否有效还很难说。

三、互联网企业出海的历程与模式

随着中国在国际上的影响力日益增强，以及“一带一路”的兴起，使得一批国内互联网企业借机出海发展。与之相对的是，中国的移动互联网红利正逐步消失，用户规模增幅持续收窄，互联网流量增长陷入瓶颈。而海外几十亿互联网用户蕴藏着巨大的市场和机会，更使得越来越多的中国互联网企业开始走出去。目前，南美、非洲和东南亚等地仍处于移动互联网的爆发前夜，这些新兴市场发展机会非常大。尤其在5G、大数据、AI和云计算等创新技术愈发成熟的今天，于电商、直播、短视频等互联网平台而言，大大加速了大家出海创新的意愿和速度。2020年，互联网企业出海趋势更加明显，从零星企业的个体行为演变成集体出海的“淘金盛宴”。

（一）互联网企业“出海”的历程

早在40多年前，中国就开始了出海的棋局。1979年，国务院发布《关于经济改革的15项措施》，提到“出国办企业”的国家政策，这是新中国首次明确把发展对外投资作为国家政策。1997年，党的十五大上，江泽民在报告中第一次明确提出“鼓励能够发挥我国比较优势的对外投资，更好地利用国内国外两个市场、两种资源”。2007年，党的十七大报告明确指出，“坚持对外开放的基本国策，把‘引进来’和‘走出去’更好地结合起来”，预示我国“走出去”“引进来”的双向开放向纵深发展，“走出去”战略的重要性不言而喻，此后2013年提出的“一带一路”倡议也可以看作是“走出去”的深化。在国家政策的鼓励下，企业出海变得越来越频繁。不过，最开始“走出去”的企业，大部分都是国资背景，出海的模式，大多以投资和并购为主，通过这种方式快速地参与到国际市场的竞争中。

从2008年开始，中国互联网企业也相继“走出去”，开始了持续十几年的中国企业出海浪潮。从2008年到2016年，中国互联网出海主要以桌面、杀毒、清理等工具类产品为主，其次是游戏产品，例如猎豹的Clean Master、赤子城的Solo Launcher、腾讯的《PUBG MOBILE》、莉莉丝的《ShootySkies》等。2017年到2019年，社交、直播、内容类产品成为中国互联网企业出海的主旋律，例如社交平台MICO WORLD、直播平台BIGO、短视频鼻祖Musical.ly……

从时间节点上看，中国互联网企业出海可以划分为三个时代：第一个时代的典型代表是猎豹，凭借清理、安全等工具类产品在海外市场收割了大批量用户；第二个时代是以莉莉丝为代表的游戏厂商，目前中国游戏厂商的收入已经占到全球的40.2%；第三个时代是TikTok等靠泛娱乐产品起家的新秀，以及逐步转向平台型业务的出海先行者，像茄子科技等从单一的工具开发者转向综合的工具＋内容产品矩阵，从单一的B2C业务逐渐延展到B2B服务。

（二）后疫情时代的复杂性

2020年在疫情笼罩下开年，这给了出海企业沉重一击，出海处于巨大变局之中。变局之下，危与机并存。虽然疫情对以线下为主的出海企业冲击较大，但是对部分线上出海企业带来利好。

疫情初期，大量线下业务为主的出海企业受到沉重打击，交易额断崖式下跌，甚至遭遇腰斩。一方面，复工时间不确定，运输、销售、制造等环节基本处于瘫痪状态；另一方面，物流的海运及航运班次骤减，导致无法按原定时间与路线运货，供给端十分紧张。疫情倒逼了新兴技术的发展，由于各行各业的交流刚需，推动了5G、VR、AR以及全息投影技术的快速发展。

宏观看来，当下依然是企业出海最好的时机。首先，中国互联网市场逐渐进入红海阶段。随着中国移动互联网流量红利的消失，中国互联网的产能已经变得过剩，竞争已经到了红海状态，获取用户的成本也越来越高。然而部分海外国家，尤其是新兴市场依旧是一片蓝海，互联网发展还处在红利期，国内相对成熟的互联网技术和模式出海，更容易“收割”海量用户群。据白鲸出海《2020年中国互联网企业出海白皮书》数据：全球仍有32亿人没有接入网络，中国互联网企业依然存在流量红利。其次，全球移动应用市场规模不断增长，发展中国家消费升级正在催生新的商业机会，如印度和南非市场。全球互联网人口红利逐渐转移到东南亚、南非等地区，国内互联网环境竞争激烈，新兴企业在海外拥有更大的发展空间。最后，中国的技术优势红利正在释放。与美国相比，中美两国在技术领域差异较小，而对于东南亚、印度以及大部分“一带一路”沿线国家，互联网发展相对落后，缺乏核心竞争力，中国企业可以做到从高到低的“降维打击”。

中国的互联网产品和模式已经领先于世界，移动支付、电商平台、共享出行等都是中国互联网繁荣的代表。但中国的市场已经趋于饱和，海外则成为中国企业的目标，因此“出海”也逐渐成为更多企业的选择。此外，国内企业在出海这场大考中，从工具类产品在海外聚集大量流量，到新闻、社交游戏和在线教育等内容类产品在海外取得优异成绩，中国独特的科技创新模式孕育了大量的新机遇。直播、网约车、共享单车……各种新兴事物应运而生，移动互联网给中国带来的改变是全方位的，不仅是一个个新兴领域的产生，更为深刻的影响是思维模式上的革命，中国互联网开始诞生出越来越独特的创新模式。虽然疫情让中国互联网出海受阻，但中国互联网企业出海的趋势已不可阻挡。2021年，中国互联网出海也进入了全新阶段。

（三）中国互联网企业的出海现状

1. 全球移动互联网仍有发展空间，商业模式是中国互联网企业出海竞争的主要借力点

根据App Annie数据，2019年，移动应用市场规模已经超过1200亿美

元，且2016—2019年保持着110%的高速增长。但到目前为止依然还有32亿人（超过全球人口的40%）还没有接入网络，海外依然存在流量红利，但未开拓市场普遍为高流量、低ARPU（Average Revenue Per User，每个用户平均收入）值，这就要求出海企业在选择进入这类市场时更贴合当地情况，从一开始就将商业模式考虑进去。以电商为例，中国依然是全球最大的电商市场，但近几年东南亚电商市场发展迅速，例如印度尼西亚的网购用户数量接近2亿。不过，相较于中国市场，即便发达如美国，物流、数字支付等基建条件也有较大差距。建议出海企业在布局跨境电商业务时，应重点考察市场基建，同时探索用户需求和市场空白，结合当地用户习惯来完成从引流到变现的一整套业务部署。

2. 东南亚是中国互联网企业出海的主要目的区域，但细分市场与赛道的差异较为复杂

东南亚市场是近几年中国互联网企业出海的热土，具有人口结构年轻化、经济发展快速、消费意愿大于储蓄等共性，但具体到各个国家各赛道的表现依然有所区别。宏观方面，如移动网络情况是影响当地移动互联网经济发展的重要因素之一。根据We Are Social数据统计，2019年东南亚六国中印尼移动网络订阅量最高，但这里并非渗透率最高，印尼数据与其人口规模最大有关，其次是越南和菲律宾；而接入3G和4G网络的比例方面，新加坡和泰国最高，都达到了99%，越南最低，只有45%，是东南亚六国中唯一没达到世界平均水平的国家。出海企业在出海不同国家时需明确不同市场的网络状况，据此调试产品和服务。具体到不同赛道，东南亚六国的表现各有不同。以社交为例，东南亚线上交友市场规模前三位的国家是新加坡、马来西亚和印尼。尽管东南亚国家的移动社交整体市场规模依然较小，但是增速惊人。2017年印尼社交市场规模约为160万美金，2019年增长至580万美金，增速高达260%。印尼是一个更大的增速市场，且在之后规模也可能超过新加坡，有意出海东南亚的约会交友App可以尝试将更多重心放在印尼市场。另外，交友类App的使用目的有寻找严肃的婚恋关系、约会、寻找志同道合的朋友等多种。但在新加坡、马来西亚、印尼这三个市场，用户也表现出不同偏好：新加坡更偏向于传统的资料匹配的交友形式，做细分群体的垂类交友App进入榜单的数量明显多于其他两个市场。这一方面说明，新加坡的陌生人交友市场相对成熟，玩家开始拓展细分市场；另一方面，新

加坡作为国际都市，文化相对开放，有垂类交友 App 的发展空间。而在马来西亚，用户对视频交友的形式接受度高于新加坡，马来西亚用户在游戏社交方面的需求也很大。

3. 中国头部互联网企业出海规模与影响力逊于国外同行巨头，但模式特征明显

相较国际互联网巨头已在多个海外市场占据重要地位，中国互联网企业的海外发展起步较晚，差距明显。从海外营收占比看，Google、Facebook、Amazon 等 2015 年的海外营收占比在 38%—54%之间，而阿里巴巴、腾讯、百度等中国互联网企业海外营收占比均未超过 15%。

腾讯：资本出海，而非产品出海。腾讯以游戏 IP 运营和金融业务扩张两方面，针对这些收购或入股的海外游戏公司，采取独立运营的策略。在业务出海方面，腾讯原来出海方向是打造全球性社交软件 Wechat。但由于软件内的排版设置功能未能突破各国文化差异，加上 Facebook、Snapchat、LINE 等占主导地位的同类产品更具竞争性，Wechat 未能成为海外的主流社交应用。在资本出海方面，对腾讯来说是更为强势的海外布局形式，采取海外投资和并购战略，以打造全球游戏的投资组合。在 2016 年以全球游戏布局区域出海腾讯云的服务节点，成为游戏行业的龙头，同时打开了海外的增长空间。截至 2020 年 8 月中旬，腾讯在海外的投资标的多达 143 个，遍布 22 个国家，其中覆盖游戏、电商、文娱、金融、教育等多个领域。

字节跳动：国际化产品，本地化内容。字节跳动的全球化战略是“技术出海，本土化运营”，已经在全球 30 个国家、180 多个城市设立办公室，拥有超过 6 万名员工。产品属性方面，除了办公协同软件 Lark 针对 B 端市场外，其余产品皆以短视频、社交和新闻资讯为主，旨在“搜刮”海外 C 端流量。尽管遇到很多文化和监管方面的问题，TikTok 的国际化之路还是十分成功的。在进一步巩固与扩展国际化市场的同时，字节跳动也将其国际运营经验与核心技术应用到新的产品上，以打造出针对国际市场当地化的产品。

阿里：电商基础设施与云服务。2015 年，阿里云新加坡大区开服并在新加坡设立海外总部；2017 年 7 月，阿里云在马来西亚首建第一个数据中心；2018 年，马来西亚第二个数据中心、印度尼西亚第一个数据中心开服；2019 年 1 月，开通印度尼西亚第二个数据中心；2020 年 7 月初，阿里云宣

布将在印度尼西亚开设第三个数据中心。蚂蚁金服业务覆盖了支付、理财、银行、保险、贷款、征信等泛金融版块，以支付为入口撬动海外商户和用户间的互动，实现50%用户在海外、50%用户在国内。

（四）中国互联网企业出海面临的问题与困难

到海外市场开疆拓域，其实并没有想得那么简单，在不同的政策、市场环境、人文特征以及技术安全、数据合规上都面临着一系列挑战，大量中国企业在出海过程中普遍遇到"水土不服、不接地气"的难题。首先，从现状来看，互联网企业出海所面临的核心困境主要在于本地化操作难度较大，在不同文化、政策背景和生活习惯下，难以准确把握当地用户的真实需求。其次，还面临着多重监管的限制，如当地政府和商业协会的监管。再次，在海外市场，Google、Twitter、Facebook等搜索和社交平台垄断明显，出海企业在营销推广的渠道上可选择的范围十分有限。最后，技术服务难保障、出海安全风险高、网络资源不理想等问题，也是企业出海面临的一些突出问题。"走出去"容易"留下来"难，在政策、法律、宗教和文化等种种差异带来的挑战下，有的企业难以施展拳脚、步履维艰，甚至是铩羽而归。如何基于不同国家的政策、宗教文化、法律法规、版权规定等情况，制定不同的推广运营策略，破解"水土不服、不接地气"的难题，考验着每家企业的能力和智慧。

1. 网络空间治理法规体系日益完善，企业海外业务合规成本不断上升

欧盟《通用数据保护条例》生效一年多，《数字服务法案》正在编写中。巴西、印度、新加坡也出台了数据隐私法规。尽管美国联邦层面没有相应法律，但加州出台了《加州消费者隐私法案》，联邦贸易委员会也加强了隐私保护方面的执法力度。行业组织、智库和知名企业相继发布人工智能伦理准则、数据使用公约等。企业出海必须进行充分的监管环境调研，否则将面临高额的罚款、复杂的司法体系的威胁，这将大幅增加企业的合规成本。

2. 受多个司法辖区管制，降低了公司国内外团队运营的协同性

中国互联网企业直接将商业模式输出到国外，不得不面对国内外两个司法辖区的管制，在欧盟地区甚至还存在业务发生国作为第三个司法辖区限制的情况。复杂的法规中难免有矛盾的地方，特别是数据治理、算法伦理等方面的差异明显，企业面临更多国外审查，增加了经营风险，甚至不得不在企业内部隔离国内外用户和业务，削弱了运营的协同性。

3. 非经济因素在监管考量中的权重加大，直接和间接投资都面临严格的审查

各国在对互联网监管的过程中，普遍增加了对资本来源国和实际控制人的审查。与以往注重反垄断不同，各国近期反映出的监管审查更多体现为对企业背景和历史行为审查，包括渗透、官方宣传、干扰选举、搜集当地用户敏感数据等非商业层面的因素。澳大利亚战略政策研究所近日发布报告，详述了其对 TikTok 和微信两款软件在内容审查方面的测试情况，认为两款应用在内容审核时有倾向性，且涉嫌滥用用户隐私数据。互联网企业开展境外业务主要靠直接设立分支机构和资本合作两类途径。美国和欧盟都通过更新法律或设立新法规加强了对股权投资项目的审查，两种出海模式面临的监管风险趋于一致。

4. 中国互联网企业在海外经营本地化不顺畅

世界各国的社会经济发展水平和文化传统等差异较大，互联网业务越来越注重线上线下的融合发展，需要更加关注本地化进程。阿里巴巴收购东南亚最大电商企业 Lazada 后，即便有国内公司的全力支持，发展并不顺利，甚至两年三次更换 CEO，部分地区业务被竞争对手超越，反映出本地化方面存在水土不服。微信在海外多局限于华人圈，没有作为超级应用被国际普遍接受。TikTok 是本地化做得最好的中国企业，也因与当地监管部门的协调沟通和国际环境问题，面临日益严峻的本地化挑战。

5. 当地基础设施薄弱

因为大部分互联网企业考虑出海的地域还是集中在东南亚、非洲这些地区，相比于其他地区，当地经济发展水平不够高，基础设施建设完善程度较低，不利于互联网企业拓宽市场，甚至还需要花费大量时间成本做网络覆盖。有的企业需要提前做市场判断，考量这一地区是否适合自身输出，对于一些初创型互联网企业来说，虽然这些地区有潜在市场，但做活还是需要一定时间，并且凭借这样的外在条件，很难和那些本就有基础的互联网大企业竞争，因而还没扬帆就返航了。

6. 产品和服务的同质化

由于互联网企业众多，确定用户需求和垂直领域就更为重要。同样是做短视频领域，相同模式、相似内容很难让用户对一款应用产生深刻印象，如果不在前人的基础上推陈出新，给用户一些新鲜的观感和体验感，就有可能

在同类型的产品竞争中失去吸引力和竞争力，那么即便是庞大的市场缺口也没有办法填补。

7. 本地化程度不够

海外市场也具有独特的个性化需求，许多互联网企业出海失利就是因为自身对于当地市场把握不够造成的，其中包括宗教等文化方面的因素以及政治、法律等条约准则方面的约束。在国内市场推行成功固然有其经验所在，但毕竟场域不同、环境不同、用户心理不同，成功经验不可一成不变地复制。浙江的一些出海失败的企业正是因为本土化不够当地市场不买账从而导致失败的。所以出海企业应当请有当地生活工作经验的，了解、知道当地互联网需求的人才，作为核心团队来搭建分公司、本地公司，使产品更本土化。

（五）浙江互联网企业出海情况

有赞

有赞，原名口袋通，2012 年 11 月 27 日在杭州贝塔咖啡馆孵化成立。2014 年 11 月 27 日，口袋通正式更名为有赞。2018 年 4 月 18 日，有赞完成在港上市。有赞是一家主要从事零售科技 SaaS 服务的企业，旗下拥有：有赞微商城、有赞连锁、有赞零售、有赞美业、有赞小程序、有赞教育、有赞餐饮、有赞学院等全面帮助商家经营移动社交电商和全渠道新零售的 SaaS 软件产品及人才服务，面向开发者的“有赞云”PaaS 云服务，面向品牌商的有赞推广、有赞分销，面向消费者的有赞精选、有赞微小店等服务。主要是帮助商家进行网上开店、社交营销、提高留存复购，拓展全渠道新零售业务。

直至 2020年，有赞觉得自身条件成熟且国外大环境有很好的学习交流空间，在八周年的生态大会上推出了有赞国际版 AllValue。AllValue 是一款跨境电商互联网软件，凭借有赞八年 SaaS 领域沉淀的能力和经验，为全球零售及电商卖家提供独立站系统和商家服务及线上免费跨境电商运营课程、一对一的商家运营策略等服务。目前，有赞已开始在海外设立多个运营分部和团队，帮助客户快速构建电商网站、开展广告投放与社交营销、运营私域流量、连接全球支付及物流，助力中国品牌出海，在国际市场加速成长。

整体来看，海外客户的电商购物习惯与中国客户有较多不同。在过去几年，尽管经历了平台电商的扩张期、社交媒体的发展期，但海外电商客户仍习惯于通过搜索引擎找到商品、打开邮件查看商品，进而完成购买。如今AllValue已开始在日本、北美等地构建本地化服务能力，接下来还会重点打通更多海外社交平台与流量渠道，帮助中国卖家构建独立站经营能力。

四、总结

B企业作为拥有视频牌照的中小企业，一方面享受着牌照所带来的对于入局竞争者的限制与过滤，其国内业务虽然在较长时间内处于相对滞后的发展状态，但仍然能够实现较低水平的营收平衡。为了突破自身营收渠道过窄的局面（广告每月五六百万），B企业在2016年开始布局海外业务，目前主要集中在泰国、菲律宾与墨西哥，其业务模式与产品形态基本复制国内版本，但运营团队实现本地化，公司股权结构实现了VIE。B企业的海外业务呈现出较多的中小互联网企业海外业务模式特征：主要集中在互联网后发国家与地域；布局较为松散；产品与服务多来自国内模式的复制；技术原创性不够，主要是打时间差；面临所在国法规、文化与宗教等因素影响。对于中小互联网企业的出海，其动机主要是出于对国内市场竞争压力的规避以及寻求新的业务与营收的业务增量，产品与商业模式的输出大于原创技术的输出。中小互联网企业自身对于海外业务的管理水平有待提升，在中美围绕中概股等一系列博弈的大背景下，中国互联网企业出海所带来的敏感国际议题如中国产能输出、中国模式输出等需要得到重视，防止西方以此作为在国际舆论领域污蔑、打压中国的借口。

全媒体时代下母婴类自媒体如何创新发展
——关于M公司的调研报告

曾海芳　孙慧慧　汪　漪　夏如意

随着社会和互联网的不断发展，人们对科学育儿的知识需求越来越迫切。母婴自媒体通过科普母婴育儿的内容和知识吸引了一大批新手爸爸妈妈们的关注。其中，做母婴自媒体起家的M公司从最初开设微信公众号“M”，而后发展为一家综合性的企业，有许多值得借鉴的地方。

本次调研以母婴自媒体代表——M公司作为具体研究对象，通过实地调研、深度访谈和案例分析等方法，研究M公司在内容生产、盈利模式、运营策略、社会责任等方面的发展模式和具体内容。M公司以用户需求为核心，打造优质内容，进一步将内容与服务变现，同时依靠打造自己的媒体矩阵，扩大自身影响力。母婴自媒体的转型升级需要以优质内容输出为核心，同时打造属于自己的品牌，充分运用移动互联网的特质扩大自身影响力与传播力。本次调研旨在通过M公司的成功经验给予母婴自媒体以借鉴意义，再次引领同类自媒体迎来一个新的发展阶段。

一、提出问题

随着全媒体时代的发展以及相关生育政策的提出，越来越多的母婴类自媒体专注于孕产人群，探索商业类自媒体的转型之路。根据艾瑞咨询发布的《2021中国母婴消费市场趋势白皮书》显示，90后的父母家庭占比近60%，90后、95后正成为中国母婴市场新生代父母的主力军，其中拥有本科及以上学历的父母占比达66%。90后父母受教育程度高，显示出更强的消费和学习意愿，同时对育儿知识提出更高的要求。

随着移动互联网的发展，母婴自媒体不断促进内容生产专业化和精细化发展，并且在倡导主流育儿观上发挥了重要作用。其中M公司作为国内最早一批成功创业的母婴自媒体之一，始终秉持初心，传播科学真实、原创有趣的母婴文化，并为广大母婴群体带来最前沿、最实用的科学育儿知识，深受大批新手爸妈的欢迎。

因此，在查阅资料进行初步了解后，此次调研提出了以下相关问题：

1. M公司如何从做微信公众号起步发展为现在的国内母婴育儿优质自媒体？如何在同类自媒体中长期保持竞争优势？

2. M公司重视内容生产，如何保障稳定输出高质量、纯原创、强效果的内容？如何维持用户黏性？

3. 面对教育行业、母婴行业的激烈竞争，M公司如何保持现有的竞争力？如何进一步优化发展，突破最新发展瓶颈？是否可能再次引领同类自媒体迎来一个新的发展阶段？

4. M公司的成功经验为母婴类自媒体发展提供了哪些借鉴意义？借鉴M公司，同类自媒体未来如何发展？

母婴自媒体在传播科学育儿观念中担当着重要角色：发挥舆论引导效用，更好弘扬科学育儿的理念。在这样的背景下，母婴自媒体体现了其科普价值，同时母婴自媒体的转型升级也会体现其经济价值。因此，本文以M公司作为具体研究对象，通过实地调研、深度访谈和案例分析等方法，研究M公司在内容生产、盈利模式、运营策略、社会责任等方面的发展模式和具体内容，为母婴类自媒体未来的发展转型提供更多建设性意见。

（一）研究背景与综述

自媒体是指通过互联网平台传播信息的个性化渠道，在2015年，国内的一批自媒体率先获得商业投资，其生产方式开始由个体化逐渐转向公司化、规模化运营，商业模式逐渐形成。熊皇指出，自2016年以来，获得投资的自媒体更集中于具有影响力、用户定位更加精准、内容创作更加优化的产品，而这其中，商业财经和互联网科技则占据大片江山。①

从自媒体到商业化自媒体，微信公众号“M”等一些自媒体账号从原先的小团队发展成大企业，队伍逐渐扩大。因此，在广告营销、内容付费以及电商模式上，商业类自媒体各有特色并获得发展，如微信公众号“罗辑思

① 熊皇：《“10万+”的背后：微信自媒体内容创业现状》，《现代商业》2016年第29期。

维”主要针对80后、90后知识分子，以线上线下活动作为节目的延伸，实现内容付费，也收获了一大批忠实粉丝。同时，在消费主义大行其道的同时，网络红人papi酱以“集美貌与才华于一身”的标语成为2016年的“第一网红”。在走红之后，她与杨铭成立的“papitube”开始尝试从UGC到PGC的转变，塑造了以人为中心的品牌价值。

在商业类自媒体中，母婴类自媒体异军突起。当下，三孩政策普及，自媒体平台的正确引导和服务则更加需要谨慎和专注。M公司作为一个综合性的母婴类自媒体，影响力较大，它的线上母婴平台也成为妈妈们消费的渠道，短视频以及公众号等则成为新手父母们获取相关咨询的地方，值得探究。互联网时代下，商业类自媒体模式各异，也有各自的问题亟待解决。

（二）商业自媒体综述

在自媒体商业化时代，自媒体一边挖掘优质内容资源，一边寻求商业化的平衡，如何寻求内容优质性以及优化自身的商业价值成为自媒体运营的目标。如“罗辑思维”“papitube”等发挥自身优势，结合自身特色开创了不同的商业模式，涵盖了场景化商业模式、社群经济模式、个人品牌塑造模式、垂直类电商模式等。激烈竞争下，商业自媒体面临着盈利模式单一、市场挤压、产品生命周期缩短、品牌塑造乏力等诸多问题，而这些问题值得我们在内容、平台、用户等方面层层探索。

1. 商业模式及发展历程

自媒体是内容提供商，负责制造和提供各种形式的信息内容，而内容的传播则是通过社交网络、视频网站等真正意义上的互联网媒体，从而形成了一种“制播分离”的传媒模式。此外，对于商业化运作的自媒体和其所依赖的网络媒体平台而言，其主要的收入来源都是广告，双方需要对共同的广告收入进行分配。

张鸿飞和李宁提到自媒体的六种商业模式，即广告、软文推广模式；会员制模式；衍生服务收费模式；“版权付费＋应用分成”模式；“赞赏”模式；平台型商业模式。[①] 张洁和凌超则认为自媒体产业新模式可分为“广告商—媒体—消费者”模式或“内容商—媒体—消费者”模式，其次则是“制

① 张鸿飞、李宁：《自媒体的六种商业模式》，《编辑之友》2015年第12期。

播分离＋广告分成”模式。[①] 孙丽莎将自媒体商业模式归结为三种：内容生产者、平台创建者、风险投资者。她的文章的主要框架建立在“内容＋平台＋用户”的基础上，以及相关的衍生和拓展模式，如社群、电子商务以及知识付费等。[②]

综上，商业自媒体的发展依靠于互联网的发展，以广告等手段维持运营，围绕内容、平台、用户等搭建商业模式，其本质都是为了实现流量变现，实现可持续发展。

（1）场景化商业模式——以“吴晓波频道”为例

2014年5月8日，知名财经作家吴晓波开通了他的自媒体公众号——“吴晓波频道”。在商业化模式的探索上，吴晓波运用场景化的思路走出一条不一样的电商之路。每一个商品，都有一个美好的故事。这是2016年“吴晓波频道”官方商城“美好的店”的口号，商城商品不再仅仅是作为实物存在的产品，更是围绕商品所构建的场景体验。比如他们将一款普洱茶刻画成用最笨拙的方式进行无农药种植的一位孤独的理想主义者，17年坚守不用农药，发动600多群众人工捉虫，只为打造时间赋予的最好礼物。普洱茶被赋予时间、坚守、天然等价值，满足了消费者对于乡土、健康、安全的情感需求，商品推出当天，这款茶就卖出数千份。[③]

讲好产品故事，关联用户的生活方式和生活体验，满足用户场景体验的情感需求同时，实现了自身的商业价值，这是“吴晓波频道”等商业自媒体的生存方式。

（2）社群经济模式——社群化动力下的价值观认同

在社群中，一群志同道合的人通过碰撞、交流、分享形成新的火花，创造商业价值。吴晓波将社群的价值观归纳为四点：认可商业之美、崇尚自我奋斗、乐意奉献共享、拒绝屌丝文化。他将用户变成对其产品有着价值认同的拥护者和粉丝。同时将产品塑造成特定符号，成为一种情感纽带并为用户带去价值认同感，创造号召力。同样，“罗辑思维”也利用自身产品内容和

① 张洁、凌超：《传媒产业新模式——“自媒体”的经济学分析》，《产业经济评论》2015年第5期。

② 孙丽莎：《中国自媒体商业模式研究》，硕士学位论文，华北电力大学，2018，第1页。

③ 张艳彬、任琳贤：《用户视角下自媒体“吴晓波频道”场景化商业模式探析》，《科技资讯》2016年第14卷第17期。

特点吸引用户，利用会员福利增强社群活力，如创办社会性协作项目“失控的儿童节”等。[①] 在社群经济商业模式下，情感关联以及价值观认同是维持自媒体商业化发展的方向。

（3）个人品牌塑造模式——网络红人 IP 影响力

网络红人 papi 酱原名姜逸磊，2016 年，她凭借其清新幽默的吐槽视频风格收获百万关注，也成为网友较为喜爱的网络红人，粉丝遍布大江南北。[②] 短视频就像是一个基于兴趣的社交平台，用户在 papi 酱的视频中感受吐槽的快乐，实则是情绪的发泄与观点的认同。而 papi 酱价值观的正向则是影响粉丝的关键。“意见领袖”一词被拉扎斯菲尔德提出，指的是那些为他人提供信息，并在人群中对他人施加影响的人。papi 酱就是一个典型的网络意见领袖。同样，年糕妈妈创始人李丹阳在抖音平台出镜讲解育儿知识，也正是以一个二胎妈妈的身份带来品牌影响力的形象。在商业类自媒体的运营中，两位女性都成为各自领域的 KOL，具备有潜力的商业价值。

（4）垂直类电商模式——整合渠道实现变现

在借鉴国内外学者关于商业模式构成要素理论研究的基础上，结合现阶段我国自媒体内容创业现状，建构了垂直自媒体内容电商商业模式的四个分析维度，即市场定位、关键业务、用户运营和盈利模式。很多商业类自媒体纷纷开辟自己的电商平台，如 M 公司的优选商城，里面有适合宝宝们使用的好物，粉丝们可以直接点击购买，享受送货上门的服务。如今，只靠广告收入难以满足自媒体可持续发展的需求，在平台上做自己的产品推广也是越来越多自媒体人乐于尝试的方式。

2. 问题与反思

目前，公众号较多的价值在于信息发布、营销宣传、用户互动等几个方面，商业类自媒体往后想要长足发展，还是需要弄清楚其背后的商业逻辑以及商业模式。盈利模式、原创内容、市场竞争、品牌管理等方面存在的问题，都是自媒体商业化模式中需要克服的痛点。

---

① 程富：《视频自媒体〈罗辑思维〉的商业模式研究》，硕士学位论文，河北大学，2016，第 24 页。

② 齐然然：《自媒体 papi 酱的商业价值及运营策略研究》，硕士学位论文，河北大学，2017，第 6 页。

（1）盈利模式单一，注意力流量的不稳定性

在盈利模式方面，有学者从自媒体的经济学角度进行分析，如张洁和凌超提到，在自媒体的商业模式中，消费者不仅直接影响内容质量和广告价格等决策，还会影响到内容供应商与媒体平台间的利益分配。[①] 尽管一些自媒体会得到资本的扶持，但是得到商业投资的自媒体实则少之又少，这种商业融资加快了自媒体的“马太效应”，因此大范围内的商业化难以实现。此外，在社群运营中，过度的商业化或将耗尽用户的价值资源，一次又一次的社群运营活动不断高涨，但是如不继续引入新的用户，商业价值难以高涨。[②]

（2）原创内容难以维持，市场竞争较为激烈

在用户体验占据重要性的时候，原创内容难能可贵。长期高水准的产出对于团队的选题、策划、文字撰写、脚本制作等都存在着压力。市场上，商业类自媒体崛起的速度和公众号关闭的速度比肩，生产工具和内容平台降低了用户的信息接收成本，他们最多花 3 秒在一个界面停留，一旦内容不够吸引人，或者与他们刚刚看到的类似，选择“路过”则会是常态。近年来，同类型的商业自媒体层出不穷，竞争也逐渐激烈，如何在市场竞争中保持调性和个性，要求商业类自媒体不断摸索。

（3）品牌个人化的弊端，产品生命周期较短

很多商业自媒体主打特色，以个人化 IP 打造公众号的品牌，如“罗辑思维”、M 公司等，但一旦核心人物有一些负面事件或者不恰当的言论，则会产生风险，影响到自媒体的运行和稳定。此外，核心人物的性格魅力、工作能力等都会影响到品牌的影响力。在产品周期方面，节目内容和选题策划的精彩直接影响其用户的点击量和浏览量。对比“罗辑思维”首次上线的视频点击量以及近来的一些视频点击量，数据表明，想要制造持续性的吸引力，有较高难度。

3. 探索与规范

在探索商业自媒体的发展路径时，贾绍茹提出了自媒体把关的重要性，比如打造内容为王，实现品牌传播，尤其是涉及产品选择的时候，细分到市

① 张柳、周红：《浅议自媒体的商业模式及风险规避》，《视听》2018 年第 1 期。

② 贾绍茹：《垂直自媒体内容电商的商业模式研究》，硕士学位论文，河北大学，2018，第 44 页。

场则是关键之处。此外，增加粉丝用户规模，通过流量变现红利获得收入。之前已经提到过，商业类自媒体实现长足发展，还需考虑“内容、平台、用户、渠道”等多方因素。

（1）内容：专业化、便捷化、精细化、个性化

美国学者施拉姆的“信息备选概率公式”中提到，一条信息能否被选择与两个重要因素有关：第一，与可感知的价值报偿成正比；第二，与获得信息所付出的费力程度呈负相关。[①] 当宝爸宝妈想要搜索育儿的相关知识，专业化和科学化的内容会更受青睐。他们只需要搜索关键词就能获得有效信息，解决育儿时的困惑，并且还能在商城里购买到相对应的产品，方便快捷。创作者的魅力人格为产品赋能，彰显自媒体的个性与独特性。美食类公众号“一条生活馆”十分注重视频内容制作，并成功将美食与电商进行结合。传统的“图片＋文字”难以满足用户对产品的了解，各种各样的视频形式，比如直播或通过视频讲故事的形式则会更加出彩。

（2）平台：渠道拓展与IP衍生

平台创建者为内容生产者提供更好的管理和服务。在平台界面，渠道的拓展尤为重要。以“头条号”平台为例，用户在通过账户登录的同时，算法会快速解读用户兴趣，形成用户画像，并根据用户画像推选特定的文章。[②] 当前，商业平台逐渐推出内容付费、会员付费的形式。2013 年，《罗辑思维》首推付费会员制，半天全部售罄。2017 年，《罗辑思维》更是全部转型为音频，并在自家 App“得到”独家播出，用户需付费收听和下载。除了描述用户画像，内容分享或者 IP 衍生也可作为平台的作用，《罗辑思维》团队在将“罗胖”改造为成功的 IP 之后，将相关的经验复制到创造类似“新罗胖”中。

（3）用户：人格化运营互动，建立情感认同

“把用户当朋友，与用户谈恋爱”是当下商业自媒体们的运营策略。通过持续输出优质内容并与用户进行高效互动，从而建立情感联结与用户认同。[③] 如“一条”主打文艺短视频，通过精致的视频内容吸引用户。“一条”

① 张悦：《垂直＋共享：视频自媒体商业模式探析》，《视听界》2018 年第 1 期。

② 许婕：《从母婴公众号到综合育儿公司》，《家庭服务》2018 年第 9 期。

③ 陈优嫚：《从母婴自媒体“年糕妈妈”公司的快速发展看传统母婴杂志〈时尚育儿〉如何转型》，硕士学位论文，北京外国语大学，2019，第 22 页。

主张“所有未在美中度过的生活，都是被浪费了”。其内容包括生活、潮流、文艺，主张发现生活中的美。正是这种风格和水准，成为“一条”的优势，也击中了很多读者内心对于美好的认同。①

“互联网+”时代，以产品为中心的商业模式逐渐被以用户为中心替代，满足用户生活态度和情感价值的个体体验愈加重要，以场景化体验引发消费行为成为自媒体全新的商业模式，而这就是从用户角度出发的商业类自媒体需要考虑的几点需要。

二、关于母婴类自媒体的综述

在商业化自媒体中，母婴类自媒体获得了大量的关注。艾媒咨询数据显示，当下，90 后已成为妈妈的主力军，而母婴类自媒体平台上的相关资讯则是她们平时较为关注的，M 公司作为影响力较大的自媒体，自然是其中的一员。综合母婴类自媒体，可以看到其在转型中具备智能化、移动化、服务化、精细化、一体化的特点。同时，学者们也从在线社群、新媒体传播视角、意见领袖视角等分析母婴类自媒体。

（一）传统母婴类自媒体转型：智能化、移动化、服务化、精细化、一体化

在育儿市场方面，短视频平台的发展逐渐抢占部分育儿家庭的注意力，年糕妈妈、雪球妈妈、凯叔讲故事等自媒体像雨后春笋般相继创建。一些在母婴行业、育儿领域的 KOL 的一言一行则更加会引起育儿家庭的关注。学者陈优嫚分析了母婴类自媒体公司的发展模式、困境，剖析困境背后存在的原因，以及综合其发文的情况探析内容优势。② 在转型之路上，一些自媒体纷纷进行探索与发展，如何通过新的形式吸引用户的注意力，是传统母婴媒体需要在转型中探索的点。

目前，母婴人群可以通过一些母婴类媒介获得相关咨询，如微信公众号平台、母婴杂志以及短视频等。母婴类自媒体面临着用户市场的抢占、广告收入难以维持盈利、品牌宣传影响度不高的恶性循环，陷入僵局后如何破局，这是当下母婴类自媒体的困境所在。

---

① 陈琼、宋如萍：《自媒体环境下母婴行业的发展现状及趋势分析》，《营销界》2021 年第 7 期。

② 周志民、郑雅琴、张蕾：《在线品牌社群成员关系如何促进品牌忠诚——基于强弱连带整合的视角》，《商业经济与管理》2013 年第 4 期。

在转型上，母婴类自媒体也做出了相应的努力。在内容方面，通过杂志、直播、短视频、漫画等各种方式生产优质内容；在渠道分发方面，采用线上线下的方式多角度同时运营；在用户管理方面，增强其互动性和体验感，如《时尚育儿》杂志通过拟人化形象与用户进行情感交流，拉近与用户之间的距离感；在自身品牌建设方面，一些自媒体虽然受众面比较广，但是相对而言，口碑的建设尚有一段距离，自媒体在用户心中的权威感和影响力尚未构建。

为了发展，母婴类自媒体尝试各种盈利模式。许婕曾关注到，“年糕妈妈”公司在学龄前教育市场上线的“早教盒子”，帮助家长们变成更好的父母，在知识付费课程方面，上线第一年实现销售额 5200 多万元的数据也更好地证明了，打造“亲子陪伴”的品牌是“年糕妈妈”公司较为睿智之举。[①] 和“年糕妈妈”公司一样，类似凯叔讲故事、小小包麻麻、崔玉涛育儿园等相关自媒体也深化了自身的优质内容，开通知识付费相关服务，通过付费打赏、订阅合辑等连接用户，获取盈利。

未来，母婴市场红利稳步上升时，85 后、90 后年轻爸妈成为母婴行业消费主体。传统母婴类自媒体将会更加走向深度，服务也将更趋于精细，比如从自媒体平台走向 App 的探索模式，与此同时也将集合“微信＋社群”的运营方式，最终目的在于：智能化、移动化、服务化、精细化、一体化。[②]

（二）在线社群迭代升级：优化内容生态，拓展传播渠道

1887 年，滕尼斯在《共同体与社会》中提出“社群”一词，强调社群是人与人之间所形成的亲密关系和对社群强烈的归属感与认同感。社群的本质实则是注意力经济，而社群变现的基础，则是良好的用户关系的维护，通过用户注意力的转化，有利于实现更大的商业价值。程明和周亚齐在《从流量变现到关系变现：社群经济及其商业模式研究》中指出，内部条件如产品、内容价值、社群情感认同度及信任体系会直接影响社群经济的效益。值得一提的是，他们在论文中提及了菲利普·科特勒的“顾客让渡价值”理

① 于超：《基于功能域和结构域双重视角的在线社群迭代升级演化机理研究》，硕士学位论文，山东师范大学，2019，第 31 页。

② 程明、周亚齐：《从流量变现到关系变现：社群经济及其商业模式研究》，《当代传播》2018 年第 2 期。

论，即顾客在选购产品时，往往从价值与成本两个方面进行比较分析，从中选择出价值最高、成本最低，即“顾客让渡价值”最大的产品作为优先选购的对象。

周志民等首次将强弱关系整合在社群的研究中，根据儿者的关系揭示品牌社群作用机制，同时还指出在线社群的不稳定，即消费者在一段强弱关系中更愿意从强关系中得知一些互利互惠的信息，情感性和持续性的信息传达则有利于增强用户的信任，稳固线上线下的两端联系。[①] 从在线社群角度，于超提出在线社群的几种迭代能力：资源、价值、生态迭代与能力获取。作为一种新的交互方式，在线社群实现了爆发式增长，为自媒体的运营带来新的增长点和竞争力，但并不是所有的在线社群运营都能实现较好收益，一些自媒体“成也萧何，败也萧何”，其所在的在线社群的管理不仅仅消耗人力物力，还会成为企业的缺口。

因此，在客户需求增多、社群活力难以匹配维持、管理需求逐渐增强的情况下，在线社群升级的重点就在于如何维持和稳定良好的用户关系，增强用户活力。于超研究的是影响在线社群发展过程中的驱动因素、在线社群升级演化的阶段特征等，在整个链条中，生产者、供应商、消费者生存于一个较为透明开放的生态系统中，在这个循环系统中，通过可持续性地与用户交流实现流动与探索，获取价值与盈利。[②]

谢庆从母婴自媒体和社群经济的角度去探索母婴类自媒体的盈利模式以及社群维护，指出宝爸宝妈之所以愿意关注某个自媒体账号，是因为其对于母婴类自媒体传播的育儿知识的高度信任以及相同兴趣。同时，在自媒体或者社区经济的构建中，创作者起到了“意见领袖”的作用，尤其是在短视频平台，创作者直接走到“前台”与观众接触，给观众传递育儿知识，从而也构建了社会效益。[③] 至于如何通过在线社群让用户保持较为持久的注意力，他认为：一方面，母婴类自媒体通过优化内容、积极回复网友评论的方式增强互动性，保持社群成员之间的情感交流；另一方面，通过建立微信矩阵，涵盖育儿、科普、亲子百科等模块，为千万宝妈提供一个分享优质好

---

① 尤佳：《新媒体视域下中国当代育儿焦虑研究》，博士学位论文，河北大学，2019，第104页。

② 梦非：《社会化商务环境下意见领袖对购买意愿的影响研究》，博士学位论文，南京大学，2012，第62页。

③ 周祖城：《企业社会责任：视角、形式与内涵》，《理论学刊》2005年第2期。

物的平台。

因此，面对在线社群的升级，内容生态的优化、渠道的拓展、用户体验感的提升是必不可缺的。社群经济方兴未艾，要如何解决用户黏性以及社群管理等方面的问题，还有待探索。

（三）新媒体的传播学视角：少子化背景下的“育儿焦虑”

尤佳从新媒体的传播学视角剖析当下新媒体“育儿焦虑”的现象与特点，在社会转型中，家庭结构和育儿理念的变化营造出“焦虑”的心态，尤其是刚刚上路的新手爸妈，由于欠缺经验，靠着翻阅书籍或者相关科普资料喂养孩子，母婴类自媒体博主出现能为新手爸妈节省选择好物的时间，也可以让他们用关键词搜索的便捷方式，更快速地接触到先进的育儿理念以及需求形式。

当下，“卷”这个词成为大家关注的焦点，而教育子女也不例外。新媒体环境下，当代青年父母既面临着老一辈传统思想教育的压力，又渴望在西方先进的育儿理念下进行熏陶和下一代的培养。与此同时，产业化、移动化的育儿内容渐成内容生态，涵盖教育焦虑、健康焦虑、安全焦虑以及自我发展焦虑。焦虑的背后，则是来源于教育资源分布的不平衡、家庭经济收入相差悬殊、信息渠道多但纷繁复杂等。在此背景下，“妈妈网”等育儿类网站、“崔玉涛育学园”等育儿类 App、“年糕妈妈”等育儿类公众号等自媒体形式应运而生。它们占据了育儿市场上极大的受众面，影响力动辄高达上千万。它们往往有一支专业的队伍，靠打造优质权威的内容吸引粉丝，也契合了当代父母的价值观和育儿理念。

少子化背景下，尤佳提出，儿童教育越来越走向“低龄化”和“超前化”，也正是借助家长们教育的心理，夸大早教的重要性成为自媒体在传播中必将呈现的内容之一。“年糕妈妈”公众号文章中，《宝宝要不要上早教班，这个原因很重要》阅读量达到 4.6 万，《10 个专业早教小游戏，让 3 岁宝宝快人一步》阅读量高达 10 万+……从早教市场的热门到相关母婴玩具的畅销，背后都可以看出当下中国父母对于育儿的重视，因此，从新媒体传播的视角结合当下的育儿焦虑、教育焦虑等，则有可能会产生洞见。

（四）意见领袖视角：激发粉丝购买意愿

“意见领袖”一词来自《人民的选择》中拉扎斯菲尔德提出的“两级传播”，指的是观念总是先从广播和报刊传向意见领袖，然后再由这些人传到人群中不那么活跃的部分；信息的传递是按照“媒介—意见领袖—受众”这种传播模式进行的。网络中的意见领袖具备全面的知识，更加具备专业性、创新性以资源掌控力。梦非研究了社会化、商务环境下意见领袖对购买意愿的影响，其在文章中提到，相对于普通受众而言，意见领袖对于产品的熟知度和信息知识的掌控力很高，其产生的影响力和带货能力相应也会比较大，而这背后实际上是对于产品的深入理解以及感情上的投入。在商业营销中，意见领袖通常可以提供产品信息、进行推荐，并给予个人评论等。

M公司的创始人就是育儿领域的意见领袖。她在生育了一胎期间，不断学习相关的育儿类知识，并在一些社群中将文章分享给一些新手妈妈，因为医学背景和较好的文笔，她收获了一大批粉丝。而也是在粉丝的鼓励下，她开始进行公众号的撰写，定期更新科普文章。在提供母婴类育儿资讯方面，她成功地从一名普普通通的妈妈变成了育儿类的“意见领袖”，团队从原先的一人逐渐扩大到多方位矩阵的上百人，创造了上千万的收益。

此外，意见领袖会对群众的购买意愿形成影响，主要表现在当意见领袖——如M公司的创始人在分享育儿经验、推荐产品的同时，她的粉丝受众对她很信任，接受了一波“安利”，从而形成了购买的意愿和力度。但是，正因为意见领袖处于“两级传播”中这个重要的位置，有时KOL的错误信息会干扰到受众的决定。比如有一次，网友曾在微博上曝光M公司的一款枕头和杯子产品有质量问题，指出其利用专业背景光环和粉丝的信任卖假货。在婴幼儿产品市场上，类似的事情还有很多。此事也提醒我们，意见领袖的权威性塑造是构建在粉丝基础上的，一旦其出现信息传达的偏差或者产生专业上的失误，或者是道德上的沦陷，其所塑造的形象就会随时崩塌，难以重建。

近年来，M公司创始人开始逐渐走进大众视野，她在抖音视频、微信视频号、微博等各平台发布视频，在各地的演讲活动和各类综艺节目里频频出镜，“出圈”已经成为M公司创始人此时的状态。“温柔、专业、幸福”使得网友对于M公司创始人的印象愈加深刻，不管其最后的经济收益如何，M公司的行动符合当下的互联网发展趋势，她要把更多的专业知识以更加生动有趣且便捷的方式，传递给屏幕另一端的宝爸宝妈。

三、研究方法

本次调研主要针对母婴自媒体及其相关发展，以M公司为具体研究对象，运用传播学、管理学等领域的相关理论，分析M公司从自媒体平台转型为综合性母婴自媒体企业所采取的措施以及创新，解析M公司作为母婴自媒体的内容生产、盈利模式、运营策略、社会责任、媒体矩阵等内容对于未来母婴自媒体发展走向的启示。采用的研究方法主要有如下几种：

（一）案例分析法

通过对母婴自媒体——M公司的发展案例分析梳理，发现我国母婴自媒体发展中形成的模式以及存在的问题，同时从M公司的发展研究母婴自媒体转型升级的措施，为母婴自媒体的发展提供借鉴。

（二）实地调研法和深度访谈法

调研团队到M公司进行实地调研，通过参观公司各部门的日常工作，了解公司的发展历程以及运作流程，以此收集到更多一手资料，加深对于M公司的了解。调研团队联系公关部负责人进行深度访谈，就M公司的发展历程、公司架构、内容生产、盈利模式、运营策略、企业品牌文化等，加深了解，采访内容在此调研中均有所体现。

四、研究发现

（一）M公司的概况

1. 架构完善，组织结构合理

M公司的组织架构主要由总经办引领，旗下分布电商中心、媒介内容、支持部门等。电商中心有商品采购、监管和医学团队；媒介内容包含视频传媒、品牌公关、社交平台。其中，视频传媒包含短视频类、Vlog和长视频类；品牌公关主要有视频号、微博认证账号和出版工作室；社交平台是基于微信的社群。支持部门则由传统的财务、行政、物流等职能部门构成。微信团队有30人左右，主要负责内容编辑、审核以及相关活动。

2. 专业起家，育儿市场初露头角

2014年，M公司创始人创立了母婴公众号，并定期分享育儿文章。因为接地气的科普以及医学专业的背书，这一公众号迅速吸引大量粉丝关注，她也随之成为“意见领袖”，引领着粉丝科学育儿。成立的五年间，M公司

也获得了“2000万+”的订阅量，多篇文章达到“10万+”。此外，除了建立资讯平台，M公司在2015年还搭建了优选电商平台，在2017年建立了知识付费平台，构建了育儿媒体、电商、付费课程等盈利版块。

3. 内容优化，挫折中勇于转型尝试

从成立至今，M公司的原创内容涵盖宝宝健康、宝宝教育、情感、女性健康等领域。① 在一次抄袭风波后，M公司开展大刀阔斧的改革，实践“论文式写作”，每篇稿子都要经过“编辑撰写初稿→小组长查重及查证论据→号主审核→轮值主编审核、医学团队审核”整个流程。此外，M公司已在抖音、微信视频号等渠道开通直播形式，以获取经济效益。

4. 立足出圈，不断扩大影响力

目前，M公司创始人逐渐走进大众视野，通过全家合体录制Vlog的形式、公开演讲、签售新书、开展公益活动，实现意见领袖的社会引导力和社会价值。在直播平台，她凭借专业的讲解为宝爸宝妈们答疑解惑。近年来，各类综艺节目上也逐渐出现M公司的身影。可见，M公司创始人在努力通过人格魅力塑造品牌形象。

5. 企业担当，彰显社会责任

2018年，M公司正式启动绘本公益计划，希望帮助孩子们看到更广阔的世界。2019年，M公司在中国公益节上获评社会责任典范，M公司创始人荣获“年度公益人物奖”。此外，在社会需要帮助时，M公司主动伸出援助之手，特别是在疫情期间一直积极提供帮助。作为社会的一分子，企业具备着双重职责，既要服务于有机体系统，又要彰显社会责任与担当。② 在某种情况下，公益其实意味着品牌形象的提升，塑造着自媒体企业的口碑。

（二）内容生产

1. 紧抓用户痛点，精准反馈用户需求

M公司创始人对用户需求的洞察最早源于自己真实的生活体验。2014年，M公司创始人成为新手妈妈，因孩子入睡问题而饱受困扰。在查阅相

① 陈优嫚：《从母婴自媒体“年糕妈妈”公司的快速发展看传统母婴杂志〈时尚育儿〉如何转型》，硕士学位论文，北京外国语大学，2019，第11页。

② 周祖城：《企业社会责任：视角、形式与内涵》，《理论学刊》2005年第2期。

关的专业书籍后，她做了详细的读书笔记和实操方案，成功解决了孩子的睡眠问题，同时也感受到专业知识对育儿的帮助。M公司创始人发现和她一样的新手父母，不再像老一辈那样崇尚基于经验的育儿知识，而是追求科学专业的育儿知识，同时将互联网视作获取育儿经验的主要来源。

在开设公众号创业后，她察觉到母婴领域的用户通常是带有目的性来寻找专业化的知识，并且期待在内容中得到解答。因此，察觉用户的需求进行内容生产，精准反馈用户并提升用户信任感，成为内容生产的核心问题。

2. 规范写作流程，实行论文式写作标准

（1）论文式写作标准：严谨科学

M公司采用论文式写作标准，在编辑撰写初稿时，对稿件中的引用要求像论文一样标注出处和来源。引用的资料源自权威机构、专业典籍和教材等，他们按照其专业性和权威性自主划分建立A级、B级资料库。A级资料库涵盖尼尔森育儿百科典籍类、美国儿科学会、德国卫生署、中国香港卫生署等，内容引用时会优先选择A级资料库，要求一个论断至少引用一条A级资料库知识点；B级资料库主要涵盖医学典籍和高校教材等，在内容引用中处于次要地位，要求一个论断至少引用两条B级资料库知识点。

（2）写作流程：多重审核规范内容

M公司有近30人的微信团队负责内容生产，写作流程主要是：编辑撰写初稿→小组长查重及查证论据→号主审核→轮值主编审核、医学团队审核。

首先由微信编辑根据选题内容撰写初稿，所撰写的初稿中要详细标明文章所引用的文献来源和出处，让观点有专业性材料支撑；其次，由小组长对文章内容进行查重，确保文章内容的原创性和创新性，同时对文章所引用的文献和资料进行二次查证，确保文章的科学性和准确性；再次，转由每个账号的负责人即“号主”进行审核工作；最后，交由轮值主编审核的同时也交给医学团队，该团队由6名医学专家组成，主要任务是从临床角度查看内容的合理性，并对引用中不符合当下最新医学实践的内容进行剔除和更换。

每一篇稿子要经历多重审核和校对，才能到达用户。内容标准化给予了M公司内容矩阵更强的抗风险能力。严格的内容生产机制对于乱象丛生的自媒体行业来说值得借鉴，从“流量至上”到“内容为王”是现在和未来的必然趋势。

3. 细分选题内容，建立媒体矩阵

（1）选题内容

M公司的选题内容涉及较广，主要包括育儿健康类、亲子教育类、辅食喂养类、情感类、软广类等，能较好地支撑整个矩阵的分发和运营。

①育儿健康类

关于育儿健康的选题是M公司的重点，也是新手爸妈最关心的问题，内容包括疾病预防、牙齿健康、睡眠问题、日常护理等。微信公众号“M”曾发布过5月前幼儿打疫苗的推文，向家长介绍打肺炎疫苗的必要性、如何选择肺炎疫苗以及注意事项，全面详细地进行科普，解决了家长的疑问。同时还专门设立微信子账号“M育儿”，专注为粉丝提供育儿干货知识。粉丝们除了每天能接收到微信公众号推送的消息，也可以进入公众号利用关键词搜索查找知识干货，解决对实际问题的诉求。

②亲子教育类

亲子教育选题内容涵盖育儿方法、育儿“吐槽”、陪伴教育、家庭沟通等内容。年轻的父母不仅重视孩子的生理健康，还关注孩子的心理健康。尤其是一些大龄宝宝的父母对亲子教育的关注度更高，因为大龄宝宝的生理需求基本得到满足，在精神层面上提出了更高的需求。①

此外，M公司创始人提出了关于亲子关系的金字塔模型（图1所示），从理论层面对亲子关系的多重内涵做了详细界定。她认为，亲子关系的三个维度——生理需求的满足、亲子关系的浓度以及榜样的力量共同支撑起了孩子的自驱力。亲子关系的这三个层次，从底层到顶层，是一个进阶的过程。生理需求的满足是许多家庭都很关注的部分，但它对于构建高优质亲子关系的影响是有限的。只有将更多精力放在亲子关系浓度和榜样力量这两部分上层建筑的构建上，父母才能更加有效地与孩子之间形成优质的亲子关系，促进孩子成为靠自驱力驱动、有独立思考能力的人。

① 陈优嫚：《从母婴自媒体“年糕妈妈”公司的快速发展看传统母婴杂志〈时尚育儿〉如何转型》，硕士学位论文，北京外国语大学，2019，第12页。

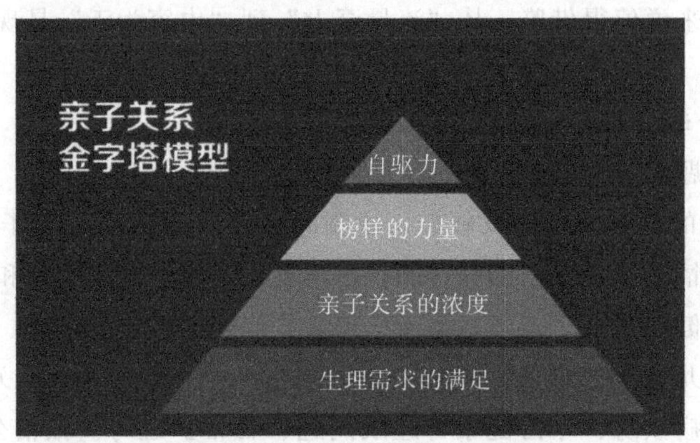

图 1　亲子关系的金字塔模型

③辅食喂养类

辅食喂养是 M 公司的特色版块，宝宝的辅食制作涵盖营养健康、安全卫生等多个要求。传统的辅食教程通常使用文字进行描述，较为枯燥和抽象；用来描述的度量概念也较模糊，例如“胡萝卜 25g，水少许”，提高了辅食制作的门槛。

M 公司创始人团队发现新手父母的困惑后，首先在形式上创新采用短视频拍摄，声画结合的形式能让用户身临其境地感受辅食制作过程，便于理解和掌握，用户制作时可以与视频进行对照，检验辅食制作的流程；其次在对食材的度量单位上采用“可视化”，用具体的物件来对照度量单位，例如在一节黄瓜旁边摆放一个鸡蛋，标明“50g”，就让用户有了具体的形象化概念；最后，M 公司还在 App、微信小程序中汇集了辅食大全，按照月龄、营养功能、常见辅食、常见食材、宝宝生病辅食进行详细分类，采用图文结合的方式，贴心又方便地为用户提供多种选择。

④情感类

情感类的选题包括夫妻感情、婆媳情感、女性独立、社会生活等。这类话题将关注点聚焦于大人身上，这让 M 公司除了能传播育儿干货知识，还能在情感上引起用户共鸣。这类选题选用 M 公司创始人或其他人的真实经历、社会热点、名人故事等，在案例中阐述 M 公司的价值观。在其微信公众号专设一个栏目，每周更新一期，通过采访并以当事人的口吻来撰写内容。一篇关于单身妈妈相亲的推文讲述了一位单亲妈妈勇敢寻找幸福的故事。文章写道："所谓独立，从来都不是形式，而是在于强大和敢承担的内心。"传递单亲妈妈值得爱与被爱的价值观。

⑤软广类

广告软文涉及早教产品、宝宝玩物、好物推荐、护肤美容、女性穿搭等不同于传统的广告文章，M 公司的这类文章既是广告又是软文。在基于对用户需求的了解上，打造消费场景，再引导用户购买，有较强的说服效果。2019 年，M 公司获 ISO9001 质量管理体系认证，表明公司能持续稳定地向顾客提供预期和满意的合格产品，在各项管理系统整合上已达到了国际标准。对于广告投放商的选择，M 公司质检部门会严格按照 ISO9001 标准进行资质检验；同时，公关部门对广告与科学育儿理念是否相符以及对广告投放商的声誉进行审核。资质检验和公关审核是对广告投放的双重保险，这个过程至少淘汰掉 40％的广告投放商，最终留下优质广告商。

（2）媒体矩阵

近年来，M 公司在全网搭建包括微信、抖音、微博、小红书、知乎、今日头条、喜马拉雅、百家号、网易号、搜狐母婴、腾讯企鹅号、大鱼号等平台在内的媒体矩阵。全网订阅用户超 3500 万，传播形式包括文字、图文、漫画、短视频、中视频、直播等。

媒体矩阵主要分为短视频、中视频和微信三类，这也对应着公司架构中的视频部门（包括短视频部门、中视频部门）和微信部门。短视频和中视频丰富了传播形式，适应了新媒体时代下用户对多渠道、多传播的需求，在推广传播内容、吸引用户、流量变现等方面都有重要作用。

①微信矩阵

表 1　M 公司的微信矩阵

主账号	细分账号	小程序	视频号
M	M 育儿、M 优选、M 新手班、M 商城等 7 个账号	M 辅食、M 商城、M 育儿百科等 4 个小程序	M

截至 2021 年，M 公司的微信产品总订阅用户已达 1900 万，产出了超 1500 篇 10 万＋专业育儿文章。搭建影响力大的主账号 M 公司，后针对多个母婴细分领域开发细分账号，再辅之小程序和视频号，构建微信矩阵。除了微信公众号"M"之外，M 公司还开通了 7 个微信矩阵号，包括 M 教育、

M育儿、M优选等。这些细分版块有针对性地进行育儿知识的科普，可以从宝宝们的吃喝拉撒各方面解决爸爸妈妈们的疑惑。

②短视频

为了抓住互联网机遇促成向短视频转型，M公司在内容和视频制作方面进行双重发力。一方面，继续以严谨专业的态度进行内容生产，为视频提供内容来源；另一方面，组建100多人的拍摄团队，打造出一套属于短视频的制作流程与制作标准，还在公司搭建了专门的摄影棚方便摄制。短视频时长基本控制在两分钟以内，节奏快、内容密集，以抖音为典型代表。

M公司在抖音平台主要有三个账号：以M公司为主账号，M优选、M挑好物为细分账号，此外还有“M家的小助理”账号来解决直播时用户的系列问题。通过“主账号＋细分账号”建立起抖音的视频矩阵，主账号内容主题丰富、粉丝量大，可以为细分账号引流；细分账号针对特定受众提供专业性知识，巩固粉丝黏性。视频也逐渐形成M公司品牌特色风格，封面会用“橙色＋蓝色”的标题贴心概括标注出主要内容，方便宝妈们搜索。

表2　抖音账号矩阵

账号类型	账号名称	粉丝量	视频数	获赞数/平均点赞量	内容分类
主账号	M	1015w	833	4421w / 5.3w	育儿百科、辅食营养、好物种草、家庭教育、生活情感
细分账号	M优选	17w	75	115w / 1.5w	/
	M挑好物	409w	1286	1777w / 1.4w	好物分享、科学喂养、辅食菜谱

③中视频

中视频时长在2—10分钟不等，主要以Vlog形式记录M公司创始人的家庭生活及其丈夫单独带娃的微综艺。Vlog作为一种新兴视频形式，凭借独特的视觉符号建构着更具真实性、人格化、风格化的景观，有利于带给受众沉浸式、立体式的体验。[①] 在M公司创始人的丈夫单独带娃的Vlog中，不少粉丝留言“看到我家爸爸带娃的样子了”，可见其显著的传播效果。

中视频主要发布在微博和视频号平台上。2013年，M公司以个人身份

① 梁晓晴：《消费文化视域下Vlog的符号建构研究——以“冰冰Vlog”为例》，《新闻研究导刊》2021年第12卷第13期。

入驻微博，通过短视频、中视频、图文等多种形式，互动构建良好的社群关系。M公司视频号于2020年上半年开始启动，截至目前，总计发布视频100多个，保持每周五更新的稳定频率，拥有十多万粉丝。

值得一提的是，视频号基于强社交关系，打通了微信个人号、公众号、小程序、短视频和直播的通道闭环，传播和变现效果都强于其他媒介。同时基于微信自带的视频号商店功能，用户在直播间就能完成下单、支付。M公司2021年3月开启首场视频号直播；其后又围绕读书和幼小衔接等用户关心的主题在4月和5月开启了两场直播；6月24日，M公司创始人首次参加视频号直播，当晚累计观看达22.5万人次，点赞量超过85万，新增粉丝2500多。

由此可见，M公司从创立初期开始，就高度重视内容生产。在各种媒体矩阵传播形式加持下，保持自己优质内容生产的核心竞争力，在此基础上迅速扩张，是M公司迅速引领行业的根本保证。母婴类自媒体在发展过程中，有自己的核心创作理念尤为重要，如何在“流量至上”“以量取胜”的竞争中不迷失方向，如何在瞬息万变的新媒体时代与时俱进，是长期发展值得深思的问题。

（三）M公司的盈利模式

1. 广告商务——最大盈利点

M公司的最大盈利主要来自广告商务，广告商务主要由两部分组成：一部分是广告商务拍摄，收入十分可观，例如全球体验官等活动会进行一些拍摄；另一部分则是来自不同渠道的商务广告，例如微信是目前渠道中盈利最好的，其他渠道如抖音、小红书等，是M公司主要盈利的渠道。

2. 内容变现——打造电商平台

依靠内容写作获得首批粉丝的M公司大胆尝试新的变现方式——电商业务，通过打造“M优选”电商平台实现内容变现。在选品上，M公司直接与品牌方或其中国方总代理合作，保证销售的商品为正品。如今，M公司优选商城中品牌商直接授权的销售占比92%，其余为自营品牌产品，主要包括各种婴儿日用品和食品、美妆、女性日用品以及小朋友的图书、文具、日用品等。

由于M公司是自营型电商，通俗来说就是将其他品牌先购买进来，进行一个严格选品，再上架到M公司的电商平台。因此自营型的电商平台盈利较少。电商平台的另一部分——自有品牌的盈利相对而言较好，例如美妆类的“简树”面膜、纸尿裤、辅食等。M公司的公关负责人表示除了自营电商平台外，M公司也在致力于打造自有品牌“走出去”，力求在母婴领域做出自有品牌的成就。总体而言，M公司电商方面的销售总额很可观，在2017年就已经达到了6个亿，是当年自有的微信电商体系中全国第三。

3. 服务变现——知识付费

M公司还有一个重要盈利点就是教育版块，也就是知识付费。2017年5月，M公司正式上线知识产品业务。如今，M公司已经联合了中外近百位育儿大咖，打造了100多门高质量在线付费课程。2019年知识产品的销售额近6000万。据王老师介绍，M公司的早教产品目前已有9万+家庭成为用户，GMV突破1.7亿。

M公司十分重视知识付费的质量与重要程度，严格把控课程的生产模式。无论多么大流量的老师，M公司创始人都会要求一起完成整个课程的生产模式，和讲师一起制定大纲、打磨讲稿和上课内容，录制不满意时也会被推翻录制多次。在参观过程中，我们在仓库和办公室都发现了许多教具，据了解，这些教具在整个课程中起到重要作用，不仅增加趣味，还能更好地辅助教学。我们了解到在线课程部分的盈利较为可观，录制课程可以反复售卖，而教具部分由于制作成本较高，利润相对较少。

随着微信公众号上不断产出优质的育儿内容，M公司顺势成立了“M优选”电商平台。由于自营型电商的盈利较少，M公司正在致力于打造自有品牌，从“引进来”到“走出去”。服务变现主要的途径就是知识付费，M公司已经形成了成熟的付费课程体系，其核心竞争力在于它的课程内容。

相比于一味追求利益最大化，M公司作为一个母婴类自媒体，更希望给予宝宝们更好的成长环境和教育，也更希望教会新手父母如何陪伴孩子成长。M公司的核心竞争力就在于自身的优质内容和经营理念，这也是M公司可持续发展的长期动力。

（四）M公司的运营策略

1. 建立用户信任，加强情感沟通

（1）文风幽默，注重用户体验

M公司的文章风格较为幽默，通俗易懂，以一种像是对话的形式，用第一、二人称进行科普。M公司的创始人也常常在文章中称呼自己为“老妈子”，以妈妈的身份和大家进行科普和问题的解答。这样一种幽默、亲切的文风能够拉近与用户的距离，加强一种妈妈们之间的感情沟通，把用户当作自己的朋友来进行对话。此外，M公司每篇选题往往能击中用户痛点，帮助妈妈们解决生活中常常遇到的问题，引起用户共鸣。

（2）尊重用户，及时互动反馈

在建立公众号之初，由于粉丝数量还没有那么多，M公司会一一回复用户评论和问题，注重与用户之间的双向关系。随着M公司粉丝数逐渐增多，M公司会选择普遍性问题在后台进行留言回复。这样一种有效的互动也增强了用户的黏性，公众号的粉丝黏性以及活跃度都很高。此外，M公司还会针对其中较为重要的问题专门出一篇文章进行更加详细的科普。

M公司尊重爱护粉丝，及时互动反馈，以用户的需求为中心和出发点，根据用户所需和想看的内容作为自己的选题来源，而不仅仅是自己的判断进行内容的选择和创作。

（3）打造优质内容，维护用户黏性

M公司运营策略的中心还是依靠优质内容，主要用论文式写作进行内容生产。该公司的负责人表示M公司相似的主题文章内容不会重复，产出的内容只会在原来的基础上进行创新而不是重复。同时M公司公众号不仅仅是一个育儿干货的媒体分享平台，更多的是新手父母们的情感交流和沟通平台，他们在这里一起讨论育儿知识和干货，分享自己的心情与疑惑。

总而言之，M公司建立用户信任，通过日更和权威使用户产生依赖；通过创始人医学硕士的身份增强权威；成为用户的朋友，分享自己的生活，拉进与用户之间的距离。其核心也就是围绕用户的需求，打造出满足用户需求的优质内容，以此维护用户的黏性，吸引更多用户来关注M公司。

除了优质内容，负责人表示M公司也在尝试用更开放的形式吸引用户。例如M公司尝试的纸尿裤定制，从产品设计就围绕用户需求，开放节点，使得纸尿裤设计更加新颖。同时在辅食上也进行创新，利用互联网优势大规模征集用户们的意见。这样一种形式也是M公司的成功经验探索，根据受众需求进行内容定位以及产品的细分，以此维持用户黏性，吸引更多用户转化为潜在客户。这些运营策略使得M公司平台黏性增强，粉丝具有更强烈的归属感，凝聚力也会更强。

2. 多形式传播，满足用户阅读需求

M公司作为自媒体母婴平台，内容、形式都十分丰富，图文、音频、视频等多形式传播，可以满足用户的需求。同时M公司有固定的栏目规划，头条文章一般是结合当下热点事件，文风幽默、内容专业、干货满满。“育儿百科”栏目有育儿百科和辅食大全，主要是每天一条育儿知识干货，用简单易懂的形式解决一些育儿问题。“60秒”系列视频，是由M公司创始人本人出镜，用一分钟教给大家育儿知识，可以拉近和用户的距离。抖音上也开设了官方号，包括育儿百科、辅食营养、好物种草、家庭教育、生活情感等合集，通过视频形式达到知识传播的效果。

M公司通过这样的多形式传播，符合当下碎片化、短视频化的信息接收习惯，让用户的需求得到更好的满足，也使得平台活跃度增强，维护、吸引更多的用户。在短视频转向的发展潮流中，M公司也把握住了机会，通过拓展矩阵范围顺利进入短视频市场，打通了全平台传播渠道。

3. 多平台引流，打造M公司IP

(1) 全网多平台发布引流，塑造M公司影响力

M公司致力于打造一个全媒体平台，进行资源整合，内容多平台传播。正如内容生产中所提及的媒体矩阵分布，全网多平台之间的相互呈现，可以使得资源有效整合，这有利于及时传播的实现，也可以打造一个全方位、多平台的传播圈子，有利于提高品牌知名度和影响力。

图2　M公司品牌全媒体资源

(2) 品牌活动增强M公司IP影响力

M公司作为一个母婴媒体品牌，还致力于积极承担社会责任，启动或参与许多公益活动，关注孩子和女性，实践了M公司的育儿理念，提升了影响力。同时M公司创始人作为育儿达人也经常参与一些品牌活动，和明

星一起探讨育儿知识，这有利于打开品牌的知名度，具有一定的名人效应。品牌活动增强了M公司IP的影响力。

作为母婴类自媒体，M公司需要有一定的运营策略保证各项优质内容的输出以及得到更好的反馈。其运营策略核心主要是围绕用户的需求，无论是建立用户信任，还是及时互动反馈、维护用户黏性，都聚焦于用户需求。为了更好地满足用户多方面的需求，M公司也进行多平台引流，打造自己的IP，参与品牌活动和公益项目以扩大自身的影响力。M公司的运营策略是值得学习和借鉴的，优秀的自媒体平台离不开优质内容的产出，也离不开用户的需求。以用户需求为核心，听取用户的意见和建议，顺应新媒体发展趋势，打造专属IP是M公司成功走下去的保障。

（五）品牌与社会责任

M公司致力于持续改善社会育儿认知和养育环境，品牌核心价值是服务好妈妈。M公司的品牌生态包括内容生产和分发体系、亲子学院、育儿书籍、优选商城和自制品牌。在品牌影响力的支持下，M公司也承担起一定的社会责任。

1. M公司品牌

M公司的品牌生态系统包括内容生产和分发、优选商城、亲子学院、育儿App、育儿类书籍以及相关定制类商品。

（1）品牌生态系统

①内容生产与分发体系优化输出

M公司在全网搭建媒体矩阵，包括微信、抖音（1015万）、微博（336万）、小红书（70万）、知乎、今日头条、喜马拉雅、百家号、网易号、搜狐母婴、腾讯企鹅号、大鱼号等。全网订阅用户超3000万，主要利用文章、短视频、直播等途径进行多平台传播。

②亲子学院打造品牌文化

M公司主要通过知识产品、教育产品和学术顾问团来打造亲子学院品牌，为父母提供优质优量的育儿知识，致力于成为“懂妈妈”的育儿公司。

A. 知识产品

M公司邀请近百位中外育儿大咖，开设100多门高质量课程，2019年销售额近6000万，内容涉及宝宝辅食、游戏育儿、家庭理财、亲子摄影、小儿护理、读懂孩子、亲子绘画、内向孩子、亲子阅读、英语启蒙等。

B. 教育产品

M公司的教育产品矩阵包括早教盒子、数学盒子、皮皮爱英语、尤克里里课、手工课、黏土课、英语启蒙课等。这些产品上线后，很快获得众多用户的认可和好评。近两年，M公司还特别打造了一系列课程，主要通过“线上课程＋配套教具”的形式，选择国内外行业权威的老师上课讲解，帮助家长科学育儿，在教具的帮助下与宝宝进行亲子互动，做好宝宝的能力启蒙。

其中，早教系列课程主打亲子陪伴概念，已有9万＋家庭成为用户，总销售额突破1.7亿元。与其他早教产品不同，M公司的早教产品除了有面向孩子的，还有面向家长的。其中，早教盒子旨在帮助家长用亲子陪伴的方式，在家里给孩子做早教。

C. 学术顾问团

目前，M公司的学术顾问团包括中科院心理所发展与教育心理学方面的专家、浙江大学心理与行为科学系的教授等专家学者。

D. 育儿书籍

M公司将育儿知识系统化，逐步推出育儿、辅食等孕妇和0—6岁宝宝的妈妈必备书籍。其中，《辅食日志》《育儿百科》已经出版10万册；出版的书籍多次登顶当当网热卖榜。

③优选商城实现品牌变现

M优选商城，是M公司旗下的电商平台，优选全球实用好物；同时以自身科学育儿知识体系为指引，开发了自有品牌“N”，以严格的选品会制度优选实用好物。2019年双十一销售额近1亿元，月均销售超过6000万元。另外，M优选商城还与爱他美、诺优能、拜耳等品牌进行深度合作，与惠氏、花王、大希地等品牌进行合作，开展自然体验营、中澳家庭亲子活动等国际活动。

④定制品牌做出特色

M公司打造自有品牌“N”，坚持用最懂妈妈的设计理念与一线大牌工厂合作，依托科学育儿知识体系，使用顶级原材料，拥有严格品控质检流程，主打日用品、纺织品、车床椅等母婴产品。

（2）品牌优势

首先，公司对原创内容把控严谨。论文式写作的方法保证了内容的优质。M公司的每篇文章后面有注释，注明内容引用的来源和依据，在早期就开始这样做了。

其次，品牌走向生活化。M公司品牌的生活观念较鲜明，与生活化关联最多的是M公司创始人自身的家庭，还包括各个编辑乃至其他员工的家庭。公司内部有一个家长群，有什么问题或话题需要讨论会在群里征求各个员工家庭的一些想法，从而来完善、拓展思路。

再次，公司有自觉性。自觉，也可以说责任心，M公司在发展中会不断反思，比如现在的主编以前在快报工作过，习惯从社会角度去想这些做法对不对。另外，这点还特别体现在反焦虑产出上。在网络上发布的文章在大众中传播，很容易通过引发焦虑而吸取热度，但公司认为这种过分吸引眼球的内容不值得做。在这个运营体系中，每天受到阅读评论、点赞等数据压力，很容易变形，从而不知不觉跟着大流走，所以M团队不停地与自己搏斗，始终保持高度警惕。如果没有这样的自觉性，就会成为一个普通的、过分商业化的营销团队。

最后，公司勇于担当。M公司创始人表示："育儿行业在商言商是不行的，做这个行业本身就是要有责任感的，要有关注公共的格局。"虽然处在商业环境中，但公司希望能去做一些对社会有帮助的事情。

（3）品牌塑造

M公司从创始人分享育儿的科普文章开始，逐渐建立起专门的编辑团队，优质内容输出也成了品牌最大的竞争力和独特优势，以微信矩阵为中心，多平台、迅速、强势打造自己的母婴品牌。2015年，M公司搭建自己的优选电商品台，不仅与其他品牌合作，还创立自有品牌，实现自媒体变现，最大化转化品牌效应。2017年，M公司开始探索知识付费，打造自己的品牌文化产品，极大提高了用户黏性和品牌形象。现在，M公司专门有品牌公关团队，在各平台上维护、优化自身的品牌形象，专注于品牌发展。

2. M公司的社会责任

企业的社会责任是一个包含了创造自身经济价值和肩负社会责任、履行该有的义务的概念，它也是为了使企业实现价值最大化。在快速发展的同时，M公司十分关注社会责任，聚焦儿童的健康成长和教育以及女性健康。2018年，M公司获"互联网企业社会责任典范奖""今日头条2019年度育儿领域十大头条号"称号，其创始人获"2018年度公益人物奖"。

（1）疫情期间的爱心行动

2020年春节，新冠肺炎疫情肆虐，全国人民居家隔离。M公司与出版社合作，出版和公益发行了新冠病毒的科普绘本，电子版绘本内容免费公开，可以让家长带着孩子进行一次关于新冠病毒的科普。

新冠肺炎疫情期间，前线有超过10万女性医护人员在奋战，她们在生理期无法及时更换卫生巾，卫生状况令人担忧。为了让前线的姐妹们在生理期能够舒服一些，M公司捐赠了3万片考拉裤，另外还为武汉一线的医护人员捐赠了10万元的餐食。

处于后疫情时代的现在，M公司正在进行一项“换新工程”，主要帮助一些困难家庭的孩子整修房间。目前，M公司已经认领了一部分家庭，安排团队上门去做好房间的换新工作，给贫困家庭的孩子一个更舒适的生活环境。

（2）留守儿童公益绘本点项目

中国有6800万父母在外务工的留守儿童，M公司关注这些孩子的精神世界，并付诸行动。2018年，M公司推出“绘本计划”，设立首个公益绘本点，在0—6岁留守宝宝集中的地区，捐建绘本点，让留守宝宝从小有优质的绘本看。截至2021年，M公司已在云南、贵州、河南、安徽等地设立了50个绘本点，惠及近5000名留守宝宝。

M公司邀请南京师范大学的教授负责“绘本计划”效果的测评工作。经过了一年多的科学测评，他的研究组发现，绘本和玩教具给孩子带来的改变是全方位的，孩子的专注力、自控力、语言能力、理解能力和社会秩序感有了明显提升。

（3）协助中国发展研究基金会的项目

针对目前没有办法公费建立幼儿园的山区，中国发展研究基金会计划在这些地方建立幼儿园，目前已建立了2000多所。如果这些地方的孩子到了3岁还没有人管，就会派家访员定期拜访孩子的家长，帮助家长更好地与孩子沟通，引导他们让孩子上幼儿园，促进幼儿教育。M公司积极参加合作，向山村捐献一批教具，接下来计划引入绘本教育，还会协助培训家访员。

（4）携手阿里魔豆公益基金会

在很多偏远乡村，家长自身缺乏正确的养育观念和知识，导致孩子从幼儿时期就在教育上落后。M公司携手公益基金会，在乡村建立“婴幼儿照护服务指导中心”，为乡村的孩子带来更科学的养育知识。

在婴幼儿照护服务指导中心，经过专业培训的养育师会对0—3岁的宝宝和家长做一对一的面授和辅导。服务中心配备了优质的早教玩具、儿童绘本等，家长们也可以随时带孩子来这里玩。无论是上课还是玩耍，都不收取任何费用。

（5）公益倡议，传播正能量观念

M公司及其创始人利用品牌影响力，尽力解除当前社会上关于孩子和女性的偏见或误解，传播正能量。2017年的世界无烟日，M公司创始人联合其他三位优秀女性共同呼吁：无烟健康的环境是给孩子最好的儿童节礼物。她们表示自己和所有年轻父母都在期待一部全国性禁烟法律的出台，真正为孩子们和公众的健康撑腰。2017年的国际癫痫关爱日，M公司创始人联合各行各业专家共同发出倡议：反对歧视癫痫宝宝，愿每一个癫痫宝宝都能被这个世界温柔对待。

总的来说，M公司充分发挥自身影响力，在母婴领域里进行正面的健康传播和知识教育，积极进行舆论引导，坚持将科学育儿理念落到实处，并及时履行社会责任担当。自媒体能否积极承担其社会责任，对网络社会的健康发展和现实社会的和谐稳定有着巨大的影响。因此，M公司在社会责任方面能够起到正面的示范作用。

（六）未来发展与规划

M公司一直致力于科学育儿的愿景，遵循科学育儿的发展理念，通过“深度体验”来解决“认知信息不对称”的痛点，实现自身认知迭代，为企业发展提供了良好的发展前景。M公司将继续提倡科学育儿，努力缓解当代父母的育儿焦虑，寻找两者间的平衡，从而更好地帮助用户养育孩子。

1. 突破内容瓶颈

长期做专业内容的垂直深耕，很容易造成内容疲劳，选题困难成了最大的问题。一类话题不仅与其他同行发布的内容竞争，还要与自己以前发布过的内容有所不同，需要一次又一次创新和超越。内容创作的瓶颈将一直存在，公司不仅要保持“新鲜度”，还要有“老话题，新创意”的“最强大脑”。

M公司内部的学习氛围较好，专门设有购书资金，可帮助员工自我提升。比如在品牌公关部，有员工带来很多书和大家分享，像高校基础研究一样参考大量的专业内容，在深度和高度上得到一些帮助。鼓励和帮助员工与公司一同成长也是现在到未来公司要坚持做的事。此外，在内容创作方面，生活经验对于母婴类内容很重要，很多灵感会在生活中源源不断地出现，公司将继续从各家庭的生活经验中得到进一步的思考。

2. 呼吁父亲带娃

近年来，父亲在育儿上的重要性逐渐被大众所关注到。大量已有研究证实父亲对子女的成长有极大的影响，但在日常生活中，父亲“角色缺失”现象仍较为严重。从M公司的用户数据来看，用户性别主要为女性，男性用户市场还存在很大的开发潜力。父亲对养育孩子的关注可能还存在较大的缺口，因此，呼吁“父亲带娃”也是一个值得拓展的方向。

3. 探索视频领域

近年来，M公司一直在视频领域探索，入驻快手、抖音、视频号等，在引流方面效果较好，但变现价值仍需要继续探索。就抖音来说，已投入大量资金，但由于变现效益远不如微信平台，暂时停滞了。因此，M公司目前侧重向视频号发力，计划打开视频号直播市场，借助腾讯体系的强分享特点，提高变现能力。

此外，M公司初步尝试拍摄自制短视频节目，为大家分享自己的育儿经验和适合小宝宝的各种美食；参演视频平台的真人动画，跨界合作。M公司对微综艺、影视方面的初步涉猎为接下来的发展提供了一个新方向。

4. 深化自有品牌研发

目前，公司始终坚持最具本色的内容生产与分发体系，内部团队和自媒体团队都在持续跟进，但课程方面的投入已经进一步缩减，将重心转向自有品牌。公司负责人表示，自有品牌的利润较为可观，现在做得比较好的是婴儿纸尿裤、美妆、婴儿服饰等，其中美妆和辅食还承载着品牌向外拓展的任务，计划能拓宽品牌涉及的领域范围。

由此可见，M公司在内容上坚持垂直化、创造性生产，但在盈利模式、推广营销上大胆地向外尝试新领域。无论是从初期搭建自己的电商平台到后来开设自主研发的品牌，还是现在初步尝试短视频领域，M公司在保持自身优势的前提下，勇于大胆创新、开拓全新领域，及时“断舍离”，将主要资源集中在有前景的方向上，因此既能在经济创收上稳步前行，又能在特色创新上紧跟热点，与时俱进。

从M公司的未来发展方向来看，母婴类自媒体发展至今，在账号运营上基本趋于成熟，但可以借鉴 M 公司的创新发展路径，在垂直深耕、保持自身特色和优势后，探索适合自己的变现模式，并对当下热点保持高度敏锐的嗅觉，及时大胆尝试与其他领域合作，将互利共赢的效果最大化。

五、讨论

经过实地调研和深度访谈，我们发现 M 公司反对流量至上，坚持充分发挥论文式写作、严格评审把控下的高质量产出优势，为自身发展奠定了坚实基础。让 M 公司迅速增值壮大的关键一步是实现了内容变现，即打造自身的电商平台，通过品牌效应得到进一步推广，将知识输出和经济收益双管齐下。在运营策略上，M 公司借科学育儿主题，从理性的角度进行健康知识传播，从感性的角度加强与用户的情感共鸣，积极管理用户黏性，在多平台的引流加持下，迅速适应全媒体时代，在同领域占据了一席之地。此外，M 公司多次参与公益活动，承担起社会责任，树立了良好的企业形象。

但是，目前 M 公司仍然面临着专业内容创作瓶颈、修正“丧偶式带娃”的社会思想、初入视频领域的茫然、自有品牌不够成熟等实际问题，亟须进一步完善发展。其他同类自媒体同样正在经历或将要经历这些困境，通过对 M 公司发展蜕变的经验总结和动态观察，在更新迭代极快的新媒体环境中要迅速反应，及早调整自己的运营方向和策略。

全媒体时代背景下，内容创作、传播策略走向移动化、视频化、场景化、碎片化是自媒体发展的必然趋势。同类自媒体需要根据自身特点，及时抓住全媒体传播中的新机遇，有实力经得住“注意力争夺”“内容至上”的挑战，在稳固自身优势的基础上，大胆尝试各种新领域，能在不同平台或不同垂直领域找到适合自己发展的路子。

由于条件限制，本次调研实地考察的时间较短，访谈时间和访谈对象数量较少，难以更全面、更深入地了解公司内部各处和日常工作细节。后续有机会，我们可能会有成员到 M 公司公司实习，进行田野调查，进一步深入研究。

实现文娱类网络直播从平台到内容的双重破圈

——基于L平台的案例分析

郭　璇　吴怡辰　吴雨婷　张韫琳　杨玉托[①]

一、网络直播行业整体发展背景

(一) 网络直播行业的发展历程

中国的网络直播行业发展可以用“高速”一词概括。

网络直播，即互联网直播服务，是一种全新的互联网视听节目，它是基于互联网，以视频、音频、图文等形式向公众持续发布实时信息的活动。网络直播是随着移动互联网等技术发展诞生的新兴业态，它利用互联网实现了信息的实时共享，开启了全新的社交网络交互方式。

2005 年的 web2.0 时期，我国出现了第一个网络直播平台“9158”。随着受众群体的不断扩大和直播内容的日益丰富，2012 年，YY 直播在国内正式开启了网络直播时代，“一人直播、众人围观”的模式愈发流行。随着智能手机、iPad 等移动终端的普及和 4G 技术的纯熟，网络直播来到了移动直播时代。[②] 2014 年，斗鱼 TV、哔哩哔哩、虎牙、花椒等涵盖体育、游戏、娱乐、综艺等多方面的网络直播平台相继问世，中国网络直播行业百花齐放。2016 年，中国网络直播市场爆发，规模不断扩大。2019 年网络直播市场规模为 843.4 亿元，占中国网络视听行业总规模的比重为 19%。

---

① 传播班王一凡、张卓然、吴冰、刘顺顺、高铭宇等学生对本文亦有贡献。

② 许向东：《我国网络直播的发展现状、治理困境及应对策略》，《暨南学报（哲学社会科学版）》2018 年第 40 卷第 3 期。

2020 年，在新冠肺炎疫情的影响下，“云生活”进一步激发了“全民直播”的内外动因，网络直播用户规模出现了大幅增长，不但在已有的内容领域中用户黏度进一步提高，更是通过“慢直播”武汉方舱医院抢建现场等全民关注的社会事件，使得网络直播迅速“出圈”，网络直播市场达到历史新高，市场规模突破 1500 亿元。预计到 2021 年底，中国网络直播行业市场规模有望达到 3000 亿元，中国直播电商市场规模预计达到 12012 亿元。

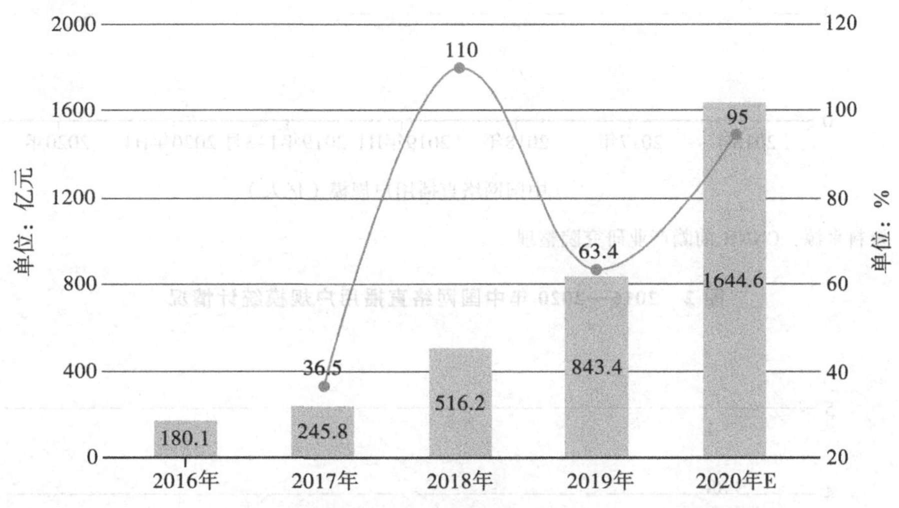

资料来源：中国网络视听节目服务协会 前瞻产业研究院整理

图 1　2016—2020 年中国网络直播行业市场规模统计及增长情况预测

从直播类型来看，我国网络直播大致分为秀场直播、游戏直播、垂直领域直播（电商直播、体育直播等）、泛娱乐直播等。近年来我国电商直播异军突起，发展迅速，特别是疫情以来，人们大多时候居家，电商直播成为众多用户的选择。根据中国互联网络信息中心（CNNIC）2021 年 2 月 3 日发布的第 47 次《中国互联网络发展状况统计报告》统计数据显示，截至 2020 年 12 月末，中国网络直播用户规模达到 6.17 亿人，其中电商直播用户规模达到 3.88 亿人。

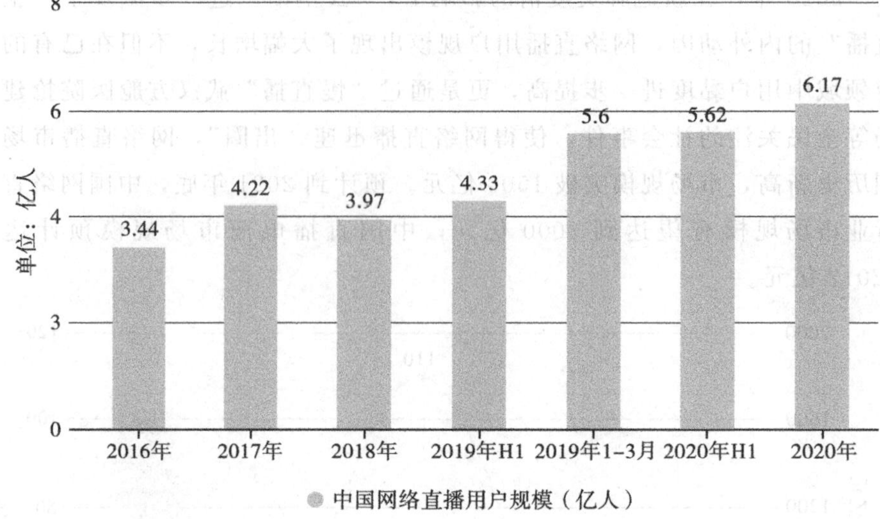

资料来源：CNNIC前瞻产业研究院整理

图 2　2016—2020 年中国网络直播用户规模统计情况

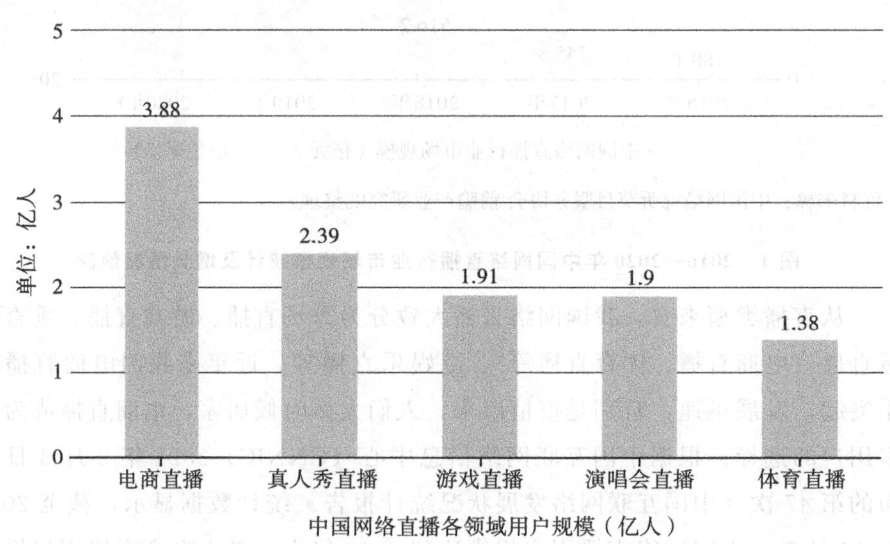

资料来源：CNNIC前瞻产业研究院整理

图 3　2020 年中国网络直播各领域用户规模统计情况

（二）国家相关政策的扶持与监管

2020年席卷全球的新冠肺炎疫情，对网络直播模式的快速出圈起到了催化剂的作用。面对疫情给经济发展带来的巨大影响，以及我国完成全面脱贫攻坚任务，建设高水平小康社会的战略要求，2020年2月25日，国家商务部发布《关于进一步做好疫情防控期间农产品产销对接工作的通知》，鼓励电商企业要通过扶贫频道、专区、直播带货等多种渠道提供流量支持，开通农户入驻绿色通道，拓宽滞销农产品销路。之后，国家领导人相继走进直播间调研考察，各地政府官员带头通过直播模式拉动地区经济的发展，央视主播与直播电商KOL突破次元壁的跨圈合作，甚至直播间进驻了央视春晚等各大主流媒体的大型晚会现场，掀起网络直播行业的浪潮。

在直播电商行业不断发展的背景下，我国广州、杭州、上海、青岛、重庆、济南、义乌等城市纷纷发布相关政策，以此来占据直播电商行业的高地。其中，2020年3月24日，广州市出台的《广州市直播电商发展行动方案（2020—2022年）》中提到，预计到2022年将广州打造成为全国著名的直播电商之都；2020年4月13日，上海市出台的《上海市促进在线新经济发展行动方案（2020—2022年）》中提到，预计到2022年末，将上海打造成具有国际影响力、国内领先的在线新经济发展高地；2020年，杭州余杭区、拱墅区等都出台了直播电商扶植政策；广州、杭州、义乌、泉州等城市甚至展开直播人才的“抢人大战”，在入驻、经营、创收、荣誉、上市等不同层面给出奖励政策。

自2020年疫情以来，我国先后发布部分直播电商平台相关扶持政策，如淘宝直播、京东、抖音、快手等平台均获得不同程度上的补贴或优惠。以李佳琦为代表的一批头部电商主播更是被划定为特殊人才，享受了“特殊人才落户”“直播人才认定”等政策。

网络平台内容因为其传播门槛低、传播速度快、传播范围广、传播影响力大等特征，一直是国家重点管理的对象，特别是针对网络直播这种新兴传播模式和技术在青少年群体中的流行度和网络主播对高黏度受众的影响力，国家也快速出台了各种监管细则。2016年斗鱼直播平台“直播造娃娃”事件的发生，使网络直播行业开始进入政府监管阶段。

时间	政策名称	发布机构	主要内容
2020.02.25	《关于进一步做好疫情防控期间农产品产销对接工作的通知》	商务部	鼓励电商企业要通过扶贫频道、专区、直播带货等多种渠道提供流量支持，开通农户入驻绿色通道，拓宽滞销农产品销路。
2020.03.24	《浙江省人民政府办公厅关于提振费促进经济稳定增长的实施意见》	浙江省人民政府办公厅	鼓励实体商业通过直播电商、社交营销开启"云逛街"等新模式，繁荣居家"宅消费"。
2020.04.07	《品质川货直播电商网络流量新高地行动计划（2020-2022年）》	四川省商务厅	到2022年底，我省将推进实施10个特色产业直播电商网络流量基地、100个骨干企业、1000个网红品牌、10000名网红带货达人的"四个一"工程，将四川打造为全国知名区域直播电商网络流量中心，实现年直播带货销售额100亿元，集聚生态企业1000家，带动产值1000亿元。主要聚焦在"直播电商+特色产业""直播电商+县城经济""直播电商+反向定制""直播电商+扶贫"等8个方向。
2020.06.06	《视频直播购物运营和服务基本规范》和《网络购物诚信服务体系评价指南》等两项标准	中国商业联合会	合会发布消息称中国商业联合会媒体购物专业委员会牵头起草制定了行业内首部全球性社团标准《视频直播购物运营和服务基本规范》和《网络购物诚服务体系评价指南》等两项标准。
2020.06.24	《网络直播营销行为规范》	中国广告协会	《网络直播营销行为规范》指出，网络直播营销主体不得利用刷单、炒信等流量造假方式虚构或篡改交易数量和用户评价；不得进行虚假或者引人误解的商业宣传、欺骗、误导消费者等。

时间	市/区	政策文件	主要内容
2020.03.24	广州	《广州市直播电商发展行动方案（2020-2022年）》	到2022年，推进实施直播电商催化实体经济"爆款"工程——"个十百千万"工程。即：构建1批直播电商产业集聚区、扶持10家具有示范带动作用的头部直播机构、培育100家有影响力的MCN机构、孵化1000个网红品牌（企业名牌、产地品牌、产品品牌、新品等）、培训10000名带货达人（带货网红、"网红老板娘"等），将广州打造成为全国著名的直播电商之都。
2020.04.13	上海	《上海市促进在线新经济发展行动方案（2020-2022年）》	鼓励开展直播电商、社交电商、社群电商、"小程序"电商等智能营销新业态。到2022年末，将上海打造成具有国际影响力、国内领先的在线新经济发展高地。
2020.05.24	济南	《大力发展电商经济打造直播经济总部基地的实施方案》	着力打造一批直播经济基地、建设一批产业直播经济集群，培育引进20家以上全国知名的直播、短视频经济总部，100家以上具有影响力的MCN机构，300个以上网红品牌，5000个以上直播间，10000名以上直播电商带货网红达人。经过2—3年的努力，实现电商直播带动线上、线下成交额达1800亿元，占比全市社会消费品零售总额30%以上，推动直播、短视频制作产业成为我市重要新兴产业，将济南打造成为全国著名的直播经济总部基地。
[illegible]	青	《青岛市直播电商发展行动	到2022年，推进实施直播电商工程—"五个一"工程。即：构建一批直播电商产业集聚区、扶持一批具有示范带动作用的头部直播机构、培育10家有

城市	时间	政策	目标
广州	3月24日	广州市直播电商发展行动方案（2020-2022）	打造成为全国著名的直播电商之都
上海	4月8日	上海市促进在线新经济发展行动方案（2020-2022）	打造成具有国际影响力、国内领先的在线新经济发展高地
四川	4月8日	品质川货直播电商网络流量新高地行动计划（2020-2022）	打造为全国知名区域直播电商网络流量中心
广州-越秀区	4月13日	"越秀区促进直播电商行业发展"新闻通气会暨直播电商行业交流会上公布支持措施	助力越秀打造广州"越秀"直播电商之都
福建-泉州	5月9日	关于扶持电子商务发展的若干措施	积极发展直播电商等电子商务新业态
重庆	5月10日	重庆市加快发展直播带货行动计划	打造成直播应用之都、创新之都
杭州-江干区	5月13日	关于建设高端商务人才集聚区、推动中央商务区高质量发展的实施意见	打造国际商务产业集聚区，促进高端商务人才集群发展
山东-菏泽	5月18日	菏泽市直播电商发展行动方案（2020-2022年）	打造成长江以北知名的直播电商发展高地
山东-济南	5月22日	大力发展电商经济，打造直播经济总部基地的实施方案	打造成全国著名的直播经济总部基地
山东-青岛	5月26日	青岛市直播电商发展行动方案（2020-2022年）	打造成中国北方直播电商领先城市
广州-从化区	6月5日	广州市从化区扶持直播电商发展的若干措施	打造超百亿级直播电商产业集聚区
广州-花都区	6月8日	广州市花都区扶持直播电商发展办法（2020-2022）	建成10大在国内有影响力的直播电商基地，实现全区电商网络零售额超1000亿元
北京	6月10日	北京市促进新消费引领品质新生活行动方案	推动实体商业推广直播卖货等新模式
杭州-余杭区	6月20日	余杭区支持直播电商产业高质量发展的财政政策实施细则	打造业态丰富、人才集聚、创新驱动的直播电商产业生态
浙江-义乌	6月22日	义乌市加快直播电商发展行动计划	成为全国知名的网红产品营销中心、网红达人"双创"中心、网红直播供应链主导中心，[illegible]突破1000亿元

抖音	面向全国线下商家，通过10亿直播流量扶持计划、小店入驻绿色通道、官方培训等三项专项政策为商家助力，扶持对象为：线下商场、品牌门店、工厂、个体商户等。主要包括： ·10亿直播流量扶持：1月1日-2月29日期间，未在抖音直播中使用过购物车功能的线下商家账号，可在3月4日至4月30日期间，获得2周新手期流量扶持，共享10亿专属流量。 ·0粉丝绑定小店、开通抖音购物车权限：新店技术服务费优惠至1%；2月14日入驻小店平台的商家，4月30日前，可享平台技术服务费优惠低至1%的优惠；已入驻商家，在符合服务质量要的情况下，亦可享受一定平台技术服务费的优惠标准;小店入驻绿色通道；免费的官方专属培训课程开放。
快手	·对平台已有商家：实行平台"技术服务费"的优惠。此前快手电商对销售普通商品收取成交额5%的技术服务费，对销售有"靠谱货"认知的商品技术服务费则为2%。从2月9日至2020年底，通过快手商品或指定第三方交易工具完成的订单，商家累计结算金额不超过10万元（含）的部分免收技术服务费，商家承担1%渠道手续费。而对于湖北地区商家：至3月31日，不限额度免收技术服务费，商家承担1%渠道手续费。 ·对线下门店：对于因疫情导致的经营危机而转向尝试线上卖货的实体门店，快手电商将通过电商学院、快手直播和短视频等方式为商家提供电商课程方面的直播讲解，此类电商将于快手电商官方账号快手卖货助手开始直播。对线下门店推出零门槛入驻、减免技术付费费、提供预售能力、发货时效延迟、回款账期缩短和运营指导等服务。此外，大幅下调"闪电购"功能的使用门槛，让更多商家省去复杂的商品上架流程，快速进入售卖环节。

图 4　网络直播相关政策及内容

2016 年 9 月，广电总局出台《关于加强网络视听节目直播服务管理有关问题的通知》，明确开展网络视听节目直播服务应具有相应资质；对开展网络视听节目直播服务的单位应具备的技术、人员、管理条件、直播节目内容、相关弹幕发布和直播活动中涉及的主持人、嘉宾、直播对象等做出了具体要求。同年11月，网信办颁布了《互联网直播服务管理规定》，要求互联网直播服务提供者和互联网直播发布者在提供互联网新闻信息服务时，都应当依法取得互联网新闻信息服务资质，并在许可范围内开展互联网新闻信息服务。

2020年7月，"扫黄打非新风"集中行动中，专项整治网络直播乱象，严厉打击非法直播平台、淫秽色情直播内容，从严处置通过低俗网络表演引诱打赏行为。扫黄打非办通报了7起网络直播平台传播淫秽色情低俗有害信息的典型案件。同年8月，国家网信办、全国"扫黄打非"办等八部门联合召开工作部署会，会议指出，要强化备案准入管理，全面排查清理未持有准入资质或未履行ICP备案，以及违规开展互联网新闻信息服务的直播平台。要强化内容治理，全面清理各类违法违规内容，净化"网课"直播生态，保护青少年健康成长。

2020年11月，广电总局颁布了《关于加强网络秀场直播和电商直播管理的通知》。《通知》明确，网络秀场直播平台要对网络主播和"打赏"用户实行实名制管理。未实名制注册的用户不能打赏，未成年用户不能打赏。对发现相关主播及其经纪代理通过传播低俗内容、有组织炒作、雇佣水军刷礼物等手段，暗示、诱惑或者鼓励用户大额"打赏"，或引诱未成年用户以虚假身份信息"打赏"的，平台须对主播及其经纪代理进行处理，列入关注名单，并向广播电视主管部门书面报告。

2021年2月，工业和信息化部、公安部、国家广播电视总局等七部委共同颁布了《关于加强网络直播规范管理工作的指导意见》，《意见》指出，网络直播平台要建立健全直播账号分类分级规范管理制度、直播打赏服务管理规则和直播带货管理制度，要针对不同类别级别的网络主播账号在单场受赏总额、直播热度等方面合理设限，要对单个虚拟消费品、单次打赏额度合理设置上限，对单日打赏额度累计触发相应阈值的用户进行消费提醒，必要时设置打赏冷静期和延时到账期。

2021年4月23日，国家互联网信息办公室、公安部、商务部、文化和旅游部、国家税务总局、国家市场监督管理总局、国家广播电视总局等七部门联合发布《网络直播营销管理办法（试行）》，自2021年5月25日起施行。《办法》旨在规范网络市场秩序，维护人民群众合法权益，促进新业态健康有序发展，营造清朗网络空间。《办法》要求，直播营销平台应当建立健全账号及直播营销功能注册注销、信息安全管理、营销行为规范、未成年人保护、消费者权益保护、个人信息保护、网络和数据安全管理等机制、措施。同时，《办法》还对直播营销平台相关安全评估、备案许可、技术保障、平台规则、身份认证和动态核验、高风险和违法违规行为识别处置、新技术和跳转服务风险防范、构成商业广告的付费导流服务等做出详细规定。

二、L 平台发展现状

（一）L 平台发展历程

L 平台是 H 集团旗下的文娱类互动直播平台，其聚集了高颜值才艺达人、网红主播，覆盖全国及南亚、北美、非洲等地，为用户提供演艺、游戏、体育、科技、美食等多元化内容。

发展历程：从 2014 年互动直播产品 L 平台上线后，几年里，L 平台先后获得“年度最佳新娱乐平台”“正能量直播平台”“年度最佳数字文娱平台”等多重奖项。并联合多家央媒上线正能量战疫、远程教育、公益扶贫等相关视频及直播。

（二）直播矩阵打造

L 平台以“视频生活，美好连接”为导向，深耕泛娱乐直播，同时在布局“直播+”领域表现突出，践行企业社会责任，不断寻求发展新机。如今，L 平台的“直播+”战略已初具规模，丰富新颖的直播形式与内容吸引了众多用户；未来 L 平台将在“直播+”方向上持续发力，输出公益文化等方面的价值观导向，践行企业社会责任，带动直播行业向更多元化方向发展。

1. 直播+综艺

在自制节目领域，L 平台利用平台自身优势，尝试了不同垂直细分领域的节目制作与播出，通过用户反馈不断改善节目形式，将网络直播作为一种建构元素纳入节目制作环节，促成“网络直播+综艺”的化学反应，使节目创新发展并完成转型。

L 平台倾力自制的一档两性情感脱口秀访谈节目，90 后脑洞团队，直击心灵，最高同时在线 200 万，各大视频网站点击量已过千万；其自制的一档通过网络直播的户外真人秀节目，于 2016 年进行全网直播，节目在房车度假营地进行取景拍摄，选手在几十天内玩转多座地标城市；同时，L 平台也自制过深入体验美食诱惑的直播美食综艺节目，是一款体验感不一样的美食综艺和趣味游戏。

L平台曾打造了一款知名直播综艺IP，该节目不仅会联动L平台上的当红主播进行线上狂欢，每期还会请到多名才貌双全的主播进行现场PK，更有观众喜爱度非常高的明星倾情加盟。该节目为亿万粉丝量身定制，采用零评委的机制，完全由线上观众的投票决定当场的人气主播王。

对于年轻受众更加青睐的虚拟主播，L平台也已经开始涉足“虚拟唱见”，但其稳定性和亲和力等方向仍需平台不断调整。对此，L平台有明确的规划，“我们有这一块的内容，但是可能缺少一些专业化的IP打造，像抖音、B站这些已经在涉足包装一些自己的二次元IP了，这一块可能我们还是动作比较小一点，但是我们已经有这一块的内容。”

除了综艺节目，L平台也涉足过电影领域，投资相关电影也是L平台相关的战略举措，通过选出几个拔尖的主播，再送去剧组进行拍摄。此外，L平台也有常态化的选拔机制，通过一系列的线上选拔，给唱歌比较好的主播出了单曲，发行在Google和网易云等音媒平台。

2. 直播＋电商

直播电商行业热度指数居高不下，百家争鸣的时代已经呈现，白热化的市场背景下，也衍生出了很多问题，产品品质不合格、直播数据造假、恶性营销……各类问题层出不穷。随着我国经济的迅速发展，人们消费习惯的改变，直播电商经济或将成为新一轮增长引擎，但如何规避行业问题，持续推进行业精耕细作也成为一个难题。

L平台J总表示，平台从2020年开始做电商。主要分两大块：一个是内部有自己的直播间；另外一块是帮助自己平台的其他企业和主播，让他们转型。

“L平台购”作为行业的新生态平台，将直播、社群、商城平台三者融入电商的圈层，L平台商学院提供全链路的扶持政策，引导培育主播快速进入行业。L平台购是依托L平台文娱领域优势打造的社交电商平台，培育优质的产品供应链体系，打通电商产业链渠道，坚持精细化运营、共创共享。旗下L平台商学院搭建出以“直播电商、社群电商、研学营、爆款研究院”为核心的多元化和系统化培训体系，助力主播、社群主、企业等主体实现电商创业的梦想，全方位构建互娱电商生态圈。

直播电商的重要一环就是供应链，落地到产品，高品质、高性价比、强功能的产品更为用户所青睐。深入供应链源头，创新设计，把控产品质量，垂直品类产品品牌化，联动资源互推，让粉丝买到有品质保障的产品。缩短销售链路，去中间的分层，将更大的效利留给消费者，让合适的产品卖出合适的价格，这是未来消费升级的一个显性特征，更是直播选品的重点关注方向。

L平台购通过供应链端的改造升级，输出高品质产品，并搭建出自己的品牌，源头货源直接对接主播，产品的生产加工制作包装运输等环节的信息透明化，主播也能参与到此链路中共创产品，产品品质可信赖，主播对产品了解更为详细，用户为产品买单的理由更充足，这也为直播消费创造了一个更合理的空间。

3. 直播＋公益

在新媒体环境下，L平台除了发扬自己的优势项目，也将目光投注于公益事业。以文化为引领，积极探索新媒体环境下传统文化的现代表达，真正使文化在网络空间“润物细无声”。让网红文化“红起来”，积极利用“网红文化”的正面引导效应，让网络直播“红起来”。

针对新媒体从业者和网络主播思想活跃、思路多元的特点，充分发挥他们在网络上影响力大的优势，引导联盟成员在围绕中心服务大局、助推经济社会发展中贡献力量。聚焦重大历史节点，围绕十九大召开、全国两会、新中国成立70周年等重大历史节点，举办了“点亮中国地图”“时代新人说——我和我的祖国”等节目，超过109万人次在线观看、参与互动，在网络上营造了浓厚的爱国主义氛围，聚焦国家发展战略。

围绕“乡村振兴”，L平台先后推出“看美丽乡村、庆改革开放”“看美丽乡村、庆70华诞”等大型系列直播，带领全国网友走进美丽乡村，感受乡村建设的辉煌成就；围绕“军民融合”，推出《战鼓阵阵》《相约强军新时代》等军事科普节目，领略一线官兵英姿，感受大国力量，使国家战略通过网络直播的形式更聚人气、更接地气；聚焦社会民生需求，针对教育升学问题，推出“网络校园开放日”系列直播，走进清华大学、南开大学等国内名校，向学生、家长展示高校校园环境与人文风采；引导联盟参与东西部协作，将贫困地区农产品通过网络直播方式进行推广，为山区小学送去外教课程，为美好生活助力添彩。

在践行公益的道路上，L平台始终秉持立足服务社会，注重公益引领，充分发挥新媒体从业人员的专业优势和引领作用，实施“多彩公益”计划，通过网络凝聚爱的力量。两年多来，共计捐献善款超过59万元，直接受益人群上千人。

点亮红色，实施精准扶贫。开展“三地同播”网上公益助学行动，为贵州黄平、桐庐莪山的学生搭建起教学直播互动平台，进行三地实时直播联动授课，受到师生热烈欢迎，其网上公益助学项目入选中央网信办“网络扶贫典型案例”。

点亮橙色，爱心温暖助残。成立L平台公益残疾人帮扶基金，与江西省残联合作，扶助自闭症儿童、残疾主播才艺培训，93名残障青年入驻L平台直播并实现就业。

点亮绿色，保护绿水青山。践行“绿水青山就是金山银山”，精心策划组织植树活动，将线上送出的200万份虚拟“小树苗”兑换成真正的绿色树苗，倡导生态文明从“网红”做起的理念，传递正能量。

（三）平台传播效果

截至目前，L平台精准注册用户已突破1.5亿，成功孵化出超3000家经纪公司，帮助20万+素人主播实现直播创收，ARPU值达行业领先地位。

2020年，H集团入局电商赛道，在直播电商、私域电商领域做业务垂直化延伸，搭建了平台购、社交电商直播云等平台，重新解构了娱乐公会与电商交融的发展模型，走出一条科技互娱电商的生态之路。

经历过烧钱大战进入洗牌期的直播行业，更看重优质内容沉淀以及自我造血能力，所以厮杀到现在，除了产品本身的比拼之外，更多的是精细化营销力的比拼。

在这点上，L平台的投入可谓不留余力。对内，明确产品定位，坚持自主造血，在平台的UGC内容运营上，深度发掘受用户欢迎的时尚、美食、旅游等内容留存平台现有用户。对外，提出“直播+”战略，从多角度发觉全新内容切入点，为平台本身注入新鲜活力。

L平台这种全方位的直播内容升级，拉近了主播与观众的距离，为L平台带来了更高的平台现有用户留存率。同时，内容升级给观众带来的更强的身临其境感，强化了观众所见即所得的体验感受。

L平台从用户、内容和主播三方面聚焦下沉市场，界面及玩法贴合用户特点，内容与当地生活贴近，并通过完善的视频生态上下游孵化体系培养扶持腰部主播。随着国内一、二线城市直播市场趋于饱和，三、四线城市仍具有广阔的发展空间，市场下沉，利用三、四线城市人群的长尾效应进一步获取人口红利成为直播行业突破瓶颈的关键。

依托L平台购自建平台拼团、众筹、折扣、积分等玩法工具，集商品管理、引流获客、社群管理、客户运营、数据分析于一体，打通多触点获客转化、留存、复购的全链路私域智能化运营通道。通过持续挖掘用户全生命周期价值，赋能企业数字化运营和精细化管理能力。

在内容破局层面，L平台加码开发平台直播和用户管理工具，深化垂直领域的直播内容形式，打造出多元场景化的内容阵地；在生态赋能层面，优化集团配置资源的链路，构建平台购、社交电商直播云、直播场、H课堂等自有平台的生态化发展体系，充分发挥“直播＋”的技术产业优势，提供直播短视频解决方案，赋能文娱、电商新零售、政企院校、医疗教育等各大产业领域；在海外突围层面，L平台海外版现已取得南亚市场综合排名不俗战绩，平台扶持了一批国内公会出海，有意要开拓中国香港、马来西亚、新加坡、泰国、印尼等地公会，与其地区主播、KOL、TVB艺人所在公会进行合作，共享共赢。

（四）主播孵化机制

1. 签约模式

（1）主播收益

主播收益＝销售业绩×分成比例，普通主播分成比例40％，独家主播分成比例45％，金牌主播分成比例以家族、主播、平台签订的三方协议约定为准。

销售业绩，指主播收到或获得的下列内容对应的金额，包含：普通礼物、幸运礼物、动态打赏、抢沙发和抢车位。幸运礼物和普通礼物，送出幸运礼物有机会中奖，而普通礼物不能，鼠标在礼物上停留会有区分；主播收益达一定值以上，则可申请兑换，每周结算一次。

（2）主播违规管理

①主播30天内累计直播时长少于2小时且无兑换，暂停开播权限。主播提供合理的说明材料联系巡管，方可重新开启权限。

②主播180天开播时长累计不超过10个小时或兑换不超过500元，取消主播权限、清空主播豆，但是最近15天有开播的除外。

2. 扶植政策

L平台独创“新主播投资计划”。任何未注册的主播都可以参加，主要是针对新主播的流量扶持政策，新主播第一次开播满两小时，就算作正式开播，自正式开播日起，接下来30天内，连续3天开播满2小时，就可以加入活动。

加入活动后，将在活动的新鲜花旦区展示，获得最多投资人支持的，就可以在首页得到推广。按时完成每天两个小时的直播后，即可升星，主播自己可以获得许多奖励，最高可获得大烟花（一种直播间打赏），直播间的投资人可以获得秀币或道具奖励。

3. 监管政策

2018年，工业和信息化部等六部门联合下发《关于加强网络直播服务管理工作的通知》，部署各地有关部门进一步加强网络直播服务许可、备案管理，强化网络直播服务基础管理，建立健全长效监管机制，大力开展存量违规网络直播服务清理工作。

其中一个重点是落实用户实名制度，加强网络主播管理，建立主播黑名单制度，完善直播内容监控、审查制度和违法有害内容处置措施。

L平台早在政策出台之前，就已经落实了用户实名制度。按照L平台规定，游客是不能发言的，注册用户只有绑定手机、实名认证后才能发言，通过第三方注册和实名认证的用户可以发言。同时，为了确保实名且实人开播，L平台上线了“主播开播实名认证对比功能”，更加精准地做到了每次开播的主播与实名认证信息匹配。

对直播内容，L平台从技术和管理两方面进行监管。监管人员采用长时间高密度的视频监管机制，对所有直播间的视频内容和个人信息实时巡查和监督处理，并采取“机器识别＋人工二次审查”的模式，对自动抓取的图片进行审查判断。对于违规直播行为和主播，做到在20—30秒内一键关停违规直播。同时，L平台后台有成熟的黑名单筛选系统，一旦某个主播出现严重违规甚至违法行为，将被列入黑名单，L平台将禁止其注册和使用。

2020年6月以来，L平台针对违规广告、低俗不当、谩骂粗俗用语、扰乱平台秩序、诱导消费、封建迷信、宣扬赌博、血腥暴力等行为，共对18009个账号发出警告处理，对973个账号进行罚款处理，对6740个账号进行限播处理，对145个账号进行封号处理。

L平台在日常监管中重点加强了对未成年人的保护，明确禁止未成年人使用L平台发起直播。通过技术手段，识别未成年用户，引导未成年用户打开产品后进入L平台护苗专区，观看知识文化类、健康优质的直播、点播内容，为青少年用户营造绿色的网络直播环境。

4. 造星计划

这一为6位主播提供剧组选角机会的“全明星计划”是针对平台内所有主播开放的。

平台主播参与“全明星计划”报名，完成对应的才艺考核，之后将会持续享受官方的扶持，其中表现优异的主播还能获得影视剧、大型综艺等外部资源。

若主播满足以下条件（任意一条）即可申请全明星直通名额，获得直通名额后，无须进行才艺考核，可直接成为全明星，享受全明星资源：

①在现有音乐平台（酷狗、QQ、网易云等）有音乐人认证，且发行过2首及以上个人单曲，其中1首单曲在任意平台播放量不低于100万。

②视频网站（抖音、B站、腾讯等）粉丝不低于5万，其中1个视频在任意视频网站播放量不低于100万（必须是才艺类表演视频）。

③曾在全国级别比赛中（唱歌、跳舞等）获得前10名，若是大IP类比赛节目（中国好声音、明日之子、超级女声等），可适当放宽名次要求。

④舞蹈、戏曲、二人转等表演工作者（根据知名度、证书、头衔等综合评判）。

主播具备一定的人气和知名度之后，需要更加广阔的发展舞台和成长道路。高人气主播开始走向影视综艺节目，音乐主播借着歌曲爆红的机遇加推新专辑，一些平台头部主播转向签约演艺公司。这一“全明星计划”的启动，一方面能够满足平台主播的发展诉求，另一方面则是探索平台造星的新尝试。

5. 其他福利

2018年，L平台推出主播医疗保障险，旨在为主播们提供更好的生活保障，以促进直播行业更加健康、良性发展。

主播医疗保障险主要包括门诊医疗险、户外直播意外险、25种重大疾病和绿色住院通道等。其中门诊医疗险主要针对五官科，包括比较常见的干眼症、结膜炎、耳鸣、中耳炎、咽喉炎、扁桃体炎等，还有颈椎腰椎方面的疾病。

L平台副总经理Q表示，“因为很多主播的直播时间特别长，L平台有主播是凌晨4点开播的，还有的主播一开播就十几个小时，这期间要不断地说话、唱歌，与用户实时互动，一直盯着屏幕，很多主播都有咽喉炎、干眼症、腰椎颈椎的疾病。有些主播经常戴着耳机，容易有耳鸣、中耳炎等。这些都是主播人群特有的职业病。”

在玩法设计上，采用打赏众筹的方式，用户给心仪的主播送出“主播关怀”礼物，累积到一定金额时，就会自动生成一份专属保单。

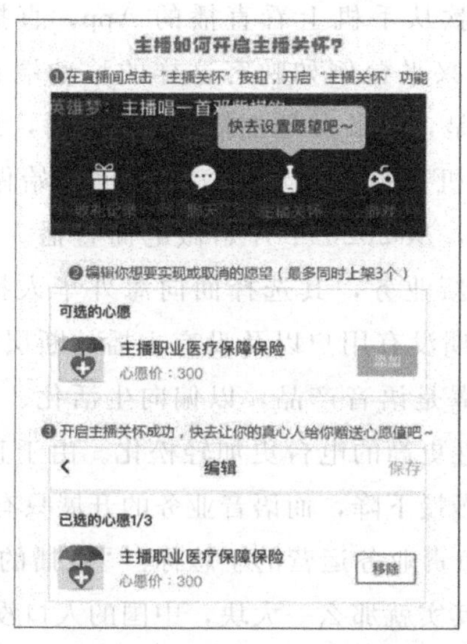

图5 “主播关怀”功能截图

三、L平台发展的创新点

（一）以“PUGC”实现全方位+个性化的发展战略

L平台作为H集团旗下泛文娱直播平台，自创立以来顺应时代趋势，坚守用户中心制，利用平台直播服务坚守核心业务，夯实主播专业度，拓展同心圆，其最核心、最擅长的便是文娱化的文娱项目、社交项目，其他电商项目、教育项目也都有所涉猎，并且利用直播技术平台与主流媒体展开合作，提升社会影响力和公益属性。L平台在不断变化的时代下尝新、试错、融合和发展，在10年间引领“PUGC（PGC+UGC）”的兼顾全方位和个性化的发展战略。

1. 夯实平台初创基因，打造“一体两翼”业务发展模式

L平台现注册用户达1.5亿，覆盖城市200+，据统计，L平台直播注

册用户的年龄多集中在20～30岁，一、二线城市用户占45%，90后主播占开播总人数的80%。平台开设以来的数据积累已经形成了特有的数据流，在这“一体”数据流的支撑和依托下统一开展娱乐平台的业务。

娱乐平台的第一翼是直播业务。其中最早开立的业务就是以唱跳内容为主，这是L平台的初创基因，也是其差异化竞争力所在。自开立以来，L平台便顺应市场和用户偏好，进行多种不同类型的直播尝试，早在2012年，推出国内外第一款从手机上看直播的App，直播业务就此开始；到2015年左右，很多新兴平台例如映客这样的移动端直播平台开始做手机直播，但二者不同的是，L平台是主播在PC上播，用户在手机上看，而映客是手机上看、手机上播；之后，L平台也开始做游戏直播，在2017年开始尝试教育直播，从2020年开始做电商直播。除此之外，L平台利用数据流开拓了海外新业务，其选择面向海外华人推送L平台现有的主播，这样就能避免前期没有用户以及没有主播的断层情况出现。

娱乐平台的第二翼是语音产品，以偏向生活化、陪伴化的聊天类型为主，相比于内容专业性更高的电台更加轻松化。由于直播业务已经有10年之久，用户增速也在慢慢下降，而语音业务的开展只有5年，用户会更偏向年轻化。L平台主要负责业务运营的J总称：“直播的用户都被抖音和快手分散，互联网的用户其实就那么一大块，中国的人口没有一直往上涨，用户的时间就被抢占，抖音和快手这类短视频平台抢占了用户时间，那用户自然而然在直播上看得很少。然而语音的增长是在往上的，所以我们第二块业务就是要做这个。”

“一体两翼”的主播内容都是互通的，包括L平台的语音、另外的语音产品以及海外产品中的内容，语音类的产品也都是通过前期沉淀，避免从零开始面临的过大风险。无论是传统的L平台业务，还是新兴的语音类产品，都采用了“PGC＋UGC”的发展模式，专业生产内容与用户生产内容并行，形成独特发展模式。

2. 特色网红主播的差异性孵化战略满足个性化发展需求

主播作为直播中不可缺少的一部分，L平台也有着个性化的网红主播孵化模式。L平台现拥有独立主播20余万人，合作经纪公司超过600家，平台上聚拢的网络主播具有年轻化、文化程度高、亲近互联网等特点。

面对强大的资本力量和市场竞争，在许多其他同类型平台运用资本打市场的情况下，L平台另辟蹊径，选择签约大量腰部主播并进行个性化的打造。平台开启的电商直播业务主要分两块：一块是公司内部的直播间；另一块是平台帮助签约主播从娱乐转型，拓展主播的第二道路。与此同时，还有事业部专门负责主播的全域平台孵化，帮助主播做抖音、做私域、维护粉丝、拿供应链、卖货，等等。

在网红孵化方面，L平台主要采用两种常见的合作形式：一是与经纪公司合作，传统工会入驻模式；二是平台直签，平台会寻找一些外形条件优越、表现力和才艺都不错的优质素人，通过“短视频＋直播＋PGC综艺节目”三角孵化模式打造全网网红。2021年，L平台还有一个想法，深耕音乐和舞蹈两个赛道，打造一些垂直赛道的网红。

L平台也在不断尝试PGC类的综艺，像之前投资过的系列网剧，通过平台战略活动选出一些拔尖的主播，送去剧组进行拍摄；也有通过一系列的选拔，帮助才艺如唱歌较好的主播出单曲，发布在Google和网易云上。

除此之外，L平台也有涉及虚拟主播的内容，但因为缺少一些专业化的IP打造，所以在虚拟主播这个领域动作较小。但L平台已经拥有了原创的虚拟主播形象，通过软件投屏达到以虚拟形象进行直播的效果，针对不同的用户属性和受众。

（二）积极探索提升文娱直播平台正向传播力的可行路径

1. 打造聚合新职业青年的联盟平台

新媒体发展催生了一批新职业青年，新职业指的是随经济社会发展和技术进步而形成的新的社会群体性工作。2019年4月，人力资源和社会保障部、国家市场监管总局、国家统计局向社会发布了13个新职业信息，这是自2015年版国家职业分类大典颁布以来发布的首批新职业。2020年2月，人社部等部门又公布了第二批16个新职业。在如此短的时间内接连对2015年的职业分类进行增补，在历史上是首次。

这批新职业在数字产业化方面，表现为以数字经济为代表的新经济领域和新消费服务模式领域出现的，如大数据、物联网、云计算、人工智能、网络主播、电竞设计和解说、网络“水军”等实现产业化应用的高新技术职业。2020年席卷全球的新冠肺炎疫情之下，数字经济催生的新职业形态及其从业人员加速扩张。浙江省数字经济发展在我国名列前茅，是我国数字经济发展先行区。特别是在新冠疫情影响下，浙江省“增收主要来自信息传输软件和信息技术服务业，增长 311.3%”。以淘宝为代表的网购、以畅唐网络为代表的手游、以钉钉为代表的线上办公、网课平台以及电商主播行业的发展，成为重要的经济增长点。

基于此，对新职业青年的服务、引导和治理也成为政府工作的新关注点。特别是这些职业青年作为 KOL/COL，对其粉丝群体具有很强的价值观引领作用。

Z 市 G 区于 2017 年 7 月成立新媒体新青年联盟，联盟以 H 集团为依托，团结凝聚“网红”和新媒体从业人员的正能量，努力发挥新的社会阶层人士的积极力量。2019 年 3 月，被中央统战部授予“全国新的社会阶层人士统战工作实践创新基地”称号。

H 集团旗下 L 平台的 20 余万网络主播也属于典型的新的社会人士的基层代表，所以新联盟基地也就落脚于 H 集团，涉及范围从中央到省市，集团也就更加起到牵头作用。

2. 让直播成为各联盟高效互通、服务社会的融合平台

《新阶层新主张》是一档面向全国推出的国内首档以新社会阶层人士访谈为主要内容的常态化播出节目，邀请各界大咖围绕当下热点话题探讨并发表新阶层的想法，与网友实时互动。L 平台会在新联会中的各个联盟中寻找一些企业家代表或者像律师联盟之类的专业性较强的专业人士来探讨热点话题，提出自己的建议，这使之变成了一个建言献策的平台。

在内部，7 个联盟之间也会有更加相辅相成的合作。2020 年疫情之下，新联盟联合律师联盟上线直播节目《全“律”以“复”》，通过访谈直播的方式，让专业的法律知识更形象、更轻松地呈现给更多人，帮助更多的企业有序复工复产，获得中小企业家和网友们的一致好评。疫情期间提倡不聚众，利用 L 平台，把法律服务搬到网上，通过《全“律”以“复”》，为企业顺利复工复产提供法律“云”服务，这也是一种模式上的创新。

除此之外，新联盟也与汽车联盟有一些合作，例如二手车市场等。这一系列的合作活动基本上都是以统战部指导，各个联盟之间内部交流合作的形式完成。

3. 以直播网络凝聚公益力量

L 平台充分发挥新媒体从业人员的专业优势和引领作用，实施“多彩公益”计划。如前提到的：点亮红色，实施精准扶贫；点亮橙色，爱心温暖助

残；点亮绿色，保护绿水青山。

（三）用红色正能量让主播“出圈”

L平台建立从新媒体从业者到网络主播再到用户粉丝的“1＋500＋X”培养梯队，通过“影响有影响力的人”实现“影响背后更多的人”。在红色正能量网络传递的建设中，始终以红色精神为引领，积极探索新媒体环境下正能量的现代表达，真正使红色正能量在网络空间“润物细无声”。

积极利用“网红文化”的正面引导效应，让网红“红起来”。6名“网红”主播走进江西瑞金、陕西延安、湖南长沙等著名红色根据地打卡，向网友宣传革命老区、根据地历史，献礼新中国成立70周年；邀请S市大陈村网红书记利用直播平台给主播和网友们上党课，吸引了34万网友观看和互动，推动网络直播从娱乐化向革命化的转变。

1. 用“红色味道”传递红色正能量

2021年，是中国共产党诞生的100周年。为加强全平台党史学习教育，增加红色正能量内容的网上传播路径，L平台推出相关主题活动，以红色博物馆为载体，以直播为技术手段，用红色文物反映党的历史轨迹和现实力量、用影像直播讲好党的光辉历程和奋斗故事，献礼建党百年华诞。

本次主题活动，L平台向全平台征集主播，走进贵州习水、江西瑞金、陕西延安、浙江嘉兴等具有代表性的革命圣地。以云直播的方式，探寻党的百年红色革命之路，挖掘富有红色革命味道的美食特产，重温“历史现场”，感召红色精神力量，砥砺前行。

2. 以“网红书记”带动更多网红“红起来”

2019年4月22日，在第二十四个世界读书日前夕，L平台邀请了S市大陈村党支部书记为L平台的网红主播代表们上党课、荐好书。参与活动的主播各具特色，有黄梅戏爱好者、民族风特色代表小妖，大学生主播群体代表思思，00后新青年代表桐，正能量代表盲人主播伊人，等等。

这是“网红书记”第一次通过直播的模式讲党课。直播现场，书记还向网友和主播们推荐了两本自己最近在读的书《平易近人——习近平的语言力量》和《之江新语》。他认为不管是党员、学生、农民还是网红，都应该将这两本书中的思想观点和智慧力量转化为自身的价值追求，担起新时代赋予的历史使命。

四、L 平台发展痛点及思考

（一）直播内容同质化

随着互联网人口红利的逐渐消失，用户下沉是近年来互联网发展的关键点之一，随着在线直播市场的下沉发展，也将推进在线直播在内容与形式上的翻新。在移动互联网推动的全民直播浪潮下，购物、聊天、唱歌、跳舞等日常生活及才艺展演均被搬上荧幕，表面上直播内容看似更加丰富，但实际上直播内容同质化严重，日趋贫瘠，相似的内容选择使得平台呈现出信息同质化趋势，难以实现为用户提供更为肥沃的土壤，营养单一。而缺乏优质精品内容，对用户的满足也局限于社交需求与打发时间，难以实现用户沉淀。对正处于竞争白热化的网络视频直播平台来说，能否开发优质内容与提升用户体验是其在同质化中彰显个性与竞争力的关键。

L 平台的核心业务主要垂直颜值主播赛道，虽然分有跳舞、唱歌等多个模块，但输出内容总体而言大同小异。同时，直播平台内的界面版块、功能架构、设计风格与互动方式等方面与其他平台并无显著区别，各大“美女主播”千篇一律，同质化趋向较强，新老赛道青黄不接，容易引发用户审美疲劳，降低体验感受。

艾媒咨询调研数据显示，超过一半的用户认为泛娱乐直播平台存在内容同质化问题，并且成为包括斗鱼、虎牙、L 平台等头部直播平台的最大痛点。

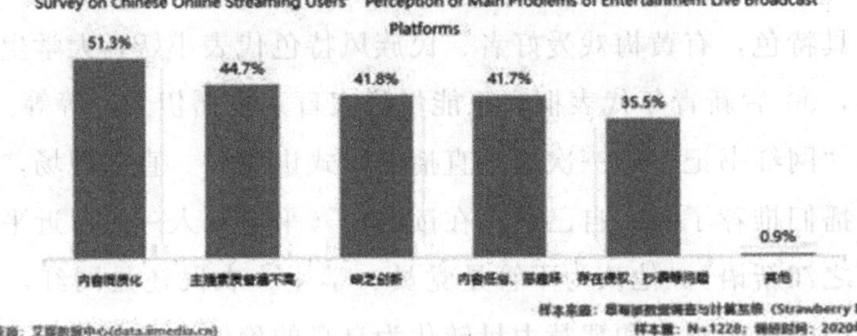

图 6　直播内容同质化成泛娱乐直播平台最大痛点

同时，目前直播用户的需求开始向碎片化扩散，当前社会的碎片化收视习惯使更多人选择抖音、快手等平台挑选合乎口味的精华片段进行观看。因此，L平台为避免流失大量用户，同时拥有长久稳定的用户群，关键在于网络视频直播平台能够精准实现用户细分化，深耕多垂直赛道已然势在必行。通过结合大数据，应分析用户爱好和需求，及时满足观众对中长尾直播内容日益强烈的需求，不断丰富直播内容分类，进行直播版块的拓展运营，给用户贴标签，推送用户感兴趣的内容，大大降低用户的找寻成本，增加平台黏性。这也势必对直播平台提出更高的要求，除了要考虑性能问题、管理控制功能，还要考虑具有极其灵活、扩展性强的技术架构支持，能够快速适应不断变化的业务需要。

（二）难以突破直播平台垄断化趋势

目前，移动直播的风口趋势已经非常明显，席卷全网的风口创业热情以及直播被迅速标配化的速度，以至于网络上一度广为流传着一张“百家直播”的图，极其形象地展现了现今直播行业的疯狂：有用户活跃度和市值兼备的微博直播；有主打陌生人社交的陌陌；有以游戏直播风靡万千宅男的虎牙和斗鱼；有不愿错过这趟直播专列的视频厂商——爱奇艺的奇秀、腾讯直播，等等。除此之外，门户网站和新闻媒体都开始把直播当作业务的重要补充，或通过合作，或通过自建，直播成为风口之下的标配性功能。在资本追逐下，直播平台已然全面开花。数据显示，截至2015年底，我国直播平台数量接近200家；而从2021年5月开始，平均每3个小时就有一款新的直播App上线，直播平台投资估算额早已破数十亿大关。

但隐而不宣的事实是，如今的竞争格局正在悄然定型。在历经数年残酷竞争之后，这个曾经被资本挤满的直播赛道，格局逐渐明朗：虎牙、斗鱼、企鹅电竞合并，腾讯一统游戏直播第一梯队江湖；快手、B站、字节环伺，百度收购YY后亦不可忽视。无论是礼物收入还是弹幕人气，前五大直播平台占据着寡头地位。根据小葫芦数据选取的28个直播平台数据（未含陌陌）显示，随机选取两天平台数据（6月6日，7月1日），其中YY、火山、虎牙、斗鱼、映客位列平台礼物收入TOP5，合计占据份额77.6%、78.2%；弹幕数占比TOP5，合计占据市场份额77.1%、74.2%。

图 7　观研天下发布《2018 年中国网络直播行业分析报告——市场运营态势与发展前景研究》

L 平台在如今如此激烈的平台垄断化趋势中虽具备较为强势的垂直领域，但仍显得步履维艰。白热化的直播平台竞争，使得彼此损耗加大，成本日益抬升。“烧钱式”的竞争让不少直播平台都加入了融资大潮以支撑度过前期用户积累阶段，逐渐形成大体量公司。而背后的资本一旦不再持续“烧钱式”竞争，融合兼并势在必行。

（三）亟须以专业化 IP 打造平台新的竞争力

除了呈现异质化的优质内容，IP 争夺正成为各大直播平台的新赛点，是各大直播平台在竞赛中脱颖而出的核心之一。从直播室到多元化场景，直播迎来了商业化下半场，各大平台纷纷推出自制 IP 计划。在这波浪潮中，IP 玩法商业化成为直播 IP 大乱斗的核心战场，而如何实现用户、主播、广告商各圈层参与者的核心价值，成为考量最强直播 IP 的重要指标。《中国移动直播行业年度综合分析 2017》报告数据显示，同质化内容已导致用户审美疲劳，对精品 IP 的追逐，促成了用户的存留和黏性。在政策环境和市场环境的双重刺激下，直播行业告别了野蛮生长的秀场时代，已经迭代升级，向更多元化的场景和专业化的 IP 孵化发展。越来越多头部直播平台将更大的野心投注于“造星运动”，如花椒直播推出自制直播剧《耐撕实习生》，熊猫 TV 播出综艺节目《Hello！女神》等。

因此对于 L 平台来说，亟须进行平台内专业化的 IP 打造。尽管新的玩法和商业模式还在探索之中，但共有的认知是，要基于直播平台打造一个创新娱乐生态，抢占下一个娱乐营销的制高点。在未来，深入挖掘 IP 资源背后的优质内容，继续探索 IP 产业链，拓展商业模式，与直播领域共生联动。

图 8　直播平台图标

对此，L 平台的 J 总表示，平台正在涉足打造虚拟主播在内的二次元 IP，虽然目前在这个领域动作较小，但 L 平台已经拥有了原创的虚拟主播形象，通过软件投屏达到了以虚拟形象进行直播的效果，能够针对不同的用户属性和受众进行直播。

圈层化传播时代地方门户新闻品牌的困境与创新

——基于新闻品牌S浙江的调研[①]

巩述林　罗健林　方佳怡　刘子妤

一、时代背景与发展现状

（一）时代背景概述

S公司是中国发展较早的互联网技术公司，在开发互联网应用、服务及其他技术方面，一直保持业界领先水平。“S新闻”是市场上主流的新闻资讯类的四大门户之一，在门户时代有着独占鳌头的地位。然而，随着数字化、平台化传播方式逐渐成为当前新闻传播格局的现实基础和理论支持，互联网技术的发展使新闻专业性格局开始重构，作为普通人的传播主体站到了新闻生产和传播的第一线。伴随沉浸式传播方式融合进日常生活，每个人都可以通过网络表达思想和认知，新闻传播实践中互联网特性日渐突出，作为老牌商业新闻品牌的“S新闻”也在不断面临新的问题和挑战。

（二）“S浙江”发展现状

“S浙江”是“S新闻”首个地方新闻站，同时也是四大直营站点之一，由“S新闻”内部直接运营、直接把控，与本地报社及传统媒体没有合作关系，独立运营发展。其业务地域范围囊括浙江省各大市县，主要负责当日新闻的筛选、精选及推送，是浙江省内独立运营发展的新闻资讯平台。“S浙江”目前在职总人数为30余人，分为新闻部、销售中心、政务销售中心、

① 项目基金：浙江省哲学社会科学规划课题“社交媒体圈层化传播对新闻守门人的影响研究”成果（21NDQN261YB）；2021年浙江省教育厅一般科研项目“社交媒体圈层化对主旋律传播的影响研究”成果（Y202147939）。

大客户销售中心、渠道销售中心、品牌部、金融部7个部门。新闻部人数为5人，负责新闻的筛选及推送；销售中心业务范围覆盖S浙江及S新闻华东整个区域的江浙沪三地；政务销售中心主要为政务客户服务，并同时参与活动的执行；大客户销售中心所承担的任务体量较大，客户几乎都为国企；渠道销售中心常与浙江各市县当地媒体进行合作；品牌部具体负责为各类客户提供整体的营销策划。

S浙江PC端作为元老级的运营产品，随着时代的趋势发展，如今内部几乎已放弃运营，进而转战依赖于手机、平板等移动电子通信产品而发展的客户端。且PC端上的本地栏目相较于客户端的频道细分，更多的是聚合在一个大的频道内，如S浙江PC端上仅有首页、直播、科学+、汽车、资讯5个频道，S新闻App上则具有67个细分频道，其中包含1个需要自主定位选择的地方新闻站。但PC端目前仍然有存在的价值，它依旧可以满足少部分不熟悉电子产品的中老年用户的使用习惯，同时也能满足政府等行政机构对于PC端的使用需要。

S浙江目前已有浙江本地频道的定制成果，PC端上呈现的“科学+”频道，是与浙江省科学技术协会联合打造的一个科普类频道，属于一个特有的科学品牌。这类合作开展的项目创新，通常符合用户群体的特性，“科学+”频道的设置就很好地解决了“三高”人群对于科普类资讯的需求。同时频道的设置也会结合发展规划开创栏目及频道，如S浙江预计开创与每年度举办的S未来大会相关内容的频道，聚合相关资讯内容。目前S浙江也在向时代发展趋势靠拢，开发符合互联网方向的新型栏目，如创新型的音频栏目——声音图书馆。

从用户画像角度来看，相比今日头条等泛资讯类平台的短视频发展，S浙江更注重传统门户类资讯的发展。S浙江用户主要群体为三高人群（学历高、工资高、职位高），其中性别以男性为主，多为平均年龄在20岁至34岁之间的青年人，职业大多数为高收入的企业白领，均分布于一、二线城市，地域主要集中在华北地区，西南地区、华东地区、华南地区位居其次。

二、地方门户新闻品牌的坚守：做好“圈层”新闻产品

（一）打通SIP粉丝圈层

S浙江在传统的新闻资讯类上具有相对的优势，其用户黏性相比其他新

闻资讯平台更强，具体体现为两方面：第一，从数据上看，S浙江整体的使用时长或者使用天数，远远超过一些行业的平均水平，其中2021年1月的人均使用时长达1031分钟。第二，在广告投放方面的效果反馈也是吸引用户的一大优势。不同于今日头条推送的页游广告、新浪推送的借贷广告等，S新闻针对主力用户群体的收入、职业等特性，选择接收并投放汽车、房地产相关方面的广告，以符合用户需求的投放，将用户黏度提升。

S浙江用户黏性较高的重要原因在于打通了S品牌用户内部粉丝圈层。S公司具有一个规模较大的品牌网络平台体系，其中包含各大类型的平台与产品，对于S公司内部任何一个产品来说，用户是共通的，也就是粉丝是共享的。S品牌拥有不同类目且体量庞大的产品，而S系产品之间也时有聚合，比如，游戏产品会和资讯类产品有合作。S浙江此类的S内部资讯平台，常常充当着导粉的作用，为严选、云音乐、游戏等一些S产品进行推流引导，从而达到粉丝资源共享的状态。因此，S浙江并不需要重点考虑为了增加粉丝而拓展其他运营渠道，它可以借助其他产品的粉丝基础，增加自己的粉丝保有量，从而以粉丝为连接体实现S品牌内部的产品关系网，互相促进发展。

（二）做“有态度的浙江门户”

S浙江既定的主要发展方向与S新闻所标定的公司理念“有态度”紧密关联。首先，S浙江转载及筛选的新闻符合自身的“态度”。编辑体系内部的推送新闻标准，S新闻将其定义为“新闻是否有态度”。每日的新闻都经过编辑的层层筛选及主编的确认检查后，才会进行推送环节，保证带给用户的是高品质的新闻资讯。内部考核标准也不是“唯点击论”，还是以新闻是否真正有效、有态度作为标准。对于S浙江从属的S新闻这类新闻类App而言，用户基于新闻内容在自己的社交网络进行转发，而处于传播者社交网络的人看到了其转发的内容并进行点击等行为，这在一定程度上是拓展了App产品的传播渠道，使其新闻内容被更多人看到，进行更大范围的传播。S浙江的编辑也会根据自己的从业经验，对一些标题进行二次加工，使其更利于网络传播和适合大家观看。例如台州海豚事件，S浙江会抓取十多个同类型稿件由编辑进行筛选，挑选出标题吸引读者、内容更好的稿件给用户阅读。公司内部没有设立考核量作为工作的硬性指标，更多关注的是推送的内容是否被用户所接受。

其次，S 浙江策划的活动秉承自身的“态度”。诸如台风直播的报道，S 浙江联合 S 福建，两个地方新闻站进行联动，将几个沿海城市的台风受灾情况进行全方位的呈现，不局限于杭州本地的报道，将台风路径所及区域的影响状况，及时呈现给杭州用户及其他地区用户。

最后，S 新闻也在不断通过塑造品牌的“公益性”追寻自身的“态度”。S 浙江早期曾联合浙江省内几家基金会，策划并开展品牌性的公益活动，提升品牌知名度。这种新闻“态度”性有效地圈定了 S 浙江的新闻粉丝群体。

（三）深度解读粉丝画像

S 浙江每年都会对用户进行画像描摹，其受众用户相对于今日头条等大而全的用户来说，定位更准确。根据数据分析，S 浙江受众是“学历高、工资高、职位高”的“三高”特殊人群。与其他新闻客户端有所区别的是：整体上以男性青年为主，平均年龄在 20—34 岁，S 新闻用户中研究生及以上学历占比居于行业首位，年轻用户的整体比例仍是占主体地位。重点分布在一、二线城市，三、四线以及区县城市对于 S 新闻客户端不了解，S 新闻客户端的本地化拓展不能有效开展，从而集中在一、二线城市。同时，用户区域上集中在华北地区，依次为西南、华东、华南地区，S 浙江所属的华东地区用户占比已经明显高于四个地区的平均水平。从使用时长次数来看，今日头条等人均使用次数和时长在行业内仍是独占鳌头，S 浙江整体的使用时长或者天数，远远超过行业内的平均水平，在传统的新闻资讯端上还是属于有相对优势的，S 新闻用户黏性特别强，2020 年 1 月达到了 1031 分钟。

S 浙江的选择是依据固定圈层化用户的口碑积累，重视用户对 S 新闻资讯类内容的认可程度，在新闻领域不断深耕，通过 S 新闻客户端 App 本地频道，继续产出高质量符合用户定位的新闻资讯。2020 年疫情暴发，S 浙江新闻在疫情报道上，在最早发布的丁香园的疫情地图之外，和整体的疫情新媒体内容产品相比，都处于同类型的新闻客户端的领先地位。

（四）开发品牌社交功能

S 新闻的用户数超过 5 亿，最早熟悉 S 新闻的独特内容就是 S 跟帖。S 跟帖是在新闻内容后网友进行评论。通过“跟帖”这一形式，S 跟帖也形成了“盖楼”等特色玩法。这种新鲜的社交体验很快就吸引了大量网友，也活跃了 S 新闻的评论功能。但由于主管部门对 S 跟帖的监督和管控一直存在，并且近些年随着管控越来越严格，S 跟帖对自我检查也变得更为严厉，所以除了“跟帖”功能外，S新闻也开发了“圈子”“短视频”等多种社交化功能，谋求转变。

S新闻在成站时就同步上线了S号，并且整体战略方向就是要着重发展S号。起初所有的运营、拓号、日常更新等都是在S新闻自有平台上，但是后来发现S流量有限，所以头部的频道也纷纷向外去拓展，取得了不错的流量，如S财经、S科技。除了S号之外，S浙江开发的独立IP产品还包括“声音图书馆”等。

此外，S浙江设立了销售中心进行一些业务拓展，S浙江会与S系内部品牌进行合作，也会和外部品牌一起举办会议、音乐节等，大大拓展了S浙江的社交功能。

三、可视化时代地方门户新闻品牌发展困境

S新闻作为最早的四大新闻门户之一，以新闻行业起家，创立之初，因新闻的专业性生产和生活资讯的便利性，得到初代互联网用户的青睐。但随着科技发展从而使移动终端兴起，门户网站衰落，S新闻在新闻领域面临着各传统媒体平台都要面临的问题。

（一）运营机制问题

1. 跟帖受限

S新闻作为市面上主流的新闻资讯的四大门户之一，用户数超过5亿，在门户时代具有重要的地位。而S新闻一开始和其他新闻资讯门户的最大区别在于它有独有的跟帖功能。但因为近年来实名制的普及和主管部门对跟帖的管控和监督，S浙江对于网络跟帖的自我检查也变得更加严格，导致用户数和品牌口碑的下降，而如今再次借助跟帖来增加S用户的市场占有率，面临的发展困境过大，已经不再有优势。

2. 直播体系停滞

在建站初期，S浙江深耕本地，和当地的一些媒体合伙人联手推出直播频道。媒体合伙人成为S新闻的业务合伙人，帮S浙江完成直播，S浙江提供给合伙人平台流量，双向合作。对于整个新闻资讯类的直播行业发展进程来讲，S是第一个开启直播的门户。原先的新闻直播行业，例如央视直播，都只能通过电视媒介观看，具有空间的局限性。但是当时S浙江和央视、新华社、浙江本地的浙江卫视、《都市快报》等一系列媒体，进行了直播的合

作，成为第一个推动全国新闻资讯本地化直播的门户。随后出现的腾讯、凤凰、新浪地方站体系，也开始打造自己的直播频道，全国范围内的新闻媒体将直播当作主要的新闻宣传窗口，进行全国联动。

但现在S新闻直播体系遇到的困境相较于初期要大很多。一方面因为监管、主管部门对S新闻直播的监管要求越来越严格，甚至于媒体合伙人和S浙江的合作模式都要经过安全性的考量。例如有关浙江疫情的发布会，都要向主管部门进行相应的备案登记，才能允许进行相应的直播。另一方面是因为要统一信号的原因，例如建党100周年庆典，主管部门明确只能使用新华社和央视新闻的信号进行直播，这在一定程度上也让S新闻被强制受到监管。直播追求的是现场性、时效性，在统一信号以后，绝大部分受众只需要在央视新闻或者浙江新闻上观看直播即可，这跟本土化的新闻资讯门户观看的效果是重复的、相同的，因此新闻资讯门户的直播优势不能显现。

3. 内容转载受限

从内容转载角度来看，S新闻在新闻的商业性与专业性之间存在一定的矛盾。一方面，网信办宣传要求限定在正能量的主旋律稿件，因为S浙江作为商业网站，是不具备新闻采编资质的，只有转载具备新闻采编资质的媒体的权利，在一定程度上削弱了S新闻的品牌特色。另一方面，S浙江转载的稿件会受到侵权问题的限制，如果合理合规转载的稿件最后还是发生侵权行为，对S浙江新闻转载具体工作的开展来说会有阻力，最终受限于自身内容的呈现，给用户提供的有效新闻信息会越来越少。

（二）人员构成问题

1. 总体人员不足

S浙江共有30多人，新闻资讯类人员为5人，平均一人负责1—2个新闻门户的版块。在主观条件的限制下，新闻的转载选择可能会带有编辑自身一定的主观性和刻板印象性。

2. 人员分配不均

S浙江整体下设7个不同的部门，分别为：新闻部、销售中心、政务销售中心、大客户销售中心、渠道销售中心、品牌部、金融部。整体在销售中心布置的人力资源较多，在选择新闻的前期部门人力少。其中，销售中心负责S华东地区江浙沪三地的销售；大客户销售中心负责直接客户如国企、银行等大体量企业的销售；渠道销售中心负责S的运营费用；品牌部负责客户的营销策划，如S和杭州市政府联合举办的三届S未来大会；金融部负责维护好浙江区域的新闻资讯的更新和重点内容的安全把控。专注于做新闻资讯类的人员，总数占比小，人员逐步在往活动策划、运营方向转移发展。

（三）平台局限性问题

1. 未及时孵化相关社交媒体账号

S浙江最初的定位不同于绝大多数聚合类的新闻资讯App，成站初期，S浙江同步上线S号，把区域的S号“做大”成为整体的战略方向。所有的运营、拓号、日常更新全都发布在S自有的平台上，但后期发现S浙江流量有限，又因为战略的考虑错过类似短视频的风口，所以没有及时孵化相关的社交媒体账号。

2. 未着力打造社交媒体品牌

S浙江打造了单独属于自己的IP产品——声音图书馆，但是对整体的网络资讯类这一版块来说，S没有重新打造媒体品牌的打算。因为就目前的短视频平台、公众号平台来说，产品的内容差异化区分不大，如果没有专业的MCN团队或者机构去运营某个社交媒体的品牌，也很难成为行业领域内有话语权的KOL。再加上S自身出于对发展前景的考虑，当下再花大量的人力精力重新打造社交媒体品牌，具有一定的风险性和不确定性，例如朱一旦团队孵化了多个媒体账号才打造出具有自己风格的品牌，对于S浙江来讲，试错成本过高。

3. 供需定位不一致

对于S浙江这类商业网站来说，更需要的是符合年轻人的资讯内容。一方面，从主管部门的支持来说，应该要给予更多开放的内容转载，例如天目新闻或者浙江新闻的娱乐版块类稿件，是否可以得到主管部门的支持，从而简化合理合规购买版权的流程，进行同步的转载。

在数字化传播大环境下，各大商业网站都在逐步转型，新闻只是其中的一部分，更多的是朝着整合性内容的方向发展。类似腾讯的谷雨实验室，一家专门做独家深度报道的媒体，逐渐成为腾讯打造的独家新闻品牌。

对于S新闻来讲，在现有的体系下也没有办法做更多的发展。因为相关政策、法律法规对于新闻网站、商业性网站来说已经不合适，没有空间去扩展。S新闻已经由原先新闻生产资讯的提供方，转变成为内容营销的生产者。

4. 个性化定制饱受争议

因内容转载、监管限制、广告创收等多方面因素影响，S浙江在传统的新闻资讯版块发展较为艰难，迫使其不断做出创新。在推送设置上，S浙江从最初的拒绝数据个性化到现在调整为“30％编辑精选＋70％个性化推荐”的新闻推送方式，然而这种新闻推送方式也面临大数据侵权、数据泄露等问题。

四、地方门户新闻品牌的创新

(一) 版块设置创新

1. 定制浙江本地频道

S浙江门户网站分为首页、直播、科学＋、汽车和资讯五个版块，版块的开设由与地方各机构的合作情况而定，S浙江门户网站的版块很大程度上是提供给合作机构的呈现方式。S浙江门户网站的开设主要取决于合作机构以及用户，综合考量合作情况、用户需求、运营维护成本等方面做出决定。另一方面，S新闻客户端的浙江本地（杭州）频道则是主要分为浙江疫情、杭州热点和声图三个版块，突出重大本地事件。

其中，科学＋是S浙江与浙江省科协联合打造的一个科普类资讯频道，是省科协的一个科学品牌。S浙江设立科学＋的考量在于其用户都属于“三高”人群，他们对科普类的资讯相对比较感兴趣，在这类新闻资讯上有一定需求，所以为他们开设了这个频道，把省科协推出的优秀的科普文章或科普资讯都放到这个版块来进行相应的呈现。

S浙江也在考虑开设一些新的本地合作类频道，如S未来大会频道，提供各类有关S浙江与杭州市人民政府合作开办的一年一度的S未来大会的资讯。

2. 开发S浙江声音图书馆

S浙江声音图书馆是S浙江自主研发的创新型音频产品，是一个深度频道。由于网信办整体对于商业网站与自媒体的管控和监管要求越来越严格，从最早的转载类为主，后来要按照一定的规范转载，到现在只允许转载特定的一些网站，S浙江迎合网信办规定，在不涉及时政监管或者是舆论监督的一些方向上制作了一些资讯类、文化类、情感类的创新型音频。

(二) 推送机制改革

1. 实时更改内容版面

S浙江的内容库由新闻合作媒体提供的每日更新的内容构成，每日八点之前有一轮稿件由系统抓取完毕，随后编辑从上百条稿子库中挑选出首批精选稿件并根据其内容确定头条、内容版块、焦点图以及锁屏等推送内容，后由编辑按稿件权重进行排序，九点半左右发布至S浙江形成当天第一版内容。当天编辑会根据稿件影响力对稿件多次进行重新排序，部分得到关注的稿件将被推送至主页或更显眼的版块位置，也有部分本地资讯稿件因得到大范围关注或引起社会讨论而被推送至S全国版面。由于用户阅读习惯的变化，曾经用户习惯于在上班之前或上班路途中阅读早间新闻，而现在更多用户习惯于上班后以手机浏览新闻，故S浙江在推送时间上略有调整，从曾经八点发布第一轮稿件到如今九点半左右发布，更加贴合用户阅读习惯。

2. 编辑精选十个性推送

S浙江早期坚持采用纯编辑精选模式，向部分专业新闻网站如第一财经靠拢，认为编辑精选模式是新闻人坚守的底线之一。而由于个性推送的浪潮以及用户需求，S浙江如今退一步，采用编辑精选与个性推送结合的新闻推送模式以接纳年轻用户的融入。虽然S浙江的优势在于其用户主要集中于“三高”人群，而“三高”人群更倾向于喜爱编辑精选的稿件甚至有部分人会对个性推送有抵触情绪，但也不能因此放弃其他用户，故为了兼顾两者，同时保证其吸引力，S浙江最终确定使用“编辑精选30%＋个性化定制70%”的推送模式。

一般而言，当天第一次打开S新闻客户端的近十条推送内容为编辑精选的当日重要新闻资讯，而再次刷新之后则会推送一些符合个人兴趣标签的相应的新闻资讯或是娱乐类、体育类、生活服务类、搞笑类的内容。相对于编辑手动进行精选的当日要闻，个性推送内容则是以系统根据用户个性标签推荐为主。与其他同行相比，S浙江的优势在于其坚守新闻产品的质量，尽管系统根据个性标签抓取推送的内容无法控制，但S浙江通过提高内容池整体的质量，即选取更优质的内容投入内容池来保证其新闻质量。

（三）业务拓展

1. 品牌内部合作

S浙江与S旗下内部各品牌尝试过不同程度的聚合，如S浙江在S旗下的游戏中推送一部分新闻，但由于其他品牌有自己的主打功效而新闻只是其中的边角，故效果并没有达到预期。S内部品牌间会进行粉丝的引导共享，在S浙江早期也会给S严选进行粉丝引流，从而打通S系的粉丝构成。对于

S浙江而言，由于S内部粉丝已经基本打通，故与S内部各品牌的合作带来的新的用户量并不大。

2. 品牌角色转变

由于如今新闻资讯管理越来越严格，S浙江在近些年逐渐由一个以新闻为王牌的品牌转变为一个涉猎非常宽泛的品牌，新闻在其中逐渐变为一个平台常规渠道的作用而并非运营的核心。S浙江如今与各个机构合作办大会、办音乐节、进行公开课宣讲、做公益，等等，将S系的产品“玩”到一起，同时也投入许多人力物力运营S文创的部分，做《人民日报》的H5、小红书的内容运营，等等，由内容的生产者转变角色为内容的营销者。这一角色转变的背后是创新和迎合时代的潮流，但S浙江在新闻这一领域仍在坚守商业媒体的底线价值。

五、未来发展的建议与对策

综合近年来的发展数据，调研发现S浙江作为省内头部商业媒体，在做好圈层化新闻产品方面表现突出，新型媒体队伍整齐，品牌效应优势明显，并且具有良好的平台保障和粉丝基础。S浙江商业媒体的粉丝活性高，传播内容导向积极正面，与省内主流媒体互相支持、共同发展。但是调查中也发现了一些既存问题，针对这一情况，为S浙江的未来发展做出如下建议。

（一）发挥平台效应，打造S浙江品牌影响力

作为老牌商业新闻品牌的S新闻具有良好的发展基础，实力雄厚，粉丝基数大、活跃度高，受众的认同度良好。依托S新闻的S浙江在未来可以进一步发挥S的平台优势，在增强“吸粉”能力、提升粉丝活性上做文章，进一步提升其影响力。丰富平台内容和服务，借助影响力大的S品牌平台，加大优质内容的推广，从而最大化平台的规模效应，做好圈层新闻内容生产和传播。

（二）挖掘地方优势，探索特色IP发展路径

作为商业媒体的S浙江虽然没有省级头部官方媒体的资源和影响力，却是我省新闻媒体传播矩阵中的重要一环。不同地域具有不同特色的文化，作为S新闻的地方品牌，S浙江应进一步深耕本地资源和受众需求，挖掘地方资源和自身特色，扩大S浙江在省内新闻辐射圈中的作用，以优质的内容和服务打造本地化媒体新闻品牌，用地方特色文化开发S浙江特色IP，学习

借鉴成功的商业媒体经验，打造S浙江融媒体品牌。

（三）应用优势技术，以数字化引领S浙江发展创新

浙江作为数字化改革的先锋，取得了一系列全国认可的应用成果、制度成果、理论成果。数字化改革正在重塑我们的生产、生活和治理方式，在数字化改革引领下，S浙江应把握机会，思考建构以数据为中心的传播新模式，规范资源的使用、交易和共享，挖掘省内优质资源，思考如何在数字化改革的浪潮中开发S浙江特色IP，积极挖掘融媒体传播新路径。尽管S浙江在短视频和直播领域错失了市场的风口，但5G时代不断创新的传播技术仍在提供多样化的新赛道和新机会。S浙江可以进一步利用S品牌平台在资源方面的优势，积极发掘网络传播的新市场。

数字平台的媒介伦理生态与法律共治下的权益保障研究

——基于Z科技有限公司的调研

戴颖洁　曹天择　唐语嫣　吕梓剑

一、绪论

（一）研究背景与研究意义

数字经济时代，大资本数字平台凭借数字技术、数字基础设施、数字化设备以及数字技术专业人才，将消费、服务、平台、劳动等元素杂糅，在人们社会生产和生活方面逐渐渗透影响力和控制力。然而，数字平台的蓬勃发展也带来了新的挑战，特别体现在法律层面。近年来，有关数字平台内容版权、隐私权、数字劳工权益的案件屡屡发生，在暴露法律滞后性问题的同时，如何平衡处于弱势地位的大众权益和占据数据霸权优势地位的平台利益，已成为当下应关注的问题。

Z科技有限公司作为一家信息科技公司，旨在建设“全球创作与交流平台”，其旗下的多款App已成为社会大众常用的工具。它们在重构互联网生态格局、内嵌人们日常生活习惯的同时，也带来了新的法律和伦理问题。本研究以Z公司旗下的J产品和D产品为例，围绕当前社会聚焦的版权保护、用户数据隐私维护、劳动者权益保障的现状及困境展开研究，并尝试提出参考性建议。

（二）国内外研究综述

1. 互联网版权问题争鸣

版权冲突是当下数字平台发展中的一个突出问题，事关原创动力的维系以及原创作者的利益保护。当前有关数字平台版权问题多集中在版权维权困境和维护手段两个方面。

（1）原创维谷：版权的冲突与失衡

每一次新兴技术的革命都会推动版权制度出现新一轮变革；当前我们正在经历以云计算、物联网、大数据和区块链等颠覆性技术为重要驱动的数智时代，必然牵动平台和大众原创者版权利益出现损益、增减，甚至引致冲突或失衡。创作版权如何界定、如何维护已成为重中之重。一方面，随着移动互联网的发展，传统媒体已经不可能像以往那样控制用户端口；另一方面，新的媒介形式层出不穷，打破了内容生产者、传播者与使用者之间的利益平衡，我国既有的新闻版权保护机制受到严峻挑战。例如，以“今日头条”为代表的、具有统治力的传播端口，凭借技术优势打破了传统媒体时代服务提供商与内容提供商之间的利益平衡，“渠道”与“内容”之间的界限逐渐模糊。在此过程中，版权价值无法有效开发利用，原创者保护力度大大削弱，优势内容只能沦为泛滥的复制品，成为“盗猎者”的陪嫁，其结果只能是使优质内容成为“稀缺品”。

（2）原创保护：版权的保驾护航

在鱼龙混杂的信息网络中，谁拥有原创内容，谁就率先占领了受众和市场，而版权则是对原创内容最有利的证明与保障。有关版权保护问题，学者们提出过一系列构想。费舍尔认为可以将产品版权当作财产权加以保护，采用新技术来实现有偿传播，建立一种“行政补偿体系”。陆徐佳认为要加强网络监管，引导公众参与版权保护。杨驰原提议应完善相关法律法规建设，增强司法实践的可操作性，简化维权流程，提高审判效率，加大赔偿力度。徐佳指出应当推动网络环境下数字版权的技术保护研究，与高校合作为数字版权的发展搭建创新平台；建立数字版权标识符系统，由数字版权标识符识别、验证、特征提取和监视以及取证等技术提供支持，全面建立起包括版权确认、授权和维权在内的综合过程版权服务体系。另外，针对视频的二次创作问题，朱双庆和张艺提出要构建新型著作权许可模式，以帮助原作者与二次创作者实现信息交流的及时、对称，在二次创作者使用素材时能够快速、简便地取得授权并支付使用费，减少侵权纠纷的发生。

本研究将数字平台经济下的内容版权保护与平台有序发展相结合，探索实现J产品版权可持续性保护、建立网络版权良好生态的建设性意见，为国内互联网版权的未来发展提供一些思路。

2. 隐私让渡：大数据时代个人的数据安全争议

数字平台借助数字基础设施、数字化设备，将用户生产的数据转化为可生产价值的数据资本，并利用霸权地位对其进行占有。在算法推荐技术下，数据的商品化和资本化带来了用户数据隐私泄露等问题。目前，学界已关注到传统媒体到个性化媒体的转向，正在重新定义什么是新闻；并从产业链重构、受众需求定制、权利迁移等角度研究个性化媒体带来的影响，同时对个性化推荐所导致的"信息茧房"、价值嵌入等问题进行评价。

（1）数据安全，触底红线

大数据不仅改变了身份概念的定义，也同时改变着我们与这个概念所指之间的伦理关系。大数据后台对用户数据的大量收集，使得用户隐私安全保护成为一大难点。大数据是人工智能的基础；人工智能与新闻分发结合所产生的算法推荐新闻，是信息技术在传播领域的创新型运用，是新闻分发的巨大变革，在为用户"量身定做"内容的同时暗藏了各种触犯法律的风险。

（2）文理藩篱，片面解读

由于文理科之间的藩篱，新闻界在思考个性化新闻推荐的风险时，多从人文社会科学的角度展开联想，缺乏对推荐算法原理的深度解读，因而对推荐系统的隐含风险认知较为单薄。而计算机学科从技术路径展开对推荐系统的评价时，过多关注准确率、可扩展性等计算指标，缺乏对算法人文精神和社会影响的评估。

（3）源头治理，责任缺位

针对算法推荐带来的用户隐私安全风险，多数新闻传播学者强调通过提升算法透明度、优化算法多指标分发系统、将区块链技术投入应用等技术手段来增强对算法机制的应用与监督。也有学者提议通过规范用户数据收集标准、加大惩罚力度等法律手段来解决。

此外，马思源、姜文琪认为，有关用户数据使用的立法与规制，应当兼顾社会公平和个人权利，平衡价值理性与工具理性，不能扼杀创新。无论算法新闻如何变革，必须确保人文情怀、责任担当等新闻业的核心价值观不因技术的变革而消亡，确保技术变革有利于社会和人类的可持续发展。

本研究将从平台的社会责任角度出发，拟从平台自律和行业优化层面为用户的隐私安全和防沉迷问题探寻路径。

（三）研究方法

本研究以Z公司旗下的J产品和D产品为个案，围绕版权保护、用户数据隐私维护两个版块，分析当下数字平台的法律规制困境和社会伦理问题。以质性研究为主要方法，针对不同版块的议题特性，选择不同研究方法作为支撑。针对互联网内容版权和用户数据隐私问题，调研组成员采用网络民族志的研究方法，对J产品和D产品两款App进行长期使用观察，汇总了近3万字的田野资料；并对Z公司浙江地区公共事务总监进行了3个多小时的深度访谈，涵盖Z公司的各个业务版块，整理出近5万字的访谈资料。研究方法间相互补充和印证，为本研究提供了足够的情境和意义。

二、互联网内容版权生态的藩篱与重构

对于传统媒体而言，J产品、D产品等数字平台的兴起，瓜分了它们的流量池，挑战着它们的利益神经。因此，Z公司发展早期，版权诉讼频发，网络版权利益的分割与平衡成为双方的争论焦点。随着业务发展和运作的成熟，Z公司不断强化版权意识，通过版权合作及策略优化、智能技术运用等方式改善版权纠纷困境，完善版权审核机制，以最大可能规避版权争议。

（一）内容版权管理发展现状

1. 化敌为友：重建媒体合作生态

面对先前源源不断的版权争议，Z公司将传统媒体的敌对关系转变为合作共赢的媒介生态，通过与媒体签订版权合作协议，明确了“先授权后使用”“未授权不使用”的稿源使用规则，积极发展与传统媒体的多形式合作，充分尊重媒体版权。这种一方提供流量支持，一方提供内容输出的战略合作模式，涵盖了大多数的中央级媒体、省市级重点网站和报业集团、地方晚报都市报、各类专业性和商业性媒体。正如Z公司总监访谈时提到，《浙江日报》及旗下的天目新闻，和J产品、D产品达成了合作协议，在日常宣传推广中进行内容的多平台分发，其数据流量和相关影响力也得到了较大的提升和进步。

2. 人机协同：搭建四审四校审核机制

调研时了解到，目前D产品平台的日活跃用户数量已经达6亿，且J产品、D产品的每日新增内容也数以亿计。因此，Z公司一改传统媒体的三审三校制度，采用四审四校，将机审作为第一道审核关卡，通过设置关键词对

色情、暴力、恐怖等违禁内容进行拦截。拦截之后的内容会进入人工初审、复审以及终审阶段。据总监介绍，全国审核基地大概有2万余名员工实行三班倒工作制，确保内容审核的及时和高效。

3. 原创保护：引入消重机制

数字平台下，原创内容可以被轻易转载，著作权保护问题十分棘手。针对这一问题，Z公司引入消重机制，即对重复、相似、相关的文章进行分类和比对，使其不会同时或重复出现在用户信息流中。调研时了解到，创作者上传作品时可以开通原创标记，以此表明作品的原创身份并获得更高曝光率。J产品在推荐某篇内容前，会先确定系统库里是否存在相同或者高度相似的内容，如果存在，则需要从原创标记、发布时间、来源权威性和网络被引用次数等关键项来进一步鉴别哪篇内容最为权威、最有价值、最可能是原创，并对优先级的稿件提供流量支持。可见，消重机制的建立，有助于鼓励原创内容生产，优化用户体验。

（二）内容版权生态的时代藩篱

1. 内容版权的审核困境

虽然Z公司的四审四校机制是传统审核模式的进阶版，但无论是机器审核还是人工审核，处理的更多是低俗信息、敏感内容等底线问题，难以审核内容版权的归属问题。正如总监访谈时所说，版权保护的能动性太高，比如洗稿问题，法律都很难界定何为抄袭、多大比例抄袭算洗稿，不同司法判决结果可能还不一致，所以无法寄希望于机器与人工审核能完成洗稿的鉴别工作。实践中，一般通过内部签署版权授权协议和外部用户举报机制相结合的方式，尽可能地降低版权风险。与此同时，鉴于数据安全问题，各大互联网公司之间内容数据并不共享，所以审核时只能在平台内查重，无法进行全网内容的查重判定，只能依靠用户举报制度作为平台外内容查重的补救，具有一定的滞后性。

2. 原创者的版权维权困境

根据现有法律规定，版权人希望平台删除侵权作品，应当向其提供构成侵权的初步证明材料，包括但不限于电子证据留存、作品独创性认定、实质性相似判定等证据，专业性较高，一般需要职业法律人提供专业服务。调研中也了解到，平台方出于数据安全与隐私方面的考虑，不允许向版权人提供侵权用户的信息，版权人维权遭遇困境。

与此同时，即便权利人成功维权，但由于互联网热点、爆点迭代迅速的特性，使得被侵权的单体作品能产生的总收益十分有限，权利人难以获得高额赔偿。极低的诉讼收益与高昂的法律成本、机会成本完全不成正比，这严重打击了版权人的维权积极性。访谈时了解到，如果文章被他人抢先认定“原创”标记，版权人发布时就会遭遇消重机制的限流，只能通过举报机制进行反馈。平台方一般会在24小时内进行处理，但可能届时内容热度已经大幅下降，权利人错过了信息发布的最好时机。

3.“消重”与“传播”的两难困境

Z公司启用“消重机制”旨在避免同样的主题或者内容向用户重复推荐。但调研时发现，当用户想扩大内容影响力，进行多平台分发的时候，消重机制无法给非原创的转载提供流量支持，这显然违背了用户意愿。正如总监所说，有些文章的作者很希望各大平台、用户都去转载和分享他们的文章，从而扩大其个人的影响力。所以这些作者会对消重机制心存不满，认为不应该限制别人转发他们的文章。这就陷入了两难困境：有传播诉求的人不希望启动消重机制，希望内容大范围传播；而对于恶意搬运内容的侵权现象，他们又希望通过消重机制来处理。访谈时了解到，这种打脸的事情实践中经常发生。比如有些政府部门，发了比较正面的稿子后，希望各大账号积极宣传和转发，同时也希望Z公司能暂时关闭消重机制。可见如何做好“消重”与“传播”的平衡，值得深思。

4. 版权合作中的流量损失

作为成功的数字商业平台，J产品与D产品在日活跃用户数与用户影响力方面都具有明显优势，众多媒体机构都希望与其达成合作，以获得更多的流量支持与推广。但平台的流量资源相对有限，容易陷入供不应求的尴尬处境。调研时了解到，平台方愿意采买传播力和竞争力兼具的优质内容，通过提升用户数量和用户黏性，实现流量转化和变现。而部分传统媒体的稿件多为宣传稿，即便碍于情面给予这类稿件以流量支持，用户点击阅读的意愿也并不高，平台的转化收益甚微，某种程度上造成了头条流量资源的浪费。

5. 基层政务类自媒体侵权严重

调研时了解到，基层政务类自媒体版权意识薄弱，经常无授权地进行切条搬运。由于有官方背书，有些权重也较高，甚至是“白名单”用户，因此该类账号内容非常容易第一时间通过审核发布出去，有时会对原作者的原创认定造成干扰。实践中，就遇到过一个政府大V账号被个人号投诉，直指其内容抄袭侵权。对此，Z公司在处理账号内容违规方面存在难点：一方面，基层政府跟媒体关系一般都比较好，难以直接进行账号封禁操作，一般都是三天禁言；另一方面，很多政务号对这样的处罚无法引以为戒，禁言到期后依旧屡教不改，照搬不误。这严重破坏了政府机构的公信力，也不利于平台的版权生态发展。

6. 短视频二次创作纠纷频发

田野调研时发现，J产品与D产品的平台上存在着大量未经授权的二次创作作品，最普遍的就是“××分钟看电影”之类短视频的大量传播，严重侵犯了作品原版权人的利益。2021年4月9日，中国电视艺术交流协会、中国电视剧制作产业协会等15家协会，联合5家视频平台、53家影视公司，发布了《关于保护影视版权的联合声明》，呼吁短视频平台和公众账号生产运营者切实提升版权保护意识，真正尊重他人的知识产权，在对影视作品进行剪辑、切条、搬运、传播等行为时，应检视是否已取得合法授权。可见，短视频二次创作问题已受到业界的广泛关注。实践中如何做好二次创作侵权尺度的界定，如何强化平台监管，平衡版权保护与文化产业创新繁荣间的关系，任重而道远。

（三）网络版权的生态重组

1. 升级平台技术，组建版权运营平台，助力版权界定和管理

作为技术立身的平台，当前Z公司主要采用关键词提取技术进行内容审核，在界定版权归属、识别洗稿等方面存有一定难度。对此，他们积极布局“区块链+版权”业务，以期利用区块链技术不可篡改的特性，对作品从创作到授权的全过程进行完整记录和确权，使得作品的权属更为明确和固定，权利流转既可追溯，也更为便捷。基于此，本研究提议数字经济下的平台型企业，都应充分依赖自身网络技术背景和人才储备，积极开发文字、图像和视频作品的版权检测技术和侵权识别技术，快速高效地进行作品比对和相似性鉴定，更好地维护原创者权益。并且，在平台内部建立集版权申请、登记、合同管理、交易等服务于一体的版权运营平台，将内容、版权与营销信息相整合，搭建涵盖版权信息搜集、加工、储存、更新和维护的信息体系，建立数字版权全链路的信息共享机制和运作模式，切实提高版权的管理效率。

另外，建议增设可转载内容库，赋予用户在使用过程中是否关闭消重机制的选择权。对于用户有宣传需求的稿件，可在发布前勾选消重关闭按钮，将内容同步授权到可转载内容库，其他用户无须授权便可进行转载，能极大地提升传播转载的效率，也能一定程度上缓解用户想多平台内容分发时所面临的"消重"与"传播"困境。

2. 优化维权流程，降低维权成本，惩罚性赔偿与公益诉讼合力救济

取证难、周期长、成本高、收益小是困扰版权人进行互联网内容维权的主要原因。对此，本研究建议一方面可继续开发诸如电子签名、时间戳、哈希值校验、区块链等多元化技术或者电子取证存证平台，方便证据的收集、固定和存储，有效缓解维权诉讼中取证难的问题。另一方面，可简化维权流程设置，将一些事实清楚、争议不大的案件分离，通过互联网法院或者普通法院的简易程序进行短平快处理。并且，进一步完善知识产权侵权诉讼证据规则，适当加大被告的举证责任，以减轻权利人的举证负担。另外，鉴于版权诉讼的专业性、技术性等特点，建议将公益诉讼引入版权保护中，既可以弥补版权人或者受害人私诉能力的不足，也可以提升国家对版权保护的力度。

与此同时，平台方应加强与立法、司法、执法机关的联动和交互，当权利人向平台举报存在侵权行为并提供初步侵权证据时，平台方可考虑对被举报文章和视频采取流量冻结等保全措施，并移交司法或执法机关进行后续处理；若出现恶意举报情形，平台方应当对举报者做出相应处罚。在侵权损失的认定上，司法或者行政机关可采用"惩罚性赔偿"制度，要求平台方出具流量数据，从内容发布时间开始计算，每小时最高流量数据为凭证，建立"流量提现"公式，根据情节严重程度对侵权者做出七天及以上流量罚款，并将流量兑换成现金赔偿给被侵权者。

3. 破除利益捆绑，引入竞争机制，激发传统媒体内容原创力

平台方考虑到和传统媒体的日常关系维护，往往会给予传统媒体流量支持；但一味地"流量纵容"反而导致了传统媒体内容创作质量的愈发下降。针对这一问题，本研究认为应当进行平台和传统媒体的"利益解绑"。一方面，传统媒体应秉承"内容为王"的理念，将依靠平台的"流量"思维转化为依靠自身的"内容"思维，结合软性表达，孵化出优质的内容产品；另一方面，平台可以开设专门服务于传统媒体的频道专栏，将传统媒体的流量竞

争限于行业内部，结合互动量、浏览量等参考数据设置流量排行榜，并通过流量奖励机制激励传统媒体的内容创作意识。这既转嫁了双方矛盾，又可以进一步提升传统媒体的内容原创力，可谓一举两得。

4. 强化责任意识，搭建内容共享池，充分发挥政务媒体示范效应

面对版权争议问题，本研究认为政务新媒体应当“以身示范”而非“明知故犯”。首先，政务新媒体运营人员应当强化版权意识，在取得原创作者允许的情况下对转载内容进行注明，切莫依仗公权力行权力越位之事；其次，政务新媒体之间可以创建专属的“中央厨房”，用于政务矩阵间的资料采集与内容创作，避免“政民”之间的抄袭现象；最后，高层级的政务新媒体可以对低层级媒体进行人力帮扶、内容支持以及流量扶持，以全方位提升各级政务新媒体的原创动力、传播效果和影响效能。此外，作为管理者的平台方应当“公私分明”，对版权侵权行为一视同仁；若一定次数警告后仍屡教不改，则同样应当进行禁言乃至封号处理。

5. 完善授权机制，优化版权市场，厘清二次创作版权使用权限

针对短视频二次创作的侵权问题，本研究认为一方面应尽快出台相关法律和行业标准，明确二次创作合理使用的情形，以及转换性使用的界定标准；另一方面应着力于构建便捷、高效的版权授权机制和支付体系，形成涵盖版权人、使用人以及其他参与者的利益分享模式，既让短视频创作者在合理的成本下快速获得合法授权，创作出更多优质作品，又能较好地保护原版权人的利益，共同营造健康的网络视频版权生态。基于此，本研究建议参照CC授权模式（Creative Commons），创作者上传作品时可以发布作品的权利声明，明确是否允许他人演绎该作品，以及限定有关作品的使用方式和途径。对于那些允许二次创作并商业化使用的演绎作品，平台方可以通过向内容提供者集中购买版权的方式，为平台内部短视频的二次创作提供合法来源，便于后续创作者合法合规地使用。

三、用户数据隐私的迷失与重归

大数据时代，算法推荐技术广泛应用于数字平台，内容分发者和接受者的界限被打破，市场中的海量信息供给和人们整体性、群体性、个体性信息的需求增长出现“扩容”趋势。在享尽算法推荐带来利好的同时，人们的数据隐私安全也成为便利之下的牺牲品。

（一）行业自律下的用户隐私安全监管

1. 内部：机密查询后台追溯

调研时了解到，为防止内部员工泄露商业机密和用户隐私，J产品设有专门的后台管理制度，对员工每一次的数据查询进行留痕和可追溯。并且，通过权限访问机制，对访问人根据自身工作需要和职位权限所提交的访问申请，设置开放权限，比如三个月开放一次，到期后系统会再次提出询问，是否需要再次开放。该申请需层层递交、层层审批，因此内部数据具有较大自限性，每个操作都有详细记录，一旦出现信息泄露，将移交司法机关处理。

2. 外部：用户数据交互阻隔

当代互联网经济的核心是用户数据。谁掌握着最大的用户流量，谁就等于握住了发展的经济命脉。访谈时了解到，基于商业利益和数据安全的双重考虑，当前互联网企业的用户数据只在内部共享，外部数据交互阻隔。这一定程度上降低了用户数据的外泄，保证了用户的隐私安全。

（二）大数据平台下社会责任的算法价值实践

调研发现，J产品和D产品这两大平台借助算法分发的技术优势，开拓了诸如头条寻人、两岸寻亲、烈士寻后代、抓老赖、助农扶贫等公益项目，高度履行平台的社会责任。据总监介绍，通过与警方联动，将寻人信息以失踪地为圆点，5公里到10公里为半径，对所辖范围内的用户进行推送和扩散，能达到20%—30%的成功率。在抓老赖方面，法院会将老赖信息和照片在D产品平台曝光，并推送给老赖的亲朋好友。访谈时得知，逢年过节推送老赖消息特别管用，家人朋友碍于情面，看到后会催促其还钱或者帮忙还钱，也会让老赖主动投案。这种类似施加道德压力制约老赖的方式，一定程度上缓解了打官司找不到人、传票传唤不到被告的司法窘境。另外，借助当前电商直播带货的热潮，D产品平台成为农民售卖当地农产品的宝贵平台，助农扶贫成效显著。

除此之外，为了打破单一算法推荐带来的信息茧房效应，J产品和D产品平台通过不断优化和改良算法标准，提供给用户一定的内容偶然性，谨防信息壁垒。总监提到，对于一些极度负面或者低俗的信息，即便用户很偏爱，也不会再推送，这是社会责任的体现。与此同时，针对青少年沉迷于短视频的现状，D产品开发了青少年防沉迷模式，并在几年前就投入使用。使用观察时发现，打开D产品App就会跳出青少年模式界面供选择。开启青少年模式后，用户无法开启直播，无法进行充值、打赏和提现；同时“同城”“热搜”等入口也被隐藏。并且，未成年人使用产品的时长限制在40分钟内，每日晚10点至第二天早上6点无法使用。调研时了解到，D产品特意为未成年人提供了专属的优质内容池，以泛知识内容为基础，倡导有益信息增量，有正确的价值观引领，有严谨准确、生动易懂的核心观点和内容要素输出，并确保不含广告。

（三）智能算法模式下的分发和权利忧思

1. 用户信息过度收集

调研过程中，我们发现在使用J产品、D产品等App时，会向用户展示“个人信息指引”，包括《用户服务协议》和《隐私政策》。用户必须点击“同意”才能继续使用软件，否则将没有资格使用该款App。“同意”本指企业需要征得用户同意后才能收集用户数据，但当前众多互联网企业将用户的强制性“同意”作为使用软件的前置条款，将软件权限（包括隐私条款）打包在“同意”条款里面。其次，关于用户“知情权”，企业没有尽到告知义务，一些与软件使用相关的设置，例如，如何使用隐私权限设置，以及同意条款之后是否具有反悔功能，企业并没有清晰告知。大量条款杂糅在一起，用户难以分辨具体条款的位置以及使用方式。再次，关于“必要性”原则，企业借助算法技术向用户个性化推荐信息时，App会持续收集用户的关注内容、点赞内容、评论内容、通讯录好友喜好等数据，可能存在“非必要”信息过度收集和泄露的可能。田野观察时发现，当用户自行选择开启麦克风、摄像头、相册和GPS权限来拍摄和发布个人作品时，日常谈话中涉及的内容或者在使用其他App过程中搜索过的内容，都会被个性化推送。对此，欧盟2018年正式生效的《一般个人数据保护条例》（GDPR）中明确了个人信息收集和使用的“合法性、合理性和透明性”“目的限制”“数据最小化”“准确性”“限期储存”“诚实与保密”“可问责性”等原则，进一步强化了个人数据的保护及监管，同时也增加了企业的合规成本。而我国现有的《民法典》《网络安全法》以及《消费者权益保护法》中虽然也都规定了个人信息收集的合法、正当和必要三大原则，但由于缺乏可操作性的指示规则和强制性约束，实践中普遍存在企业拒绝采纳和参照执行的现象。

2. 老年人沉迷算法茧房危机

调研时发现，在个性化推荐模式下的浏览体验中，老年人的沉迷问题同样值得关注。智能手机的普及以及短视频的兴起，使得原本不太接触互联网的老年人，也开始痴迷于根据个人喜好推荐信息的算法模式。这在建构老年人的兴趣社群、丰富其精神生活的同时，也带来了信息获取同质化、虚假信息难辨的认知围城，以及不利于身心健康的长时间网络沉溺等问题。根据第47次《中国互联网络发展状况统计报告》，截至2020年12月，中国已有9.89亿网民，其中60岁以上老年网民占11.2%。《2020老年人互联网生活报告》显示，0.19%的老年人在某资讯App上的日在线时间超过10小时，全国或有超过10万老年人全天沉迷在手机端的移动互联网上，约9600万的银发族日均使用互联网时间高达64.8分钟，且呈现增长态势。对此，总监访谈时透露，Z公司已将老年人防沉迷模式的开发提上日程。可见，如何让老年人理性对待短视频等社交网络平台，在帮助他们跨越“数字鸿沟”的同时“防沉迷”，已成为重要的社会课题。

3. 用户数据市场逐利愈显

互联网公司的活跃用户数量是其市场占有率的体现。以J产品为例，90%的盈利模式都靠广告分发获得，用户规模成为吸引广告金主的资本。调研前夕，正值国家网信办通知下架滴滴出行旗下26款App，国家安全部等七部门进驻滴滴展开网络安全审查。对此，总监表示，大家都很关注类似滴滴这种掌握大量数据的平台。滴滴想在美国上市，可能存在利用用户信息去交换更高利益的可能。可见，在竞争激烈、不断逐利的互联网大环境下，如何坚守社会责任，遵守行业道德准则，对互联网企业提出了更高要求。

（四）算法推荐下媒介伦理的重构

1. 他律：建立健全相关法律监管

针对用户数据过度收集的问题，当前我国法律法规和平台监管制度还停留在事后审查阶段，执行先发现问题再进行处理的“发现—删除”原则，无法做到提前预防和避免。这种后置的处理方式是对平台媒体伦理失范行为的事后惩戒，缺乏对算法技术本身的规范。因此，本研究建议政府制定相关法律法规对算法技术的应用进行监管，进一步明确算法技术的使用范围和标准，并且通过强制措施对违规行为进行管理和惩戒，以提高违法成本。通过出台明确可量化的问责标准，强化企业平台在信息推送过程中的社会责任承担和正确舆论导向引领。与此同时，针对隐私数据安全问题，我国隐私保护立法应进一步加强个人隐私数据的安全监管，明晰数字经济下个人隐私的范围界定和权利边界，明确个人对其数据的权利内容；并且强化数据控制者或者利用者有关数据保护的义务和规范，加大数据泄露的补偿和处罚力度，确立数据泄露防御机制以及数据泄露后的救济机制。另外，2021年9月1日起正式实施的《数据安全法》，深化了数据安全体制建设，强化了数据处理者的保护责任和合规义务，进一步为个人隐私和信息保护赋能。不过，该法案尚未涉及有关数据跨境流动的监管问题，这留待相关配套制度和处理机制继续完善解决。

2. 自律：强化平台的社会公共责任意识

本研究认为可通过强化平台的社会公共责任意识，确立以自由竞争为基础、政府指引为导向的行业自律规则，从源头上预防信息泄露问题。这里可以借鉴美国有关数据和隐私保护的行业自律模式，涵盖行业指引、网络隐私认证、隐私选择平台三大块内容。其中，行业指引模式侧重于对行业数据和隐私保护的建议引导，主要通过成立公司或者协会的方式，发布适用于行业发展的网上隐私保护准则，如电子行业的“在线隐私联盟（Online Privacy Alliances)”；网络隐私认证模式主要依托第三方隐私认证组织对符合隐私规则的网站进行隐私认证，并在网站显示认证标志以供用户识别；隐私选择平台模式则是依赖技术手段实现隐私和数据的安全保护，如互联网协会推出的个人隐私选择平台，通过技术手段赋予用户公布个人数据和信息的选择权。

用户隐私保护方面，本研究建议平台方应明确告知用户信息收集的方式、范围以及使用信息的渠道，并在告知义务中设立“选择退出”机制，赋予用户选择权。这里同样可以借鉴美国有关隐私和数据保障的规则，即平台方与用户确立关系前和以后每一年，都应向用户发送隐私通知，涵盖所收集的有关用户信息的共享位置、如何使用以及如何保护等问题，用户有权选择退出无关联方的信息分享。并且，当隐私收集内容发生变化时，平台方必须重新通知用户，用户有权再次选择退出。当前《个人信息保护法（草案）》中，已经新增撤回同意权利与互联网平台接受外部监督义务，这有助于用户了解平台方收集和分享用户信息的方式，增加数据使用的合法合规性和透明度，切实保障用户权益。

3. 技术：优化算法系统多元推荐指标

算法型信息分发的主要推送指标包括用户社交关系、基本信息以及浏览记录，由此导致人们忽略那些必需的非直接兴趣和需要“有意注意”的信息，带来信息茧房、算法偏见、假新闻泛滥等问题。本研究建议创造一个多种算法优化融合的多元指标推荐系统，在原先单一算法推荐应用的基础上，加入用户满意度、内容影响力、专业品质、时效性等指标，向用户呈现经过重新加权的复杂结果，帮助用户打破信息闭环，发掘更多有价值的信息，走出“信息茧房”的困境。

四、结语

数字平台的发展重构了当前的媒介伦理生态，在为社会带来无限利好的同时，也衍生出了新的法律和伦理问题，主要涉及版权内容纠纷、用户数据隐私安全两个方面。本研究基于对Z科技有限公司旗下J产品和D产品的调研，依托深度访谈法和田野调研，尝试围绕上述两大议题对数字平台下的媒介伦理困境展开分析，并结合相关法律法规及国内外实践经验提供参考性意见。

研究发现，在互联网内容版权管理方面，Z公司一方面通过与各大传统媒体、商业化媒体签署供稿服务协议、开展流量合作等方式，改善先前的版权涉诉困境，重建起合作共赢的媒介生态；另一方面，通过搭建四审四校审核机制以及引入消重机制，保证内容审核的快捷高效，加大对原创内容的保护。不过，在版权管理方面，以Z公司为代表的数字平台依旧面临内容版权审核和界定困难、消重机制与用户多平台分发的传播目的相左、短视频二次创作侵权严重等问题，并且基层政务类自媒体版权意识淡漠，原创者维权艰难，平台与传统媒体版权合作流量损失等现状也极大困扰着数字平台的运营和发展。对此，本研究认为可从法律法规完善，用户版权意识强化，平台技术层级优化和管理制度提升，版权授权和运营机制构建，版权维权流程简化、侵权成本加大等方式，共同营造清朗的版权创作环境，激发内容的原创生产力。

在用户数据隐私安全方面，以Z公司为代表的数字平台，通过内部数据访问层层审批制度，以及外部各平台数据交互阻隔等方式，降低用户数据的泄露风险。即便如此，身处注意力经济时代的数字平台，依旧存在用户数据过度收集和使用、青少年和老年人深陷算法茧房危机等问题。对此，本研究建议从他律、自律和技术三个层面探索路径，包括建立健全个人信息安全法律监管、优化算法系统多元推荐指标和强化平台的社会公共责任意识等方面，全方位多维度完善“前—中—后”端用户数据管理，确保技术变革有利于社会和人类的可持续发展。

综上，数字平台的急剧扩张构建了多方休戚与共的生态格局，并已在全世界范围内引发行业垄断、版权侵权、信息泄露、算法霸权等多重风险。在这一趋势下，我国相关部门应审时度势，在完善原有法律法规的基础上，探索合理性解决对策，遏制私权力的公共化，避免资本权力的大肆扩张和违规渗透，共同致力于我国数字平台媒介伦理和版权生态的健康、有序发展。

参考文献

[1] 陈昌凤，霍婕．权力迁移与人本精神：算法式新闻分发的技术伦理［J］．新闻与写作，2018（1）．

[2] 陈昌凤，石泽．价值嵌入与算法思维：智能时代如何做新闻［J］．新闻与写作，2021（1）．

[3] 贺宝梅．论网络版权的利益冲突及平衡［D］．重庆：西南政法大学，2006．

[4] 胡凌．人工智能的法律想象［J］．文化纵横，2017（2）．

[5] 科德·戴维斯，道格·帕特森．大数据伦理：平衡风险与创新［M］．赵亮，王健，译．沈阳：东北大学出版社，2016．

[6] 刘凤双．新技术背景下新闻版权纠纷成因及化解策略研究［D］．南京：南京师范大学，2020．

[7] 陆徐佳．“互联网＋”时代版权法律保护问题新论［J］．法制博览，2020（17）．

[8] 马思源，姜文琪．推荐算法规制的他山之石［J］．新闻战线，2018（5）．

[9] 彭桂兵，陈煜帆．新闻作品“洗稿”行为的审视与规范——以“《甘柴劣火》事件”为例［J］．新闻记者，2019（8）．

[10] 彭兰．导致信息茧房的多重因素及“破茧”路径［J］．新闻界，2020（1）．

[11] 俞骄．老年人网络生活报告：部分人或患网络孤独症，日在线超十小时［EB/OL］．（2020－10－23）［2021－08－23］．https：//www.thepaper.cn/newsDetail_forward_9672026．

[12] 石潇宇．试析今日头条的版权战略［J］．视听，2019（6）．

[13] 孙少晶，陈昌凤，李世刚，等．“算法推荐与人工智能”的发展与挑战［J］．新闻大学，2019（6）．

[14] 王真．从“今日头条”看我国新闻客户端的竞争策略［D］．济南：山东师范大

学，2018.

[15] 王仕勇．算法推荐新闻的技术创新与伦理困境：一个综述［J］．重庆社会科学，2019（9）．

[16] 威廉·W．费舍尔．说话算数——技术、法律以及娱乐的未来［M］．李旭，译．上海：上海三联出版社，2008．

[17] 吴锋．发达国家"算法新闻"的理论缘起、最新进展及行业影响［J］．编辑之友，2018（5）．

[18] 吴卫华．算法推荐在公共传播中的理性问题［J］．当代传播，2017（3）．

[19] 徐来，黄煜．"新闻是什么"——人工智能时代的新闻模式演变与新闻学教育之思［J］．全球传媒学刊，2017（4）．

[20] 熊铮铮．用户真的需要定制新闻吗？——一项基于荷兰媒体与受众的调查［J］．新闻记者，2015（4）．

[21] 谢湖伟，贺哲野，王卓．我国网络内容生产平台版权保护措施研究［J］．出版科学，2019（3）．

[22] 熊琦．短视频平台该如何化解"二创"版权风波［J］．中国报业，2021（9）．

[23] 徐佳．"互联网＋"环境下数字版权保护问题研究［J］．法制博览，2017（31）．

[24] 喻国明，耿晓梦．智能算法推荐：工具理性与价值适切——从技术逻辑的人文反思到价值适切的优化之道［J］．全球传媒学刊，2018（4）．

[25] 赵丽莉，郑蕾．美国数据与隐私安全保护制度进展述评［J］．重庆理工大学学报（社会科学），2019（10）．

[26] 赵双阁，岳梦怡．新闻的"量化转型"：算法推荐对媒介伦理的挑战与应对［J］．当代传播，2018（4）．

[27] 张文祥，杨林．新闻聚合平台的算法规制与隐私保护［J］．现代传播（中国传媒大学学报），2020（4）．

[28] 中国网信网．第47次《中国互联网络发展状况统计报告》［EB/OL］．（2021－02－03）［2021－07－03］．http：//www.cac.gov.cn/2021－02/03/c_1613923423079314.htm.

[29] 朱双庆，张艺．论二次创作短视频引发的权利冲突与救济［J］．重庆邮电大学学报（社会科学版），2021（2）．

[30] 朱鸿军．颠覆性创新：大型传统媒体的融媒转型［J］．现代传播（中国传媒大学学报），2019（8）．

为民测评：公益特色商业媒体的发展路径、价值与困境

——基于对F评测的调研

戴冰洁　王佳妮　潘圆圆　张海超　丁　淼
王　哲　苏泰宇　叶泫泽

F评测，成立于2015年，现有粉丝4500万，致力于制作专业并且优质的科普类评测内容。创始人L作为公司的灵魂人物，毕业于浙江大学物理学系，在从事产品检测和认证工作10年，从事化学品毒理评估和欧盟REACH法规顾问咨询工作8年后，2015年因女儿使用了"有害文具"辞去百万年薪的工作，立志用专业检测经验"死磕"身边有问题的、有害的产品。

一、公益初衷与F评测的发展历程

秉承"让天下老百姓过上安全放心生活"的创业理想，F评测公司于2015年在杭州创立。短短6年时间，F评测以其鲜明的公益形象与对垂直诉求的对接迅速发展壮大。综合而言，该公司发展可以分为以下三大阶段(案例细节见附录)。

(一) 初创期：代表案例——毒文具事件

公司开始崭露头角是2015年8月L先生发布的一篇名为《开学了，您给孩子买的文具有问题吗?》的文章，该文引爆网络舆论，当日，该篇文章的浏览量就达到了10万+，F评测创始人L将学生文具中邻苯等有害物质超标问题带入大众视野。为了能持续检测下去，他发起了众筹检测费的行动，并建立了微信公众号：F评测。之后，铅笔、橡皮、黏土、书包……孩子书桌上的文具被一件件送到F评测。

检测报告发布出来，家长们才发现孩子身边的有毒产品那么多。F评测

也应运而生，帮助消费者辨别有害商品，提高生活品质，推动相关部门进行检测标准的完善。可以说，F评测的诞生缓解了工业化中期国内消费者对于产品安全的饥渴和焦虑，在当下新媒体赋权的时代下，F评测作为一个独立的评测机构来对人们衣食住行的产品进行成分检测，以公布超标化学物质的方式来吸引舆论和社会关注，由此倒逼相关检测标准和监管制度的调整，重构了社会责任。

（二）成长期：家长众筹——奠定公益基调

从公益理想出发，F评测收获了大量的社会认可。但是单纯的公益性测评无法支撑起公司的运作和评测送检的费用，纯公益模式下的财务危机让F评测在初创期很快就面临了巨大危机。2016年1月，在L先生个人资产全部投入难以保障运营的情况下，112位来自全国各地的家长众筹200万成为F评测微股东，此后家长们对儿童用品评测和购买渠道的需求催生了F评测微商城的运营，F评测的测评产品也从一开始的儿童用品扩展到了衣食住行各个方面。

自此之后，公司发展步入正轨，产出了许多科学并且专业的内容，比较著名的有："问题操场跑道"事件、"黑心炒菜板""某玩具风险"等；还受到了多家媒体的采访报道；参与了多次行业标准的制定与修改；成立了"L先生和粉丝们公益基金"。

（三）成熟期：民间监管——推动产品升级

以毒文具、问题操场跑道为例，监管部门在社会舆论的声浪下调整了相关标准，F评测对毒文具的评测，推动了GB21027－2007《学生用品的安全通用要求》修改完成，标准中增加了对文具中的邻苯类物质和多环芳烃类等有害物质的限量要求；2015年12月F评测揭露校园"问题跑道"，推动塑胶跑道新国标更新，2018年11月开始实施的GB36246－2018《中小学合成材料面层运动场地》将包括二硫化碳在内的18个有害物质写进黑名单。

公司成熟期的表现在于F商城的诞生以及F评测与参与社会公共活动。融合了F商城的F评测，其运营模式转变为"自媒体＋检测＋电商"。而以信息技术为依托的"粉丝经济＋电商运作"的商业模式也使得F评测进入了新的企业发展阶段，使其渐渐达到自我造血的可持续发展。

F评测以成为"社会企业"为目标，在新媒体时代下通过互联网和微信等传播媒体，对公众科普身边产品的安全和有关的化学危害知识，集合消费者的力量倒逼企业进步、政府制度和检测标准更改。从该层面来看，F评测绝不单单是一个检测平台。

二、F评测的产品分布和运营现状

（一）公司产品与服务

1. 媒体产品

即F评测的数字化内容，F评测全网粉丝4500万，在多个平台皆有自己的账号进行内容输出。内容分发在微信公众号、抖音、新浪微博、小红书、今日头条、B站等多个媒体平台，是行业领先、全国知名的自媒体头部大号。F评测自媒体本着“发现生活中看不见的危害”的理念，以“评测视频＋科普图文”的形式，为全网粉丝带来优质内容。粉丝可以通过这些内容获取F评测的实验数据和相关信息。

2. F商城

F评测是一家“评测自媒体＋电商混合经营”的公司，F商城于2015年8月上线，本着“让天下老百姓用上安全放心产品”的商业理念，通过优选商品、严格检测的原则，为消费者提供涵盖衣食住行等方面的好产品，呵护全家安全健康生活。

3. F实验室

F实验室是一个集中F评测所有技术力量的云检测平台。目前已有22位在职的技术支持人员，与33家有专业资质的第三方实验室达成密切合作，并自行投入1000多万元购入检测设备，实现“让实验室检测走进更多老百姓的日常生活”，帮助发现生活中看不见的危害，让检测真正发挥出保障消费者健康安全的价值。F实验室作为F评测重金打造的一个部分，也是F评测作为一个评测类自媒体的公信力的重要支撑。

4. F抽检

F抽检由用户和F评测共同对产品从原料、生产过程、产品品质全方位进行检测评价，挑选并推荐符合消费者要求的高品质产品。F抽检的理念是“使F评测成为民间认可的安全放心标志”，公司方专注于从消费者角度出发，以F评测标准为依据，对产品从原料、生产过程、产品品质全方位进行评价，挑选出优质的商品，从而满足人民日益增长的美好生活需要。F评测借助该项目所具有的公益性和专业性，利于稳固在粉丝群体中的公信力。

（二）F评测的独特模式

1. 公益与商业的独特融合发展模式

F评测作为一家评测类自媒体机构，与其他纯粹以盈利为目的的自媒体机构不同，巧妙地将“公益”与“盈利”结合在一起，形成独特的运营模式。

公益是F评测创立的初心，也是公司得以维系的根基。F评测致力于用实际行动诠释公益心。除了为民众提供免费的质检服务、科普健康知识等，它还在一系列民企纠纷中发挥重要作用：以中间人的身份介入，成为连接起政府、企业和民众的纽带，很好缓解了“民众处于弱势地位，政府无法直接干预”的尴尬处境，助推问题的解决。这无疑是F评测公益属性的体现，但也是其作为自媒体的职责所在，更是新时代下企业对于解决繁杂社会问题的一种新思路。

尽管F评测致力于投身公益，但对于自身的定位仍是一家以盈利为目的的机构，而不是纯公益组织。从这种程度上来说，公益也成了F评测的一种营销手段，在和客户建立长期稳定的关系中发挥重要作用。换言之，在F评测，公益与赚钱盈利并不是完全对立的，而是相辅相成、有机结合的。公益为赚钱盈利提供便利，而盈利促成F评测更好地投身公益。

2. 公司架构与人事

（1）部门设置

截至目前，F评测共有6个部门，分别为新媒体部、技术部、客服部、电商部、法务部和公关部。除法务、公关部是2020年新加入的之外，其他部门都已建立许久，且规模不断扩大。

其中，最大的部门是新媒体部，主要负责F评测在各大平台的运营，在日益激烈的流量争夺战中发挥重要作用。另一个大的部门是技术部，主要负责App的搭建以及一些网页系统维护方面的工作。F评测十分注重数据安全以及保障用户体验，所以在这一部门投入最大，对人才的选拔也更为苛刻。客服部是新媒体和电商部的公用部门，主要负责对接客户，和客户搭建起长期稳定良好的关系。而电商部则是F电商平台建立起来后衍生出来的部门，日常工作包括选品、平台运营、活动策划等。

从建立的时间和规模也可看出，F评测是一家重视技术和服务的公司，而对于公关法务等相对忽视。这符合其评测类自媒体的定位，但也在一定程度上为企业长久发展埋下了潜在风险。

（2）人事

F评测戏称自己为“佛系企业”，在人员的选拔和管理上有自己独特的方式。

目前，F评测的管理层不少是来自阿里、腾讯等大型互联网公司。F评测看中这些人的精干和丰富的管理经验，但对于他们遗留的狼性作风也保持警惕。调研中，F评测方自称是“羊企”，不倡导“996”工作制，主张营造相对宽松的工作氛围。不管是管理层还是普通员工，都应该主动适应公司的调性。另外，公司注重奖励制度和福利建设，对于人才的选拔，开辟内外渠道，允许内部员工推荐优秀的人才加入，并给予推荐人丰厚的奖励。同时公司也向外广泛招揽人才，特别是技术性人才，以高薪高福利聘用。

而凡是进入公司成为正式员工的，F评测都予以其较好的福利待遇，大到各类保险，小至生日问候（包括对员工的家人）。与此同时，公司也注重培养上下层之间、员工与员工之间良好的人际关系，除组建各种社交群加强交流联系以外，还不定期地进行团建活动等，让每个员工都形成一份自我归属感。

（三）运营现状

1. 部门员工分配状况

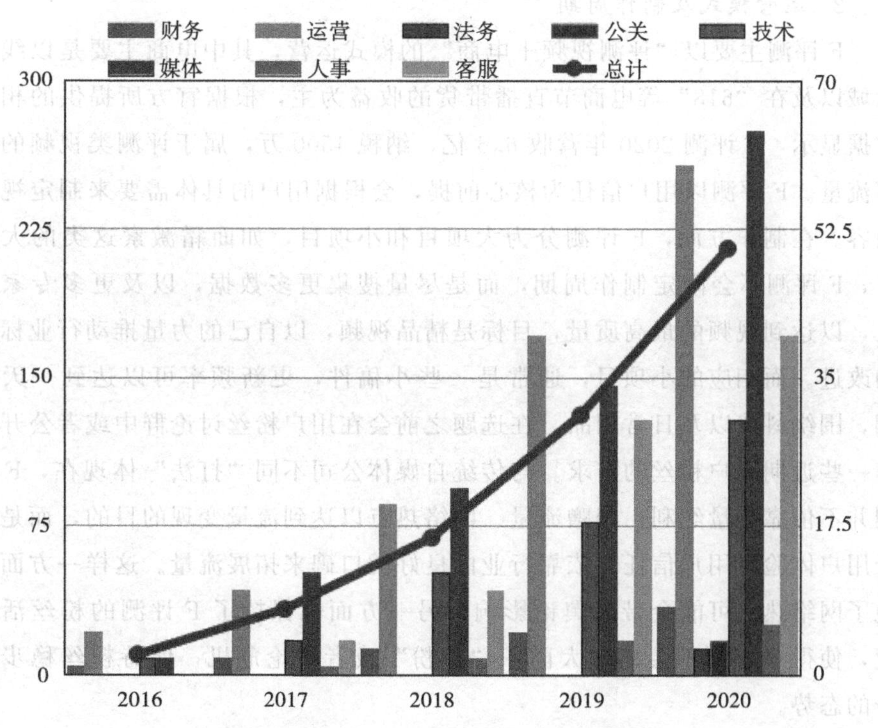

图1　2016—2020年F公司员工数量变化

从F公司提供的数据可以分析出，除法务和公关部门是2020年新增设的之外，其他部门都是呈上升趋势的员工数量增加，其中最大的部门是运营以及新媒体部门，客服部门的人员是新媒体和电商公用的，部门人员达到40人。而在人员薪资投入方面，技术部是投入最大的部门，主要负责App的搭建以及一些网页和系统维护方面的工作，由此也可以看到，F评测是十分注重数据安全以及保障用户体验的自媒体。相较而言，法务、公关等部门的新加入也看出F评测在新发展阶段所遇到的一些问题，如舆论上的争议以及一些法务纠纷上的难题，以使F评测面对舆情方面的问题时有所应对。但处理舆情的人员只有一个，且公关部门所采用的手段都是诉诸法律，在面对一些中小舆论时，F公司选择忽略，这也许在民间舆论场会产生一些负面的反应。如果采用一些舆情监管以及舆论引导方面的人员调配或许可以缓解此情况，并且在F评测从公域流量转到私域流量的过程之中，也难免会需要人员来引导和组织粉丝的意见观点和看法，这种意见领袖不仅仅是客服，而是需要更专业人士的介入。

2. 运营模式及制作周期

F评测主要以“评测视频＋电商”的模式运营，其中电商主要是以线上商城以及在“618”等电商节直播带货的收益为主，根据官方所提供的相关数据显示，F评测2020年营收6.6亿，纳税4500万，属于评测类视频的头部流量。F评测以用户信任为核心前提，会根据用户的具体需要来制定视频内容。在制作方面，F评测分为大项目和小项目，如面霜激素这类的大项目，F评测不会限定制作周期，而是尽量搜集更多数据，以及更多专家介入，以达到视频的最高质量，目标是精品视频，以自己的力量推动行业标准的改进。而相应的小项目，通常是一些小稿件，更新频率可以达到一天一期，围绕科普以及日常用品，在选题之前会在用户粉丝讨论群中或者公开征集一些近期用户粉丝的需求。与传统自媒体公司不同“打法”体现在，F评测并不依靠流量红利，即蹭流量、网络热点以达到流量变现的目的，而是基于用户体验与用户信任，依靠行业内良好的口碑来拓展流量。这样一方面避免了网络热点可能会带来舆论影响；另一方面也保持了F评测的粉丝活跃度，使得F评测不会出现大面积“掉粉”或者舆论危机，保持粉丝稳步上升的态势。

在电商与评测视频的平衡之中，F评测严格把握内容，只有不到15%

的电商植入内容，而其余都是科普文章，并且除抖音之外的其他平台几乎没有植入内容。这样的优质内容输出，也是抓住粉丝的关键。F评测会在每一条视频的运营过程中，对每一条内容的点播、转发、评论、完播率这些数据一一对比，分析出最高的时间以及流失的时间在什么位置，由此再分析具体时间点的内容是什么，不断优化内容中电商的植入比例，使其粉丝可以接受，并且不影响变现和优质内容输出。

3. 2020年公司年度报告

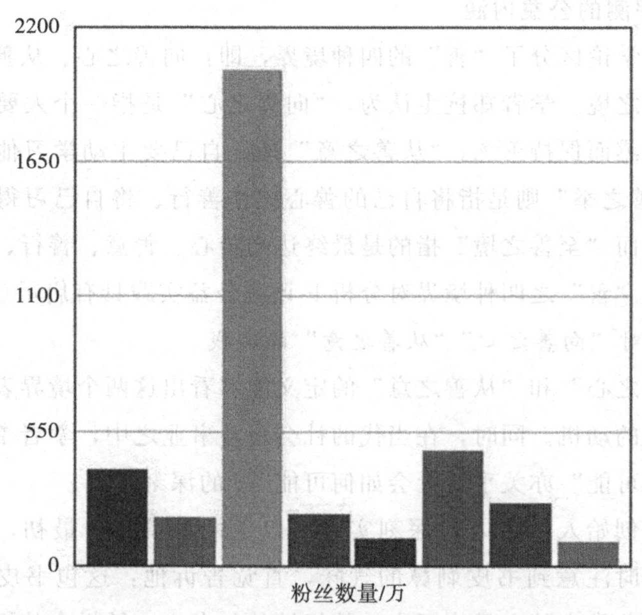

图2　2020年F评测新媒体矩阵粉丝情况

截至2020年，F评测全网粉丝量高达4200万，评测视频播放量合计24亿人次。这足以看出F公司作为一家商业媒体极其成功的影响力。

2020年，F评测积极产出优质专业内容，在多个平台都获得了不俗的成绩。科普视频和文章累计制作发布高达1600多条，单单在抖音平台就发布了527条视频，其中科普视频就超过了400条。微信公众号68篇文章阅读量达到10亿＋的水平。F评测还大胆挑战新领域，出版的首本科普书籍首发当日占据当当网24小时新书榜第一名，全网销售量超10万册。

此外，随着F评测影响力不断扩大，线上商城在2020年也取得了很好的成绩。其用户总数达300万人以上，年度直播交易额5000万+，营收6.6亿，客服全年累计接待用户2.8亿+，累计提供咨询与服务量350万次+。

2020年，F评测对于自身建设也是不留余力的。其团队发展壮大近300人，其中聘请了22位持证技术专家和23位签约专家，为评测的专业优质保驾护航。在评测支出上，2020年前累计支出1000万；2021年，截至目前已投入500多万。

三、F评测的公益属性及企业行动

（一）F评测的公益内涵

慈善社会学论区分了“善”的四种境界，即：向善之心、从善之意、行善之举、至善之境。学者郑杭生认为，“向善之心”是指一个人要自觉抵制市场经济的诱惑而保持善念；“从善之意”是说自己要主动学习他人的善心和善行；“行善之举”则是指将自己的善心化作善行、将自己习得的慈善思想付诸实践；而“至善之境”指的是最终达到善心、善意、善行、善举的高度融合。上述“善”之四种境界对分析F评测公益实践具有启示意义。

1.F评测对“向善之心”“从善之意”的实践

从“向善之心”和“从善之意”的定义能够看出这两个境界表达了个人从事公益慈善的动机。同时，在当代的社会公益事业之中，学者李荣荣提出了“人性如何可能”亦关乎“社会如何可能”[①] 的深刻观点。

事实上，创始人L个人就深刻实践了以上两种境界。最初，创始人L在帮女儿包书时注意到书皮刺鼻的气味，直觉告诉他：这包书皮肯定有问题。他又从女儿常去的文具店买来7款畅销的包书皮，结果令他揪心：市面上的这些包书皮绝大多数是没有标注用料成分、生产厂家、地址和联系方式的“三无”产品。由此，L自掏腰包支付了9500元检测费，将7款包书皮送到江苏省泰州市国家精细化学品质量监督检验中心检测。结果显示，7款包书皮都含有大量的多环芳烃（PAHs）和邻苯（DEHP），前者是化学致癌物，后者则会干扰内分泌，具有生殖毒性。一想到数以万计的中小学生都在使用这种存在安全隐患的书皮，L坐不住了。他开始通过发微博、向有关部

① 李荣荣：《作为礼物的现代公益——由公益组织的乡土实践引起的思考》，《社会学研究》2015年第4期。

门打电话的形式反映问题，甚至通过微信公众号向全国家长公布检测结果，并写了一篇有关毒包书皮的文章，引发了一场全民大讨论。

创始人L对于“毒书皮”事件不计金钱付出地奔走相告，体现了其个人本身对“向善之心”“从善之意”的深刻实践，这也是F评测能够得以成功发展至今的动力源泉。

2.F评测对“行善之举”的实践

“行善之举”则是将良善的“心”和“意”付诸行动的过程。民间自发的慈善公益行动和机制在新中国成立至改革开放初期被国家救助完全取代，社会自发的“善行”在1954年至1980年之间几乎中断。但随着社会不断开放，慈善公益思想的不断深入，社会自发的“善行”不断增加并逐渐具备更广泛的影响力和更高的社会认可度。

2015年6月，L自筹资金组建评测团队，以普通家长的名义发F评测，并注册了相关品牌标识，决定与有毒的包书皮“死磕”到底。为吸引社会对类似问题的重视，L投入约10万元拍摄检测毒书皮的纪录片，得到了上万名家长的支持。借着这股力量，L和他的团队建立了10多个家长微信群，其还邀请政府相关人员进入微信群，共同商讨如何改进产品标准。从此，F评测团队初具规模，并逐渐通过自身更多的“行善之举”参与社会治理，谋求更广泛群众拥有美好品质生活的社会福祉。

3.F评测对“至善之境”的实践

“至善之境”并非是静态的，而是一种可持续的“日行一善”的动态过程。如果说前三种境界都仅仅局限于个人的道德修养，那么“至善之境”则力求推动“善”从“个人道德”向“社会道德”的转变。因此“至善之境”要求公益主体必须要超越“慈善公益是个人行为”的观念，并且建立起“每一份爱心都可以提升社会普遍福利”的公益意识。①

F公司发展至今，形成了“让天下老百姓过上安全放心生活为使命愿景”的企业公益目标，其立志用专业检测经验“死磕”身边有问题的、有害的产品。先后曝光了包书皮、魔术擦、塑胶跑道、激素面霜等多个有潜在安全隐患的产品，并促进该品类标准的提高和市场监管的加强，不仅打击了社会痛点，更维护了广大消费者的利益。F评测通过从一而终的公益评测推动

① 刘威：《冲突与和解——中国慈善事业转型的历史文化逻辑》，《学术论坛》2014年第2期。

美好社会的建设，实现社会的稳定和谐，始终以企业的公共责任和公民权利维护为发展取向，再加上评测从始至终的纯净性，这些无疑构成了“至善之境”。

（二）F评测公益营销商业模式

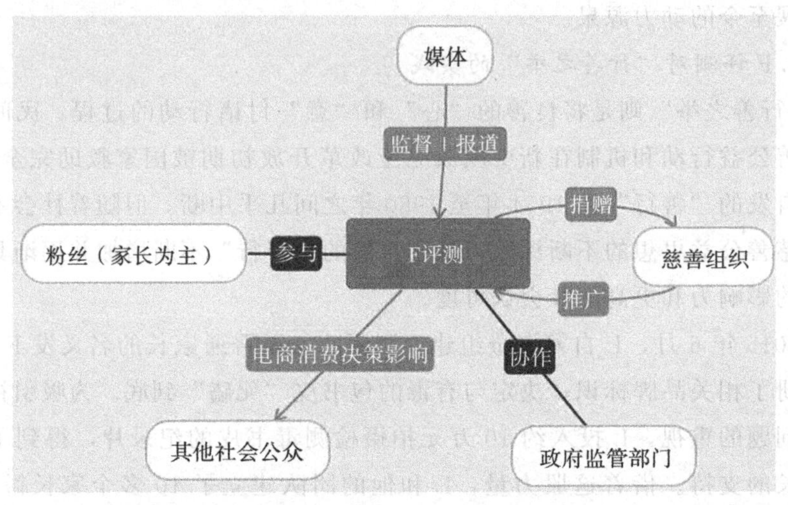

图3　F评测公益商业营销模式

图3呈现了F评测以公益活动传播公司理念实现公益营销，以商业模式解决社会问题的发展路径。

1. 消费者尤其是家长群体直接参与了F评测的社会性公益评测

2016年1月，112位全国各地的家长众筹200万成为F公司微股东支持F评测发展。又如，F评测在公众号后台看见家长发表评论，内容是“自家小孩误食磁力珠”。F评测团队特意紧急安排与这位家长见面，了解情况、制作视频，后台播放量达3000多万。这样的模式，使得创始人L和粉丝之间有极强的黏性和凝聚力，粉丝的真实体验也成为F评测的素材和资本，如“毒跑道”“甲醛仪爱心漂流活动”等公益大事件的灵感都来源于粉丝。

2. 其他媒体传播扩大影响力，传播企业理念

如2018年新榜对F评测的专访，2021年F评测加入腾讯新闻较真合伙人计划，为腾讯较真平台供稿。这样，一方面通过更广阔的平台提升自身影响力，通过一系列媒体促进了企业理念“让天下老百姓过上安全放心生活”向社会的传播。另一方面，其他媒体又对F评测起到了监督作用，尤其是

其他同类型评测自媒体。

3. F评测积极参与社会慈善，塑造好企业形象

如2018年F评测与浙江省爱心事业基金会合作成立“创始人L和粉丝们的公益基金”；疫情期间，F评测捐赠现金100万元及疫情援助物资。

一方面，F评测大胆揭露产品质量问题，不接广告不写软文，建立商城自我造血（包括淘宝旗舰店和自建App），让一切都更加纯粹。F评测多篇科普视频和文章出圈，包含“大头娃娃”在内等多个大事件让潜在消费者感受到F评测商城的产品有保障，从而激发购买欲望，实现F评测的商业盈利。

另一方面，F评测的部分电商盈利最终投入到更多社会问题的检测之中，填补了相关政府监管部门的空白。例如其大胆揭露“婴儿激素霜”致“大头娃娃”事件引发全网关注，事后官方通报立案侦查涉事企业，各相关监管部门也纷纷开展专项整治工作，以加强儿童化妆品监管。再如其曝光儿童智能手表表带中含有致癌物质“PAHs”，随后向原国家质检总局（现国家市场监督管理总局）及浙江省产品质量安全检测研究院进行汇报研究。之后，深圳市消保委牵头编制《深圳市儿童智能手表标准化技术文件》团体标准生效实施，提出关于手表表带的多环芳烃（PAHs）及限量要求。

（三）为民检测与公益商业媒体的崛起

F评测作为公益性商业媒体公司崛起的经验主要表现在以下两个方面。

1. 公益与商业的良性闭环

F评测的实质还是一家商业公司，其通过商业手段来发现解决社会问题，最终达成公益的目的。有人会认为F评测一边做评测一边做电商存在公益与商业的矛盾，但事实上，这两者的矛盾是能够被化解的。F评测在测评产品时，是发现问题的过程；而做电商，则是帮助广大消费者解决问题，这样就形成了一个良性的闭环。

F评测公关部负责人谈到F评测一直在做的“为民检测”就是最大的公益。社会在发展到一定阶段时总会出现各种问题，例如产品质量问题。但这并不意味着要一味打击产品，而是要敦促这类产品提升质量。F评测的责任是帮助更广大民众避开有害产品，真正让人们过上更好的生活。以上就是一种公益的手段，F评测的一切事情都是从利他角度出发的。

F评测在2020年前累计在测评中投入1000万，而2021年单年截至发

文前已投入 500 多万，可以看到 F 评测在为民检测上是不留疑虑的。通过电商所获得的营收也真正投入为民检测的更好实践中。

2. 社会力量与市场力量的高效协同

无论是食品安全还是环境保护，都是社会性的问题，很难仅仅依靠社会性组织和道德约束来完美地解决问题。作为处于产品质量参差不齐环境中的人，我们必须意识到商业的力量。

F 评测的模式其实是以商业模式解决社会问题，这是国内商业媒体值得借鉴的定位模式。它在短短的 6 年实践中，确实有效补充了政府购买服务的空白。我国目前具备发展条件的两类公益商业媒体分别为：以政府购买或者政府协助的地方特色农产品以及旅游资源的商业推广开发为主的商业媒体，评测产品商业媒体。而后者，现阶段大多数是商业互惠的形式，比如品牌方找到相关自媒体寄产品，要求其以软广甚至是暗广的形式发布评测内容。然而这样的商业模式是不长久的，长此以往会失去粉丝的信任和支持。

一个具有强烈社会责任感，能够促进社会进步的企业才是有生命力、充满希望的。在评测垂类，F 评测能够作为商业媒体可持续发展的范本。它转被动为主动，转广告为真实深刻的产品评测体验；成功打造了媒体本身的社会责任感形象，吸引了黏性更强的受众群体，最终打造成一个更具社会影响力的商业媒体。

“公益”包含“所有成员都在为同一个目标贡献力量的同时也是在为他们自身谋福利”的内在意涵。在公益的话语体系中，群体的命运与个人命运是紧密相连的。身处发展的社会中，大量社会问题的解决，不能仅仅依靠政府救助或是政府购买公益服务，还需要社会力量、市场力量的高效协同。而公益商业媒体的出现对于社会问题来说具有发展性干预的作用，通过项目化和与政府合作的形式来实现社会问题的发现和解决。另一方面，公益商业媒体实际上践行的是“双赢互利”理念。以 F 评测为例，其既发现、解决了社会问题，维护了更广大群众的美好生活；同时又通过商业手段，建立商城实现自我造血，因此在公益行动中又获得了自我实现和增值的途径。这样的公益商业模式是可持续发展和值得推广的，同时也值得作为公益榜样，从而促进公民公益刻板印象的转变，去迎接崭新并更具包容性的以公益商业媒体为代表的公益模式。

四、公益特色商业媒体的公信力问题

公信力是使公众信任的力量，是在社会公共生活中，公共权力面对时间差序、公众交往以及利益交换所表现出的一种公平、正义、效率、人道、民主、责任的信任力，是“媒介在长期的发展中日积月累而形成，在社会中有广泛的权威性和信誉度，在受众中有深远影响的媒介自身魅力”①。

公信力对于F评测而言非常重要。一方面，F评测作为一家自媒体，它的发展壮大离不开受众对其的信任和依赖。媒介公信力体现F评测存在的权威性、在社会中的信誉度以及在公众中的影响力等。没有公信力，F平台将失去生命力，被受众鄙弃。另一方面，F评测兼具公益属性。媒介公信力作为一种无形资产，在公益事业中发挥重要作用。F评测能否在公益的道路上走得更远，成为全民认可的安全放心标志，取决于其在运作过程中积累的社会认可和信任程度。

（一）F评测的公信力来源

媒介公信力的核心是信任、信赖，主体是受众。它建立在受众对媒体的信用体验和认定的基础上。受众是传媒的基本问题，没有受众就不能生存和发展，尤其在今天受众选择的时代。F评测自2015年上线，截至目前已收获数千万粉丝，在评测领域颇具影响力。它能赢得多数人的信任，搭建起媒介公信力，离不开日常运营中权威的建构和他、我约束。

1. 权威的构建

(1) 产品与服务质量

产品和服务质量是每一个企业的立身之本，也是F评测构建权威、赢得受众信任的重要因素。F评测志在让天下没有“假劣毒”产品，对接未来高品质生活。它以“不接受商家广告赞助费，从市场和热心家庭获取样品，第三方实验室检测分析”为三大经营原则，从源头上斩断弄虚作假和腐败，强力保障“公益心”的纯洁性。

F评测坚持以受众为导向，根据受众需求，提供相应服务和产品。在选品、测品、推品的过程中，其按照固有程序，严格把关，让服务更加公益，产品更加安全，以此获得多数人的信任。

① 黄晓芳：《公信力与媒介的权威性》，《电视研究》1999年第11期。

（2）政府认可

F评测作为一家自媒体，相较于官媒，不够正式，同时缺乏权威性。毋庸置疑，对于一家评测机构来说，最重要的是科学性。但科学性的鉴定离不开各种标准，而标准是由政府机构制定的。换言之，如果F评测不能被政府认可，它自定的评测高标准也就缺乏说服力和公信力，失去了存在的价值。不过，好在F评测不仅注重服务和产品的质量，确保自身科学性，而且其科学性还得到了政府的认可，增强了可信任性。

（3）公益的力量

公益也可以是商业。F评测的崛起与自身的运营密切相关，公益则在这一过程中起到了催化剂的作用。不论是打造的“L先生”亲民形象，还是喊出的“让天下百姓过上放心生活”的口号，或是免费的评测服务，背后都是一颗公益心，让广大受众感动之余，不自觉地亲近和信任F评测。

2. 他律与自律

（1）遵纪守法

他律，其中最为明显也最为重要的一条就是法律层面的要求与约束，对于一家公司来说，遵纪守法是基本的，必须要遵守的。与其说遵纪守法是F评测的公信力来源，不如说遵纪守法是公司的底线，一旦突破底线，公信力便会变得极低，甚至骤然崩塌。

（2）自我规范

自律，便是自我的约束。F评测表示，一直将自己的标准定得较高，如果说国家约束底线是60分，行业标准是75分，那么F评测则要求将自己的标准定在90分。前面说法律约束是底线，那么自我的规范则是将底线主动提高，一是利于降低出错的概率，二来可以借此提高外界对自身的评价，对于公信力的培养有益。

（二）F评测的公信力营销策略

1. 对不同受众群体采取的分级营销策略

与F评测对于舆论应对的措施相似，在公信力的营销策略上，F评测也采取了不同的分级策略。F评测意识到自己不可能达到100%的被认可度，所以根据用户的属性采取不同的应对措施：例如对于有一定认可度并且已经在使用自家产品的用户，比增加信用更重要的是维持信用，F评测会让客服与这部分用户保持联系，及时对用户的意见给出反馈。而那些对F评测信任度不够高，还未成为商城顾客的用户，F评测将注意力放在了新媒体的内容产出以及实验室上，提供制作优质的评测视频和实验室数据分析反馈，建立用户信任。

2. 政企合作，借助政府公信力

作为一家评测类型的媒体，F评测深知公信力对于自身的重要性，在对于自身公信力的培养上，F评测与政府进行一定的合作来取得大众的信任以及认可。除了借助政府的公信力，F评测还积极与其他有公信力的官方媒体进行联动与合作，例如：参加2019年“未来母婴·2019第五届全球母婴大会”；2020年，F评测和浙报融媒体一起直播带货；同年，F评测作为互联网联合辟谣机构，和中华医学会、中国药学会、腾讯较真一起联合辟谣。以上的一系列行为，都有利于借助他方的公信力来提升自己的公信力。

3. 公益属性给公信力加持

F评测自建立以来，公司的属性就一直有“公益”这一项。不管F评测公益属性是否出于对公信力的需求，单从效果来看，公益属性的确给F评测的公信力加分不少。2018年，F评测在浙江省爱心事业基金会里成立了“L先生和粉丝们公益基金”；2020年，F评测向浙江大学医学院附属第一医院捐赠100万，这些对于F评测的公信力建立都有帮助。然而，近几年有言论说F评测做公益目的在于营销，这些言论在一定程度上削弱了公益属性的加持。

4. 公信力从创始人L到公司的转移

F评测创始人L，不仅是公司的负责人，也是F评测的代言人，外界对于F评测的信任大多来源于创始人L的形象。但对于F评测这样一家评测媒体而言，将所有公信力寄托于创始人L一个人的形象上，并不是长久之策。F评测一直都在将L个人承载的公信力进行转移，目前，除了对L在新媒体平台上的形象建设，F评测还建立了评测实验室，甲醛仪爱心漂流等项目，以公司的形象向外界展示自己的专业性以及科学性，以此建立公司的公信力。

（三）风险与机遇共存

值得思考的是，现在F评测大概九成的收入来自F商城。这也使得网络上出现了一些质疑的声音，“边当裁判员，边当运动员”的运作模式隐藏了较大的风险。这不仅是F评测一家公司所面对的，所有的社会性企业都面临这样的困境：一方面要实现企业财务的可持续性；另一方面要满足社会对公益的期许和要求，做到公平公开。现阶段，企业的收入哪怕是正当的，也会被公众质疑割韭菜、智商税。

"最大的风险就在于它的公信力本身是脆弱的，它并不是真正靠一个严谨的机制来进行，更多是靠口碑，靠他以前的故事，铁杆的粉丝。但有可能因为一些不可控事件受到严重打击。"[①] F评测作为民间检测的公益机构，其运作模式是值得借鉴和考量的，它开辟了一条崭新而未知的道路，值得一些社会性企业借鉴，但如何处理政商关系、运用好口碑效益，如何实现持续性的流量变现和公司运转……这些问题仍需要时间来尝试和解决。

F评测的宗旨是"让天下老百姓过上安全放心生活"，通过产品检测的方式来平衡生产者和消费者之间的信息不对称，有利于消费者维护自身权益，提高生活质量，过上放心生活。同时，F评测的诞生也对市场生态起到了有效的改善和监管，利用公众舆论倒逼市场良币驱逐劣币，淘汰不合格产品，提升产品质量，最后使得整个行业的产品质量上升；获得政府的关注，推动产品检测更新相关标准，完善市场监管。F评测仍在进化的道路上，它用自身独特创新的方式走出一条路，尽管路途漫漫，但它为其他社会性企业提供了借鉴意义，也为社会发展中产品问题的解决提供了新的思路和方向。

五、舆情压力来源与应对策略

F评测作为一家以公信力为重要竞争力的企业，公信力是其运行期间必不可少的部分，同时也是F评测最为看中的部分。当公信力中任一元素短缺或出现漏洞，F评测便会面临舆论压力以及舆论危机。本部分将对公信力的各个组成部分进行探讨，深入剖析F评测的舆情压力来源，以及F评测的应对方式，以起到为其他商业媒体预警、示范的作用。

（一）压力来源

一个商业评测公司的核心竞争力是其在生产内容、提供服务以及运营过程中积攒的公信力。稳定的受众信任能够促使评测公司进行良性运转并顺利

---

① 《网红F评测一边评测一边卖货 被疑变相营销》，中国经济网，2019年第9期，https://baijiahao.baidu.com/s?id=1643935684665483301&wfr=spider&for=pc，访问日期：2021年8月21日。

实现流量变现，支撑评测公司的可持续发展。

作为以公益评测起家的 F 评测，公信力是其立足的核心。经过访谈和调研得出，其公信力来源于公司的权威构建，评测公司经营过程中的自律以及经营环境中其他个体的他律。当公信力的支撑部分出现不足，将会出现舆情危机。我们对公信力的支撑部分分别进行分析，讨论当公信力面临解构时，评测公司将会面对的舆情压力。

1. 权威解构面临的舆情压力危机

（1）产品与服务的质量缺陷导致顾客群体的信任危机

产品把控以及服务质量是公众建立对于评测公司以及商业公司信任的重要部分，公众通过不断地体验评测服务以及消费商城产品进行信任积累。但当公司不断扩大，服务内容扩充和提升，消费规模不断扩大，产品以及服务出现问题将会是概率性事件。当受众群体遇到产品以及服务问题时，用户个人的负面体验会严重影响对于公司的信任。在 Web3.0 时代，这样的负面体验更容易在网络上传播，解构公众对于该公司的信任，此时，评测公司将会陷入公众的质疑危机之中。

（2）政府认可不足导致社会信任危机

作为政府之外的社会力量，评测机构以及评测公司在社会上扮演着政府监督之外的补充力量。在针对社会事件时，政府有时会采取购买服务的方式，委托评测公司进行市场监管，此时，政府的认可以及信任成为该公司公信力的背书。在政府公信力较高的现代中国社会，当面对同一事件，政府对参与事件的第三方机构或公司信任不足，甚至产生对其资质的质疑，将会对该公司的社会公信力产生极大的打击，致使该公司陷入社会性舆情危机之中。

（3）公益向商业转变导致受众质疑

作为公益起家的商业公司，F 评测在受众心中的公益形象十分稳固。但作为商业性公司，以盈利为目的，就必然要进行商业活动以获益来实现公司的继续发展。商业行为一定程度上也在解构公司以公益为始的社会话语权，在进行商业活动时，必定会产生粉丝的质疑："想不到'F 评测'也开始恰饭了。"如何消除质疑，如何获得商业利益之后稳固受众信任，是 F 评测以及类似评测类机构面临的问题。

2. 自律与他律不足形成舆情压力

（1）自律不足下的舆论风险

F评测的形象建立在创始人L的个人形象之上，向外扩充为F评测机构的员工形象。不管是创始人L个人角色还是企业员工在工作时扮演的角色都与F评测的社会形象相勾连。但依据拟剧论，创始人L或企业员工在台前与幕后的角色以及形象会有所差异。在社会生活中，尤其是社会现实与媒体现实、网络现实互相交织并越来越紧密的时代，幕后形象也有被展露在台前的风险。每一个人都是复杂的，难以把控以及管理。当创始人L或某员工的行为与社会公众的认知出现差异之时，容易将F评测卷入舆论风波，面临社会公众的质疑以及舆论压力。

（2）他律不足下的舆论风险

F评测在经营过程中，面临的不仅是政府、员工、受众，还有同业的其他竞争伙伴。测评是科学的，科学需要谨慎，因此底线标准是市场的准入门槛。但每一个个体都是复杂的，在底线标准之上还有不同的反应方式以及广泛的讨论空间，测评空间就来源于此。在此空间之中，同行之间的讨论与质疑在所难免。F评测作为浙江省测评机构的顶流，斩获了网络上大多数的粉丝以及流量资源，这也难免让F评测成为众矢之的，恶意质疑难以避免。同行使用不同标准进行合理质疑或恶意质疑，F评测应对不佳也易致使公司陷入舆论漩涡。

（二）负面舆情的预防与应对策略

1. 三审三校，预防为主

F评测作为全网粉丝量超4500万的头部自媒体，其发布的任何内容都将吸引大量的关注。对于评测类媒体而言，内容的真实性、科学性和权威性尤为重要。如果发布的作品中存在错误或不严谨的表达，一定程度上会消解F评测的权威形象，同时带来网络舆情风险。因此，健全的审核制度对于舆情事件的预防来说至关重要。

F评测目前建立了“三审三校”的审核机制，在作品发布前，首先由公关、法务和新媒体部三部门联审；其次再由专家机构联审，专家包括团队内部的专家和外部机构的合作专家；最后再由多部门高管进行联审。自2020年底实施“三审三校”以来，F评测发布内容的错误率下降到几乎为零，无论是技术层面的差错还是疏忽导致的差错，都能在发布前得到更正。

2. 直面反馈，真诚沟通

F 评测的主要变现渠道为自营商品销售，同时可能转化为舆情风险的事件也多与所售商品有关。F 评测极其重视用户反馈，以真诚的心态与用户沟通，在早期便能及时化解舆情风险。

2019 年，F 评测曾上架一种枣类，产地为山东。这款枣以甜为卖点，广受用户好评。在第二批销售时，一位用户给创始人 L 发了很长的私信，大意为：你的枣不甜，你不能这样子，你要保持初心。创始人 L 深夜看到这条私信后，让助理在平台匿名下单一份枣，他试吃后对甜度逐一打分，发现确实没有之前的枣子甜。在询问供应商后创始人 L 找到了答案，是采摘前一段时间原产地天气阴雨连绵，导致枣含糖量下降。得知原因后，F 评测向所有购买过的用户发送私信，通知大家这一单免费，愿意退款的用户可以点击链接申请退单。

F 评测十分重视涉及食品安全等方面的用户反馈，在面对此类问题时，会以最快的反应速度和严谨求实的态度进行处理。2021 年，连云港的一位母亲发帖称，自家女儿在食用从 F 商城购买的面包后，出现腹泻的情况。接到反馈后，F 评测高层非常重视，随即组织供应链高管、客服高管、公关部高管以及外聘的医生前往连云港。经过医院的检测，女孩的腹泻是在幼儿园感染诺如病毒所致。事后，这位母亲向 F 评测表示歉意并在网上删除了相关发帖。

3. 诉诸法律，避免发酵

在面对同行竞争对手的抹黑和攻击时，F 评测通常选择诉诸法律途径解决纠纷，而不是在网络上正面回应与其纠缠。一方面，因为对方的目的往往是通过虚假指控来赚取流量，主动回应可能导致事件愈演愈烈，损害自身品牌形象的同时提升了对方的知名度，正中对方下怀。另一方面，F 评测更倾向于在自己的流量空间内发布有价值内容以服务粉丝，投入过多的版面来回应此类虚假指控，在 F 评测看来是对资源的一种浪费。

例如某花评测发布长文质疑 F 评测发布内容的真实性与科学性，内容主要包括：检测方式错误，推荐、销售违规产品等。对此，F 评测分别以“商业诋毁纠纷”和“侵害名誉权纠纷”为案由，起诉同为第三方评测自媒体某花评测背后的公司及其平台创始人 T，要求被告赔偿合计 250 万元的经济损失，并在相关平台发布道歉信息。无独有偶，2020 年一位博主发布视频称F评测销售有毒婴儿湿巾，而被F评测以及湿巾生产厂家起诉，2021年3月，案件一审民事判决书公开，法院判决被告赔偿原告F评测公司、F评测电子商务有限公司50万元。

六、讨论与思考：公益特色商业媒体的未来

F评测作为新媒体时代下社会企业的代表之一，以民间检测的“公益＋F商城”的商业模式，开辟了一条崭新的道路，这也为与其具有相似性的社会性企业提供了新思路。但未来如何发展，如何走好企业道路、讲好企业故事，不仅是F评测需要思考的问题，更是整个新型社会企业需要注意和探索的。

本部分通过创始人L个人层面、F评测企业层面、政府扶持和社会氛围三个层面来探讨相关问题的出路。

（一）个人层面：企业领导者形象与品牌形象设定相互作用

F评测作为一家向社会披露毒害产品信息的公司，以发现生活中的危害，保护人们的安全和利益为使命，承担社会责任，受到了广泛的关注。而创始人L因为在评测视频中作为评测人员出镜，也被大家亲切地称为“L先生”，L先生的形象可以说和F评测的企业形象紧密地联系在一起。

在竞争激烈的现代社会中，良好的企业领导者形象可以带来好的品牌效应，也会相对应地美化企业形象，这也成为企业战胜强敌、提升自己实力的有效武器。但我们要注意的是，企业领导者和品牌形象的相互作用过度的话，企业就会陷入被动的宣传地位：当企业领导者的个人形象凌驾于企业形象时，消费者对于企业的认知更多的是在企业家的个人形象上获得的，而当企业家形象和企业形象发生偏离时，大众对于企业的信任感便会瞬间崩塌，产生严重后果。因此，企业领导者形象和品牌形象应该是二元平衡、相辅相成的关系。

F评测和L先生的关系目前处于较为平衡的状态，创始人L是以平易近人、好父亲、评测权威的形象出现在大众眼里的，与此对应的，F评测自然地被人作为信任度高、权威性高的评测平台。

互联网时代，企业领导者的个人形象塑造对于自身企业形象具有重要意义，尤其是F评测这样以L先生个人形象作为企业形象支撑重点的平台，在未来发展的过程中更要注意L先生个人形象的维护和保持。

1. 从企业内容出发，将个人形象融入企业整体品牌规划

企业的整体形象和企业家个人形象是息息相关的，所以企业家自身也要有品牌意识，意识到树立自身良好的形象更有助于建设企业的形象，能更好地为企业服务。企业的公关部和宣传部应该将企业整体定位、企业产品特点和企业文化等相关因素作为切口，在企业创始人身上挖掘相关的属性和故事，将企业和个人继续联结起来，塑造真实可靠、充分代表企业家形象的内容，让创始人L在媒体平台中，不但讲好自己的故事，还要讲好F评测的故事。

2. 利用专业的传播手段，善用社交媒体的宣传力量

新媒体时代下，社交媒体的宣传力量不容小觑。作为一家具有公益属性的商业平台，F评测是以创始人L为女儿检验毒书皮开始受到网民关注的，这也为后期它迅速吸引妈妈粉、爸爸粉奠定了良好的曝光基础。而Web3.0时代拉开序幕之后，社交媒体在用户数量、用户参与度和话题引领性等方面已经遥遥领先其他媒体，且人与人在社交媒体上的互动高出了现实见面互动的频次，社交类媒体已经成为现代人不可割舍的一款产品。因此，企业要善用相关社交媒体进行舆论宣传，在此类媒体平台上发布创始人L相关的故事、观点、见解和思考等，容易吸引受众的关注和互动，形成粉丝效应，通过对创始人L个人形象的宣传来达到对企业形象的宣传，最后成功地拥有制造舆论、引导舆论的能力。

3. 言行谨慎，建立相对应的领导人言行管理机制

在互联网时代中，企业领导人自身得体的言行举止非常重要，企业领导人的形象应该时刻与企业形象、产品形象、企业宣传价值观等保持一致。否则，企业领导人一时的负面言行或者负面事件，会对企业造成不可磨灭的伤害，对企业形象造成沉重的打击。因此，企业公关部和宣传部应该针对企业领导人的形象设定相对应的领导人言行管理机制，建立负面事件处理公关小组。在平时也要对企业领导人进行相关的培养和引导，使企业领导人不要情绪化、不随意发表个人意见、立场客观公正，避免引起公众的错误解读，使得企业领导人的信任度在公众心中降低，导致企业形象一同受挫。

（二）企业层面：社会价值与经济价值并进

1. 将“义利并举”贯穿发展之路

作为一家具有公益属性的商业自媒体，F评测是互联网时代中通过商业

手段完成社会使命的代表企业之一。自成立以来，F评测致力于评测社会生活中有害、有毒的产品，让百姓过上高质量、健康放心的生活，将“为民检测”的社会价值和F商城为代表的商业价值结合起来，走双重价值创造之路。

企业的生存命脉是资金和收益。而F评测与其他企业不同的是，它多出了一条“公益”命脉，纵观F评测发展史，可以看出明显的三阶段发展情况：

第一阶段：让群众远离有毒、有害产品，实现社会价值

创始人L通过对产品的检测，发现隐藏在生活中有毒、有害的产品。在互联网时代的大背景下，采用各类社交媒体传递的方式，使受众在短视频平台、微信公众号、微博等媒体上免费、便捷地接收到对自己有益的评测信息，平衡了消费者与生产者在产品信息和产品质量上的不对称，赢得受众的信任，实现了社会价值。F评测也渐渐进入大众视野，逐渐成为让民间放心的一个客观、公正的检测标志。

第二阶段：开设F商城等平台销售优质产品，实现经济价值传递

创始人L发现，如果继续通过自费和众筹的方式来支撑检测的成本是杯水车薪的，只有企业内部造血才能供血，且评测的产品内容只是小部分，没办法短时间内将所有风险产品都进行检测。只有衍生出企业自身的商业机制，才可以继续保证运营，在实现经济效益的同时继续传递社会价值，F商城因此应运而生，该平台上只销售F评测过的安心健康的产品，让企业获得经济效益，实现财务可持续。

第三阶段：在实现社会价值的基础上引入商业手段，双重价值实现共赢

现阶段到未来的发展过程中，F评测一直要将“实现双重价值”作为追求目标，既创造了商业利润，又进行了社会服务，整体达到了1＋1＞2的效果。未来发展过程中，F评测要继续在“义利并举”的双重价值之路上延伸，社会价值方面，继续公布评测有毒、有害、有风险的产品，获得更高的社会信任，促进消费者的支持，进而使F商城的消费者变多；同时，检测产品应该不断纵横延伸到各个方面，将衣食住行中健康、安心的商品引入F商城中，继续拓展商业范围和商业业务，使更多消费者受益。

2. 自媒体时代应当重视舆情应对

通过访谈可以发现，在针对舆情应对和公关处理方面，F评测仍不够成

熟，企业内部的舆情部门也比较空白，没有稳定的设置。这对一个高速发展的新型企业来说是十分不安全的。

在互联网时代下，信息传播速度极快，舆情事件发酵和扭转的情况瞬息万变，F评测企业内部的舆情应对机制还不够完善，相关工作人员的技能有待提高，对于网络舆情监管和应对的能力存在空白。

在未来发展过程中，F评测应在以下几方面对舆情应对做出改变。

（1）强化企业内部舆情应对的理念

随着互联网时代的到来，以微信、微博为代表的自媒体发展势头迅猛，民众的信息接收和信息传播速度更加高速，舆情事件的发酵速度更快，发酵过程也更短。特殊的背景下，企业一定要提高对舆情的重视程度，强化相关的思想意识，改变过去消极或是不回应的态度，要积极地去应对网络舆情，与相关自媒体和宣传媒体合作，树立合作意识，可以更加妥善地处理舆情事件，有效管理网络舆情。

（2）建设企业内部专业队伍，完善企业内部舆情应对机制

F评测内部的公关部和法务部人员构成较为复杂，一些员工对于突发网络舆情事件缺乏专业知识，没有应对网络舆情事件的能力，比较被动。针对网络舆情，F评测需要进行专业队伍建设，培养优秀的舆论应对人才，提高专业素养，明确每个人在网络舆情事件处理中的职能和位置，并且定期进行专业舆论应对培训，提高员工的网络舆情应对能力，提高对网络舆情解决的应对速度和能力。

只有快速建设企业内部的舆情应对队伍，才能在舆情突发事件中从容应对，积极主动，妥善解决舆情问题。

F评测也要在未来发展过程中完善企业内部的舆情监测机制和相关法制机制，有专业人员在抖音、微博、微信公众号等自媒体平台上不断进行巡查和监测，收集可能会引起舆情事件的内容和问题，及时上报给舆情应对部门。针对相关舆情事件，如果是事件失实，一定要尽快辟谣，公开纠错；如果是事件真实，要做到主动回应，在黄金时效内尽快解决，把网络舆情的苗头扼杀，维护公司形象和声誉。同时，如果面临侵害企业的利益和形象，要通过法律手段维护自己的合法权益，建立相关的法制机制予以警戒。

（3）企业公信力的维护与发展

随着人们认知水平的不断加强，现代社会中企业的公信力对企业的生存

发展起着决定性作用，F评测作为一家具有公益属性的商业自媒体，对于企业公信力更要重视，如何维护和发展自身的公信力是十分重要的内容。

①评测质量务必客观可靠

F评测自2015年的“毒书皮”事件开始，一直为以“向社会披露毒害产品信息、保证群众的生活安全”为口号，评测是企业的重中之重，所以维护企业公信力首先要在评测产品上继续下功夫。在未来的评测和检验过程中，F评测仍需要将资金和精力重心放在评测的质量和评测的内容上，让受众继续看到客观公正、真实有效的评测结果和评测产品，这是维护企业公信力的基础，也是维护F评测公信力最重要的一环。

②企业自身素质和社会责任感的培养提高

除了企业产品受到消费者广泛关注之外，企业自身素质和企业的社会责任感都是消费者和受众衡量一家公司整体形象的重要因素。作为一家具有公益属性的商业自媒体，F评测不仅要重视自身商业利益的获得，更要在提升企业自身素质和企业的社会责任感方面加以重视。

未来发展中，F评测可以在四方面提升企业的素质：企业领导者的个人素质、公司员工的素质、企业管理素质、企业检测水平素质。

企业领导者作为企业的带领人，需要不断提升综合治理能力、自身的领导才能、协调和沟通能力以及个人品德修养和社会责任感，要明白个人形象与企业形象紧密相连，如果个人素质有不良方面，那么企业形象也会一并受损；企业的员工素质则更多地体现在政治思想素质、相关业务技能素养和文化知识素养上，F评测需要对员工进行定期的企业员工培训，开展相关的知识技能交流分享会，让员工学习和提升；企业的管理素质和检测水平素质也同样值得关注，企业只有将企业管理素质、企业检测素质提升，才能更好地运营公司本身，更快速、便捷地为人们进行更多产品的检测，赢得人们的持续信任和关注。

（三）社会层面：政府公共服务对成长型企业的扶持

成长型企业是指在较长的时期内（如三年及以上），具有持续挖掘未利用资源能力，在不同程度上可以呈现整体扩张态势，并且未来发展预期较为良好的企业。在互联网时代背景下，成长型企业更如雨后春笋般蓬勃发展，人们对于成长型企业的概念也更为了解。但只有企业一方努力是完全不够的，政府也需要通过相关的手段和政策为成长型企业开创一个更适合竞争和创新的社会环境，为成长型企业的高速稳定发展保驾护航。

F 评测可以说是比较具有代表性的新成长型企业，在未来的发展过程中，政府的公众服务对其继续发展起到重要的支持作用。

1. 政府要为社会成长型企业提供补贴支持

以 F 评测为代表的刚刚兴起、还在成长的企业规模都比较小，无法在引进智力人才、技术开发、平台运营、宣传推送等企业活动中如鱼得水，无论是人才方面还是资金方面都不会是一帆风顺的。此时，政府需要对成长型企业进行补贴支持，确保企业可以继续进行相关活动。这不仅可以促进成长型企业的蓬勃发展，更是促进了我国市场经济的不断发展。

国家及各地方政府已经针对相关企业开展了补贴支持，哪个成长型企业在发展过程中面临资金的困难，通过相关考察，提交补贴申请，就可以领到相关的补贴资金，各地方政府已经尝试这种做法，但仍需不断完善和修正，才能给成长型企业最好的补贴和扶持。

政府对成长型企业的补贴扶持是一种针对性强、投入较少、产出较大的公益性政府投入，这对正在高速发展阶段的成长性企业是非常大的支持和帮助。但也要注意，政府对成长型企业提供补贴也要恰到好处，避免权钱交易等腐败问题滋生。

2. 政府要完善社会成长型企业内部结构和成熟的制度支持

作为新入市场的成长型企业，企业内部的结构和制度不完善是十分正常的现象。以 F 评测为例，其内部的公关部和法务部比较单薄，无法支撑和回应新媒体时代互联网上瞬息万变的风向，因此，政府需要派遣相关人员对企业进行培训和扶持，帮助 F 评测构建起可靠有保障的内部结构和完善的企业制度。

政府要认识到，对于成长型企业的服务，不应该只是简单的资金支持、表彰活动和评比活动，更多的是要深入企业内部去倾听他们的诉求和声音。支持成长型企业的发展，既可以保证我国经济平稳增长，又可以创造民族品牌、讲好新型企业故事、节省社会资源，是十分重要的环节。

针对 F 评测，政府应该派遣相关人员对企业内部的公关部和法务部进行培训和讲座，使其能够快速有效地形成成熟的企业内部结构和企业制度；同时，也要培养他们对抗风险的能力，让成长型企业可以迅速成长和发展。

七、结语

网络技术背景下商业媒体的健康发展问题，归根到底是国家、市场、社会三元互动，实现高效协同的社会问题，其实质在于发挥三大主体的优势，实现社会资源的优化配置。正如社会学家们指出："新型现代性"的实质就是由"单赢、消极掠夺、控制"转变为"双赢、和谐共生共进和良性互动"，其深层理念包括了"以人为本，双赢互利，增促社会进步、减缩社会代价，社会治理和善治"等几个方面。[①] 当今中国处于社会转型的过程，现代性引起了民主化、城市化和世俗化等社会经济现象，而这些现象又催生了诸多新的社会问题，尤其是对于经济利益的变态追逐。现代性在发展过程中渐渐走向了对立面，并且日益呈现出价值观念的扭曲和伦理准则的异化，[②] 从而出现了公益成为名人的"秀场"，成为网络意见领袖的"赚钱机器"，成为无良企业的"遮羞布"。这就导致人们对"商业与公益不能兼容"的思维固化，从而在一定程度上限制了公益商业媒体的发展。

F评测以公益初衷建立起了品牌公信力，在社会公共民生事件中发挥了不少积极作用。但是随着其电商平台的搭建，频繁出现舆情危机，说明公益和商业的日益融合亦带来了公众的公信力质疑，进而成为企业进一步发展壮大的阻碍。作为一家头部商业测评机构，F评测的重要竞争力即为公信力，但当公信力的权威以及企业自律和他律部分遭受解构或削弱时，就会陷入舆论压力以及舆论困境之中。如同粉丝数，时而上涨，时而下滑，F评测的公信力也是不稳定的，充满着不确定性，随时面临崩塌的风险。F评测能够取信于民，凭借的是产品和服务质量、公益的效应、政府的支持以及他、我约束，背后的依仗越多，失信风险也越大。因此，F评测要长远走下去，实现可持续发展，必须正视这些潜在风险，并对商业和公益的关系、政府和企业的关系以及企业与社会的关系做出谨慎思考。

就目前而言，F评测尚能平衡公益与商业，但未来随着企业规模的扩大、产业链的完善和融资需求的增加，公益势必要向商业转化，这个度在哪

① 郑杭生：《新型现代性及其在中国的前景》，《学术月刊》2006年第2期。

② Nickel, Patricia Mooney& Angela M. Eikenberry, " Critique of the discourse of Marketized Philanthropy ," *American Be－havioral Scientists* 52 (2009): 7.

里？同样，在政企关系方面，F公司和政府虽时有合作，关系却十分微妙：一方面，互联网商业媒体渴望得到政府的认可，政府的认可是其公信力来源不可或缺的一部分；另一方面，出于不想被完全牵制的考量，F评测又畏惧甚至抗拒与政府有更深入的合作。那么未来的政企关系该如何发展？这是企业和政府都必须认真思考的现实问题，只有处理好这些关系，未来的路走起来才会更加踏实。

附录一：F评测发展大事记

2015年8月，《开学了，您给孩子买的包书皮有问题吗?》一文引爆网络舆论，F评测创始人L将学生文具中邻苯等有害物质超标问题带入大众视野。

2015年10月，批批检更名为F评测科技有限公司。

2015年12月，F评测揭露校园“问题跑道”，推动塑胶跑道新国标更新。2018年11月开始实施的GB36246—2018《中小学合成材料面层运动场地》将包括二硫化碳在内的18个有害物质写进黑名单。

2016年1月，112位全国各地的家长众筹200万成为F评测微股东，支持F评测发展。

2016年5月，F评测曝光黑心竹菜板问题，均为拼接黏合，甲醛超标问题严重。

2016年7月，甲醛仪爱心漂流活动正式发起，万元甲醛检测仪免费漂流。让老百姓关注家装问题，重视甲醛危害，重视居住环境的安全性。

2016年8月，创始人L接受央视13套《新闻1+1》《新闻周刊》节目采访。

2016年9月，曝光“问题”魔术擦甲醛超标问题，引起官方重视。2018年1月，某省质监局发布《魔术擦缺陷风险通报》。上线F质控系统。同月，F评测创始人L受邀作为CC讲坛第十五期嘉宾进行演讲。

2017年3月，F评测创始人L参加某卫视《一站到底》节目。

2017年8月，F评测曝光儿童智能手表表带中含有致癌物质“PAHs”，随后向原国家质检总局（现国家市场监督管理总局）及某省产品质量安全检测研究院进行汇报研究。之后，某市消保委牵头编制《深圳市儿童智能手表标准化技术文件》团体标准生效实施，提出关于手表表带的多环芳烃

（PAHs）及限量要求。

2017 年 11 月，F 评测曝光校园“问题校服”问题，引起某市教委重视，并责成相关小学检测校服。同月，F 评测被聘为某学院中德校企合作联盟理事。

2017 年 12 月，F 评测科技有限公司获中国慈展会社会企业认证“中国好企业”称号。同月，F 评测获行动者联盟 2017 公益盛典“年度公益创意”入围奖。

2018 年 1 月，F 评测科技有限公司被列入某省质量技术监督局第一批（16 个）产品质量安全伤害信息监测点之一，成为产品质量安全社会共治的一员。

2018 年 9 月，F 评测呼吁对白砂糖新标准中“二氧化硫”限量放宽的新要求进行解读，呼吁标准升级。11 月，白砂糖新国标将二氧化硫的限量要求改回更严格的老标准要求的限量，并更改了二氧化硫的检测方法。

2018 年 12 月，F 评测与某省爱心事业基金会合作成立“L 和粉丝们公益基金”。

2019 年 6 月，F 评测创始人 L 被《深度财经》专访报道。

2019 年 12 月，F 享测科技有限公司成立，专注于家居环境检测与家装材料评测。

2020 年 2 月，F 评测向浙江大学医学院附属第一医院、杭州西溪医院及援鄂浙江医疗队，捐赠现金 100 万元和援助物资。

2020 年 6 月，F 评测曝光巴克球（磁力珠）玩具导致儿童肠坏死开腹手术事件，全网播放量突破 3000 万，引起人们对于儿童玩具安全的重视。

2020 年 7 月，F 享测发布《国民家居环保报告》。

2020 年 10 月，F 评测举行五周年庆典暨 F 公司抽检发布会，发布会现场还与浙江省轻工业品质量检验研究院签署战略合作，多措并举，积极探索产品质量安全社会共治新模式。

2020 年 10 月，F 评测在中国社会企业与影响力投资论坛会上，荣获“2020 向光奖·抗疫特别贡献企业奖 TOP10”称号。

2020 年 11 月，F 评测与科普中国签署科普内容公益传播协议，成为“科普中国”传播矩阵新成员。

2020 年 11 月，F 评测首部新书《F 评测：你的健康呵护指南》发布，并入选“京东科普类图书最受欢迎TOP10”。

2020年12月，F评测参与起草的《锦纶可撕标签织物》《植物染料染色针织床上用品》团体标准正式发布。

2020年12月，F评测加入腾讯新闻较真合伙人计划，为腾讯较真平台供稿，坚持为百姓科普。

2021年1月，F评测曝光某婴儿面霜激素严重超标致“大头娃娃”事件引发全网关注，企业坚持让老百姓过上放心安全的生活。

附录二：F评测主要影响力事件

通过民间的、社会性的力量，推动官方法规、行业标准的改变与优化，使落后的标准逐渐跟上时代的发展，这便是F评测对社会最大的贡献。

一、“毒书皮”事件

作为F评测的成名作，其具备极大的社会影响力。创始人L检测当时市面上的七款书皮，发现这些书皮含有大量的多环芳烃和邻苯二甲酸酯，前者是国际公认的强致癌物，后者是有生殖毒性和可迁移性的增塑剂，对生长发育期的儿童以及孕妇有危害。

然而，短时间内让“毒书皮”在市面上消失的难度很大。由于当时国家标准GB21027－2007《学生用品的安全通用要求》中，暂未对邻苯二甲酸酯类、多环芳烃等有害化学物质的使用进行规定，而推动国家标准的修改极其复杂，耗时将会很长，因此L短期内通过网络向全国家长传播“毒书皮”的危害。2016年2月春季开学之际，江苏和上海的质监局对市场上的包书皮进行了专项检查，并添加了多环芳烃和邻苯二甲酸酯两项有毒化学物的检测，这位较真的L的坚持得到了相关部门的认可。2019年10月教育部办公厅等四部门明确指出，学校不得强制学生使用包书皮，尤其不能使用有问题的塑料书皮。同时，GB21027－2007《学生用品的安全通用要求》修改完成，标准中增加了对包书皮的邻苯类物质和多环芳烃类等有害物质的限量要求。最终，F评测推动了有毒有害增塑剂退出历史舞台。

二、“毒跑道”事件

2016年，F评测在全国9座城市、15所学校（含幼儿园）开展校园跑道检测工作，在校园跑道中发现神经毒素二硫化碳及二甲基呋喃、甲苯、乙苯、乙醛等有害气体。二硫化碳是损害神经和血管的毒物，可经呼吸道摄入体内，也可经皮肤吸收；而乙醛容易刺激眼部，有致癌性。

“毒跑道”曝光之后，引起社会广泛关注，相关单位迅速整改。更重要的是，这次调查推动 GB36246－2018《中小学合成材料面层运动场地》修订，包括二硫化碳在内的 18 个有害物质被写进塑胶跑道检测项目的黑名单，F 评测推动了塑胶跑道相关标准的优化。

三、“大头娃娃激素霜”事件

某地一堆年轻父母长期给孩子使用“益芙灵婴儿抑菌霜”，发现孩子变胖，并且发育迟缓，脸部肌肉很硬。于是他们在 2020 年 11 月联系了 L。F 评测检测了同厂两个品牌的婴儿霜，发现激素都超标。“益芙灵多效特护抑菌霜”的氯倍他索丙酸酯含量为 27.6ug/g。另一份 2020 年 11 月 30 日的检测报告显示此项成分含量为 31.1mg/kg，均远远高于检测低限。这是一种外用糖皮质激素。学界早有共识：这不适合 12 岁以下孩子使用，长期大量使用会导致发育迟缓甚至致畸、矮小症。

2020 年 12 月，F 评测把结果发给婴儿霜厂家所在的当地卫健委，并在 2021 年 1 月 7 日发布相关评测视频，“大头娃娃”引发全网的关注，卫部门责令涉事企业召回涉事产品，涉事企业暂停生产，所有涉事产品下架。当地卫健委介入调查，第三方再检测后，确认该婴儿霜含激素并通报已经将有关线索移交公安机关，公安机关介入。

四、“白砂糖”事件

2018 年，白砂糖新标准放宽了漂白成分二氧化硫的指标，使消费者无法通过白糖的等级来区别优劣。F 评测曝光其 3 个月后，迎来国标再次修订——国家标准 GB/T317－2018《白砂糖（修订版）》出台实施，恢复了白砂糖的 4 个等级划分。

五、“儿童手表”事件

2017 年，F 评测检测发现儿童电话手表表带中含有多环芳烃，随后，某地消保委编制了《某市儿童智能手表标准化技术文件》团体标准，对表带中的多环芳烃类物质新增了限量规定。

媒介融合背景下针对某F旅行公司的调研报告

曹月娟　蒋怡宁　刘天怡　杜文杰　刘　妍
高浩迪　鲁晓杰　鲍　颖　陈雯倩

一、现状

《光明日报》副总编辑陆先高在首届互联网大会上曾说："媒体融合发展是传统媒体转型方向，也是新媒体发展机遇。"如今，新媒体的发展日新月异，已成为社会生活和经济活动极其重要的平台和推动力量。截至2020年12月，我国网民规模达9.89亿，手机网民规模达9.86亿，互联网普及率达70.4%。[①] 中国社科院新闻与传播研究所、社会科学文献出版社发布的《中国新媒体发展报告（2020）》显示中国新媒体的发展正呈现"新传播技术不断更迭""直播和短视频处于黄金发展赛道""互联网巨头积极布局超级App生态"等趋势。[②] 从中可以看出，新媒体时代，从可读到可视，一维到多维，移动端的短视频已经成为主要的传播形态，且少数产品瓜分了移动端的大部分市场份额，占领移动端的平台已经是品牌商家的主流趋势。而在转型过程中，必须充分认识到平台型媒体的媒介逻辑，并以此展开自身的媒介逻辑转换，实现优势互补。[③] 麦克卢汉说过，一切的旧媒体都会成为新媒体的内容，而一切的新媒体都会构成旧媒体的环境。当下，平台媒体化和媒体

① 中国互联网络信息中心：第47次《中国互联网络发展状况统计报告》，http：//www.cac.gov.cn/2021－02/03/c_1613923423079314.htm，访问日期：2021年7月13日。

② 国家信息中心：《中国新媒体发展报告（2020）》，https：//new.inews.gtimg.com/tnews/0b13de26/ac11/0b13de26－ac11－44ad－ba39－e3d624b32e67.pdf，访问日期：2021年7月13日。

③ 刘越飞、曹国东：《从媒体到平台：主流媒体平台化的媒介逻辑分析》，《新闻论坛》2020年第34卷第6期。

平台化已成为媒介融合的典型特征和趋势之一。从影响力看，传统媒体和商业平台呈现快速的“此消彼长”态势，同时，商业平台依托技术创新和海量用户拥有极强传播力，传统媒体不再拥有舆论引导效果评价的主导权。在此背景下，传统媒体由于很难突破运营机制约束和建立资本、技术驱动的文化，所以要自建具有垄断优势的平台的可能性不大。但是新媒体平台中信息的重复化、碎片化、虚假性、后真相问题等现象层出不穷，传统媒体平台依旧有其不可代替的生命力，其信息传播的专业优势，客观、全面、权威等受众印象，使传统媒体平台依旧在短期内占据主流，因此传统媒体在平台化的过程中可以有效利用平台资源实现自我发展，但不应“过度依赖”，还是应充分发挥自身专业优势。

在旅游营销方面，新媒体也早已被广泛应用。虽然依旧可以在电视上看到各地方旅游形象广告，但不得不承认，新媒体已经成为旅游营销的重要阵地。许多垂直化、社交化、服务化、互动化的旅游媒体平台也应运而生。如马蜂窝旅游、携程等平台。在行业细分趋势日益明显的当下，新媒体平台旅游产业产生了许多专业化、个性化的应用产品。他们重视打造用户的个性化社群交流平台，提供精细化的垂直网络服务。[①]

旅游行业的新媒体平台大致呈以下特点：内容碎片化、途径多样化、过程简单化，但同时也存在着营销方式不规范、内容量大且不易区分、营销与服务存在差异、信息安全差异等问题。[②] 同时旅游作为综合性的产业，更是一个综合性的媒介。在全域旅游背景下，旅游形象更是区域全要素的整合，要兼顾政治、社会、经济、文化和市场等方方面面。这就要求，旅游营销既要注重政略营销，又要注重市略营销。而政略营销和市略营销由于受众不同，应当采用不同的策略进行推广，新媒体内容产出和表现方式的灵活性以及传播形式的多元性，可以较大限度地兼顾“政市”营销诉求。[③] 与商业平台相比，传统媒体平台可能没有灵活的体制机制，在垂直领域的选择也比较受限，但是具备“事业属性”和“专业属性”，所以许多国内传统媒体平台

① 张露萍：《旅游类垂直社交媒体平台的互动发展模式分析——以马蜂窝旅游为例》，《传媒》2019年第3期。

② 林卓：《新媒体时代旅游营销新形势》，《旅游与摄影》2020年第4期。

③ 唐继刚：《新媒体早已被广泛应用于旅游目的地营销实际》，环球旅讯，https://www.traveldaily.cn/article/122588，访问日期：2021年7月14日。

以“互联网＋政务”为建构路径，更多用于旅游宣传和服务平台搭建。传统媒体平台在运营时往往会选择委托或者与市场化平台合作，让营销更接地气、更具有亲民性，满足市场营销需求。F公司创始人李洋认为，在新媒体行业，核心不是一个主编在驱动，更多的是内容产品经理角色的人在做驱动。主编更多思考的是文章，内容产品经理会搭建整个内容模型，从用户的角度出发思考整个模型的搭建，进而使它成为一种系统化的方式去生产内容，这是新媒体行业跟传统媒体最大的本质上的不同。[①] F公司作为中国领先的在线旅游新媒体平台，通过对其实地调研，分析F公司的发展现状、遇到的问题以及发展趋势，能够寻找出目前旅游新媒体发展的共性问题，从而为其他旅游新媒体的发展提供借鉴，特别是在后疫情时代中受到冲击或需转型的旅游媒体，同时也对当下传统媒体与新媒体的平台发展起到启示作用。

二、F公司概况

F公司，创立于2012年，是中国领先的在线旅游新媒体平台。F公司秉持着“有些事现在不做，一辈子都不会去做了”的信念，其品牌愿景是让生活和旅行更美好。

F公司主要深耕高品质原创内容与活动的策划、生产，传播特色精品度假产品设计、包装、售卖，致力于旅游行业相关的一站式整合创新服务，如目的地、酒店、民宿、景区、玩乐、体验等相关度假产品的设计、包装、预订等服务，计算机网络与软件服务，品牌跨界整合营销与推广服务等。F公司更多的是推崇中高端旅游定制服务，为中薪阶层外出旅游提供更多选择。

目前，F公司主要通过微信小程序、公众号、小红书、抖音等平台进行内容传播。服务对象以女性为主，有65%—70%。用户集中在具备较高经济基础的区域，受教育程度较高，有孩子的家庭，追求精致高品质的生活方式。因为主打小型精品，大部分受众集中在一线城市北上广深，其中上海最多。

① 李洋：《移动新媒体时代下的旅游电商新玩法》，新榜，https://mp.weixin.qq.com/s/xV-CakO_Mv0klochFniRq1A，访问日期：2021年7月14日。

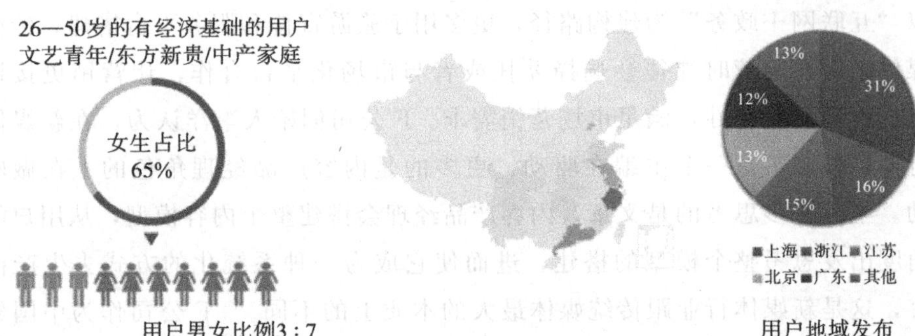

图1　用户性别与地域比例

F公司早期内容产出以PC端为主，PC端内容停更已持续四五年，当前内容产出主要阵地为微信公众号、微信小程序，并结合电商模式进行产品销售。产出内容以图文为主，图文优势比较明显，同时在发展视频内容。

微信公众号活跃粉丝400万+，全网新媒体平台每周阅读量2000万+，目前有五个新媒体品牌：为玩乐体验提供综合性服务的"F公司"，为精品酒店提供综合性服务的"P精品酒店"，为精美民宿提供综合性服务的"M宿"，分享旅行生活的轻杂志"Z路上"以及寻觅在地美食的"X味星球"（具体介绍见表1）。

表1　各平台概况

平台名称	平台特点	平台主要内容	平台粉丝	平台用户画像
F公司	目的地旅游营销	F公司微信公众号主要分为文章版块和应用版块，文章版块主要由F公司的编辑将小众目的地信息集中整合处理，以攻略和散文等形式介绍小众旅行地。F公司在全国有300多个小编，上传相关信息后由F公司的专业编辑包装后形成推文。	公众号200万+粉丝 微博9万+粉丝 小红书40万+粉丝 抖音8万+粉丝	享受生活的斜杠青年： 1. 探索新生活方式的文艺青年 2. 城市新锐中产小家庭 3. 热衷小众目的地、特色度假产品 4. 玩乐体验、精品酒店的资深玩家
P精品酒店	精品酒店新媒体电商	专注精品酒店内容资讯和预订服务平台，深挖品牌故事，探索新开酒店，提供丰富且性价比高的酒店套餐。	公众号70万+粉丝 微博11万+粉丝 小红书5万+粉丝 抖音2万+粉丝 新浪直播21万+粉丝	小众轻奢的新中产家庭： 1. 具备较好的经济基础 2. 注重生活品质调性 3. 热衷精品酒店的城市新贵 4. 用心经营的中产小家庭

续表

平台名称	平台特点	平台主要内容	平台粉丝	平台用户画像
M宿	用心探寻美之宿	公众号无推广内容，在“服务”中可预订特色奢华民宿、酒店，甚至是房车树屋、设计酒店等。	公众号25万+粉丝 视频平台分发：包括腾讯视频、优酷视频、搜狐视频，累计播放1000万+/人次	小众轻奢的新中产家庭： 1. 具备较好的经济基础 2. 注重生活品质调性 3. 热衷精品酒店的城市新贵 4. 用心经营的中产小家庭
Z路上	旅行生活八卦轻杂志	最新鲜的八卦娱乐、度假、美食、购物、实用信息、小众路线、旅行资讯。	公众号80万+粉丝	八卦旅行生活轻玩家： 1. 热爱八卦/度假/美食/旅行 2. 注重商品性价比的实用派 3. 轻文艺，稍小资 4. 习惯检索实用信息、旅行资讯
X味星球	地方美食特产推荐	地方美食特产推荐：县城风味、本地攻略、人情味小店、餐厅指南。	公众号16万+粉丝 美物平台：全品类覆盖，2019年销售额600多万元	一心为吃的生活美食家： 1. 城市深度寻味老饕 2. 小县城在地美食家 3. 要么很宅，要么很野 4. 愿意为“吃”付出时间

F公司有大约2000多家合作单位和商家，包括旅游局景区（省旅游信息中心、市旅委、香格里拉旅游局、日本国家旅游局等）、汽车品牌商（玛莎拉蒂、吉普等）、移动互联网公司（Uber、周末去哪儿等）、精品酒店与民宿、时尚快消品等合作单位和商家。合作模式主要有周边衍生品设计开发、活动设计策划、旅游产品的包装销售、直播带货服务、推广服务等。

F公司自身定位为新媒体电商平台，具有新媒体的属性加上电商的属性，由此在商业盈利模式上也分为两块内容实现商业变现：新媒体属性的广告变现和电商。

（一）新媒体属性的广告变现

F公司在微信公众号刚刚兴起时期就抓住了公众号流量井喷的红利，早期通过大量优质的原创内容吸粉，内容被用户认可及追捧，积累了大量粉丝。微信公众号兴起早期先发制人的优势加上100%原创优质内容生产能力，天时地利人和，使得F公司当时就在一众旅行公众号中脱颖而出。如今F公司有超过200万微信平台用户，日活近20万，包含习惯性阅读的忠实用户和具有购买力的消费型用户，成为一大优质影响力旅行自媒体。其公众号首条推送平均曝光量可以到达 200 万/天，微博推送的平均阅读量也可以达到 5 万/条。新媒体属性带来广告收益，广告变现以软文和项目为主，给旅游目的地编写合适的软文，以及植入相关目的地民宿、酒店的优惠产品上架推广，同时还有一些商家的商品推广，通过平台投放广告获取盈收。如 F 公司与杭州千禧度假酒店合作举办的萤火虫奇幻夜线下活动（见图 2），全网推送文 100＋，全网流量超过 200 万＋，产品销售火爆，7 月至 8 月酒店 308 间房间全数售空。

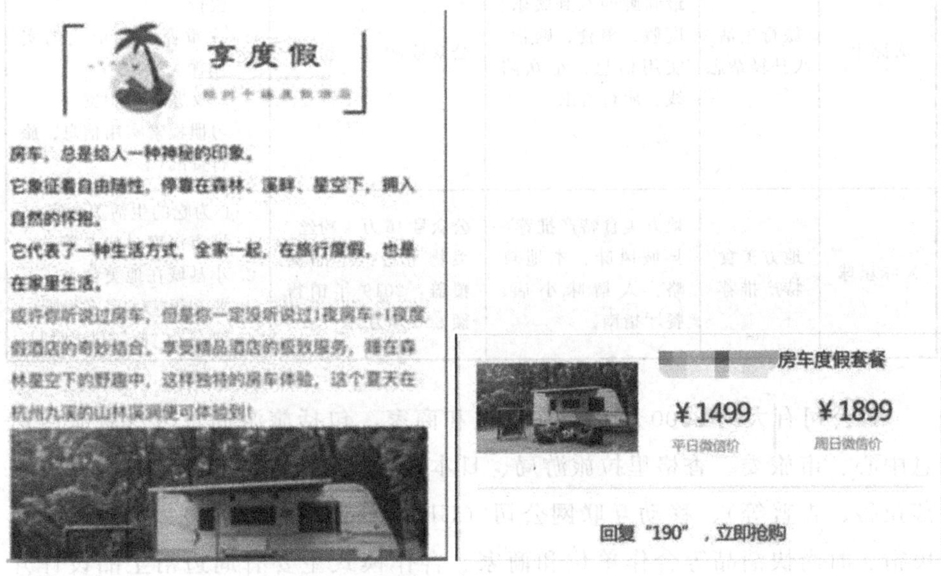

图 2　萤火虫奇幻夜线下活动推文截图

（二）电商

在早期积累了一批粉丝有流量之后，F 公司开始尝试流量变现。F 公司以小众旅行为定位，其产品和模式与携程、飞猪等大平台旅行电商有一定区别。F 公司通过对旅游资源进行专业的深度考察，设计旅游主题产品，进行 IP 化的包装，在新媒体平台做发声渠道，在内容电商平台做内容交易服务，销售目的地线路套餐旅游产品、酒店类单要素旅游产品、特色活动打包旅游产品等。在 F 公司公众号下端的 tape 中有各个入口，例如 F 公司商城（见图 3）、酒店产品、线路、美物、内容付费等，通过用户购买行为留存并整合用户数据。

图 3　F公司商城小程序界面部分截图

三、F公司平台优势

（一）内容上

对各平台呈现的具体内容进行分析，特点如下：

1. 时新性强

F公司会结合当下热点的综艺、影视作品、明星微博，比如“向往的生活”的取景地来让受众了解取景地在哪里、这个地方的旅游价值在哪里。

2. 针对性强

对于当下受众的喜爱把握程度很高，会在具体版块中涉及针对这些受众的产品。

3. 整体性强

与其他旅行网站（例如携程、去哪儿等）不同的是，F公司在其平台售卖的旅游产品通常都是打包出售的完整旅游线路。点进F公司商城的酒店、民宿、线路版块可以发现，他们出售的都不单纯是酒店民宿的预定，基本是包含几天几夜的套餐，套餐中还会包含当地某处门票、体验游、线路规划等。而像携程、同程这类网站，主要销售的还是单独的机票、酒店、线路等。这主要是由于受众群体和产品定位的关系：一方面，F公司偏向“种草”型，与其他大平台购买形式不同。F公司的套餐包含了下午茶、Spa或其他体验活动，因此加起来的总价可能会比携程、飞猪等平台看到的金额更高一些，但实际上相对来说更低。如果纯打价格战，F公司并不占优势。另一方面，F公司受众更偏向于度假型，所以会更偏向于打包类的产品。

4. 前瞻性强

F公司有专门的团队对旅游风向进行分析，从而推出更受群众欢迎的文章。团队内有专门的BD（Business Development），在选择合作方时主要是基于是否是常规化产品或者是否有潜力进行判断。

综上，可以看出F公司最大的优势为小众的内容。区别于其他类似旅行杂志式的景点介绍，旅游推荐地选择大多避开大热景区，本着“如果你来杭州，我才不会带你去西湖”的宗旨，推荐相对应的小众民宿攻略、小众旅游路线攻略等。实用的攻略、前期关键词的设置以及图文的累积，便于养成用户习惯。而其相对应的用户群也主要是具有较强消费能力、追求与众不同与舒适旅游体验的年轻一代。这与其传播内容的特色相吻合。同时，打包综合性旅游产品，从出行所需物品的售卖，到旅行的路线、旅行地的景点，再到当地特产的销售。这对于追求小众旅行以及舒适旅游体验，疲于自己费尽心思做旅游攻略的受众，是一个较为鲜明的优势。

F公司的第二大优势是重视用户体验。图文原创以及引导式种草让用户更容易接受。一方面，虽然当下短视频已是未来发展的趋势，但是F公司并没有急于转型或完全依赖短视频平台，在F公司看来，图文形式是其相较其他旅游自媒体最大的优势。短视频更加注重视觉带来的冲击力，告诉受众“去哪里”，而图文结合的传播形式，使其内容较为清晰，用户获取到的信息更加生动直观，获取信息的效率也更高。内容如果是比较贴合受众需求的，收藏量就会非常大，这是用户可以拿过去作为实际参考的旅游攻略来使用的，如目的地攻略类“最美中国”系列、深挖自驾路线类“非常驾期”系列、全球旅行资讯类“环球最前沿”系列、潮流类“F公司风向标”系列等。图文类的攻略在旅游攻略中本就极受欢迎，容易被受众接受，而F公司完全原创的图文信息更有利于吸引受众，让受众了解与众不同的旅游目的地，也因此原创类图文内容的策划为F公司培养了大量的粉丝，成为其最突出的特点。另一方面，内容引导种草，电商内容与旅游内容不分家。这也让F公司的销售模式区别于携程、去哪儿、途牛等大平台旅行电商。一般情况下，用户通常是在已经有明确目的地的情况下选择在这些大平台旅行电商上搜索、预订酒店机票等旅游产品。而F公司更多的是通过富有吸引力的图文内容一步步吸引用户，给用户“种草”，激发用户的购买欲望，然后在F公司电商平台下单完成购买。基于F公司新媒体电商平台的定位，F公司的旅行内容与电商内容相互配合，在输出内容方面并没有明确分家。例如在电商内容方面，在写酒店、卖套餐产品时，也会普及精品酒店的一些品牌、调性、设计师知识，同时在文章中分享推荐玩法攻略，给出游玩建议，对用户的旅行有参考价值，输出旅行内容。

第三大优势是坚持内容优先。由于在开发过程中一直是靠用户的口碑，因此F公司坚持将用户体验放在第一位，对原创内容的坚持和守护也是对用户信任的尊重。坚持内容优先，吸引习惯性阅读的忠实用户和具有购买力的消费型用户。虽然F公司后面有电商的转化收入，但是没有放弃自己的内容而成为一个完全的电商平台，并没有通过旅游内容攻略吸引流量后就急于收割流量红利。F公司早期做内容出身，作为有影响力的旅行自媒体也始终坚持内容价值，坚持挖掘一些优质的旅行目的地，分享好玩的、有价值的旅行攻略，也会做一些旅游态度类的内容。F公司对详细旅游攻略型内容的坚持，使其留存大量黏性粉丝，即习惯性阅读的忠实用户和具有购买力的消费型用户，这使其能在电商转型中获得用户信任，逐步改变用户习惯，从而不断完善用户购物体验。

（二）渠道上

首先，F公司注重运用新媒体传播渠道，在各大平台上都开设了账号，进行内容分享与广告推广，几乎把握了各类主流社交媒体渠道，进行推广和宣传。在网站上，重点布局用户内容分享；在微博、小红书、抖音等平台上，重点布局攻略分享及广告推广，对自身、民宿、汽车等相关合作客户的推广；在微信公众号上，重点布局攻略分享及相关付费服务推荐；在知乎、豆瓣等平台上，重点布局活动推广、实习招聘及部分攻略分享，充分利用社群的特点，进行有关问题的答疑；除此之外，还在百度百家号、人民号、搜狗、UC头条、网易新闻、网易订阅、Lofter、凤凰旅游、凤凰订阅号、一点资讯、马蜂窝、搜狐新闻、界面新闻、今日头条、Flipboard、腾讯、Zaker、触点新闻等20多家主流媒体渠道进行全网内容分发，渠道应用分布全面。

其次，发展集群经济及电商营销推广。F公司注重与旅游相关的产业进行关联，把握产业链，形成经济集群发展。在F公司的商业客户中，包含了民宿、酒店、汽车、航空公司等相关产业；同时也会定制旅游路线，用户打包购买，在这一过程中，就包含了其商业客户的订单要求，发展了集群经济。同时F公司和各个地方旅游局景区、汽车品牌商、移动互联网、精品酒店与民宿等2000多家单位与商家都有合作，合作商专业性强、配合度高、针对性强、创意度高，能够给游客带来极致体验。以精品酒店为例，既非采用包房，也非 API 对接的方式与酒店进行合作，而是和酒店约定预留房。因为他们不需要传统的包房商或 OTA 简单粗暴的分销，而希望从品牌建设、内容营销、活动设计、产品组合等方面来提高入住率和客单价，而 F 公司的强项在于既帮助资源方同时提高入住率和客单价，又让客人体验了更好的产品。[①]

最后，F 公司注重售后，重点发展了售后社群。如在微信公众号上，使用 F 公司产品的用户可以加入其微信交流群，对相关产品进行售后服务并进行问题解答，完善用户的消费体验，利于其形成良好口碑，扩大用户群体。

（三）技术上

在功能设置方面，手机网页、微信小程序界面设置了多种功能类目，如“攻略”“度假”“玩乐”“美物”等，点击后可以进入相应的功能界面。界面主要由以图片和标题形式组成的超链接构成，受众可以根据选择进入相应的文章。同时开展了旅游服务综合平台搭建及代运营（如“浙里好玩”平台）、微信公众号代运营业务（如达蓬山旅游度假区）、线上 H5 等页面开发服务（如“猜诗有奖·绍兴古城朝花节”）。上述技术开发服务为 F 公司拓展了外部资源与宣传渠道，也为自身技术能力拓展提供了机遇。

从技术更新来看，F 公司能及时跟随时代潮流，基于当下发展，对每一个媒体平台有自己的认知和规划。早期在 PC 端起家，F 公司搭建网站主要目的是为了吸引流量，所以没有变现的途径。后因为在发展过程中发现时代的趋势——PC 端开始衰落、移动端开始兴起，故舍弃 PC 端的网站，全部都转到微信公众号还有其他平台。转到微信公众号后，F 公司开始依据微信端的媒介逻辑来进行商业转化。作为早期前几波公众号，赶上了公众号兴起的浪潮，加上敏锐的市场嗅觉，就有了最早的一篇爆款文章《如果你来杭州我才不带你去西湖》，吸引了几十万的粉丝，之后又陆续更新了一系列相关文章，贴合了最初的产品定位，也确定并吸引了最早的与之相匹配的用户调性。在中期微信公众号刚刚做起来的时候，F 公司尝试过一段时间的 App，但是后来因为没有续费，现在在应用商城基本找不到了。在 F 公司看来，

---

① 邹育敏：《曾获艺龙、经纬投资，P&F 的旅游新媒体平台是一门怎样的生意？》，环游旅讯，https://m.traveldaily.cn/article/123716，访问日期：2021 年 9 月 3 日。

其之所以不着重发展App应用，是因为旅游是一个比较低频的东西，App的打开率较低。携程或者途牛等软件，因为有商旅客人这部分用户群体，所以每天打开的频次会比F公司高很多，而F公司的定位是小众、精品、度假型，用户群体已经受限，所以App打开的频次不会那么高。同时，分析了App成本以及当下流量相对可观的公众号，权衡利弊，舍弃了App。从F公司的媒介技术发展可以看到，F公司在每一个阶段都有尝试，对自身发展规划有明确认知，了解自身优势，借助平台力量发展自己。

（四）盈利模式

1. 打包综合性旅游产品，提升用户体验

F公司在微信公众号进行旅游产品销售，包括度假套餐（如酒店、体验单品等）、小众旅游路线设计与服务。收入来自旅游产品（定制路线＋服务）盈利，以及各种中介业务费用，从目的地酒店的盈利返还中获取酒店预定代理费用以及通过与旅行社合作经营线路定制、组团业务来获得线路预定代理费。

与其他旅行网站（例如携程、同程）不同的是，F公司在其平台售卖的旅游产品通常都是打包出售完整旅游线路。点进F公司商城的酒店、民宿、线路版块可以发现，他们出售的都不单纯是酒店、民宿的预定，基本是包含几天几夜的套餐，套餐中会包含当地某处门票、体验游、线路规划等。而像携程、同程这类网站，主要销售的还是单独的机票、酒店、线路。这对于追求小众旅行以及舒适旅游体验，疲于自己费尽心思做旅游攻略的受众，是一个较为鲜明的优势。此处主要是以常规的标准化产品为主，虽然有私定，但是受限于国内消费者的消费理念以及公司运营成本，并不是主推服务项目。

2. 微信公众号广告推广盈利，优质内容积累用户口碑

F公司公众号粉丝超过100万，阅读量可观。公众号内容图文排版风格文艺，原创文章内容吸引人。通过内容引流，进而流量变现。受众主要是小众旅行文艺旅行爱好者、中高端消费者。一方面给旅游目的地编写合适的单篇软文和季节性的植入性软文，以及相关目的地民宿、酒店的优惠产品上架推广。另一方面还接收一些其他商家的商品推广，通过平台投放广告获取盈收。

在新媒体运营方面，F公司善于运营自己的微信公众平台，以其优质的内容成为一大旅行类优质公众号自媒体，积累了大量粉丝。除了以优质的文

章内容吸引消费者购买旅游产品，还能将这些流量变现，吸引各种商家投放广告获取盈收。这是F公司突出于其他旅行网站、旅行自媒体的优势。

3. 垂直深耕合作旅游品类，扩大服务维度

在F公司某经理看来，当下旅游市场的参与者可以分为以下几类：首先是携程这类大平台，几乎涵盖所有旅游相关内容。其次是新媒体类型。根据市场种类不同，分支出相应的垂直类媒体，例如有类似F公司自己专做的小众精品度假，有主打亲子市场的、有主打常旅客的，等等。最后是KOL类型，这类往往与人设紧密相关且内容更为细化，有些专门做酒店类的KOL，他们会给酒店进行带货，有一些做极限运动的KOL，等等，人设与产品紧密相关，且不限于平台，既可以在抖音也可以在小红书。

而F公司最终的目的是用内容（媒体矩阵）刺激粉丝购买，主要销售以住宿和当地玩乐为核心的打包型个性化旅游度假产品，包括非客房服务和当地玩乐的产品。其独特的品牌气质使得合作的广告客户不仅是为了要求曝光量，还倾向通过与其的合作提升品牌形象，从而吸引更多中高端品牌合作，扩大其在中高端旅游市场的影响力。

在旅行品类（吃穿游购行）与旅行地域（周边游、境外游）等维度上重视垂直深耕，这也意味着F公司的合作类型不仅限于民宿和酒店，交通（汽车、航司、打车软件等）、旅游局（景点）、生活方式品牌等都是其合作对象。同时F公司也发挥自身特长，不仅局限于旅游电商行业，还会提供媒体传播服务、制作服务（视频制作、活动策划等）、酒店服务等，在背后默默帮助合作方扩大影响力，实现了服务类别的扩大和衍生。

四、F公司在媒体融合发展趋势下存在的问题

总的来说，F公司的媒体传播集中于公众号，但公众号内容繁多，无法让用户甄别所有项目，服务质量有待提高。抖音、小红书等平台运营一般、引流效果差，单靠公众号营销渠道过于单一。在媒体融合发展趋势下存在的问题如下：

（一）多媒体内容制作传播能力较差

F公司着重在图片展示方面布局，但是缺乏多媒体形式如视频的展示。同样，在小红书平台中，仍以图文形式为主，有少量Vlog形式的视频展示；而对于抖音平台，F公司似乎刚进行布局，相关视频还较为简单，不够

全面，有待进一步发展。F公司发家于公众号时期，一直以来以突出的图文内容优势受到大量用户认可和追捧。而随着媒介技术的发展，进入短视频时代，短视频无疑对图文内容造成了一定影响和冲击，瓜分了部分流量。同时短视频也是新媒体电商未来发展的重要趋势。F公司没有及时在风口抓住短视频转型。因此，F公司在坚持图文优势的同时，建构起在短视频平台的转型和发展规划也十分重要。如今F公司已经建立起自己的抖音账号，可以看出其向短视频平台发展的尝试，但是目前其账号的整体运营数据并不尽如人意，账号发布的短视频内容及定位尚不清晰，也尚未建立起成熟的短视频运营团队。相比于图文能力，F公司的视频能力还较弱，距离搭建起在短视频平台的新媒体电商还存在一定转型差距。

总之，从F公司在各个平台的布局来看，在新媒体平台上的展现形式较为单一，仍以图文为主，没有准确抓住新媒体平台视频广泛投放的特点，传统媒体的图文形式与新媒体的视频形式融合不足。

（二）融媒体未来发展规划模糊，影响市场竞争力

在进行平台版块分析的过程中，我们发现虽然微信公众号功能全面、覆盖面广，除了围绕旅游展开的业务（如旅游攻略和旅游服务订购等）以外，还包含了美食探索、养生课程等衍生版块。但这些衍生版块的搭建目前仍处在初步阶段，功能尚不完善。平台未来的发展方向选择多线并行或者是以旅游为主线、衍生版块仅为辅助并不明确，多版块融媒体的建设方向较为模糊。

在与其他旅游网站的对比过程中，F公司所提供的旅游服务相对趋同且不够完善。在同样是提供旅游服务订购的情况下，F公司主打的小众精品度假旅行服务没有很强的不可替代性，同时其小众路线提高了用户门槛，反而限制F公司扩大用户群，且其打包出售的套餐价格与其他平台相比较高，因此也出现了部分用户所反映的“暴利”问题。F公司独特建设的周延版块又相对不完善，因此市场竞争力较弱，没有很强的不可替代性。此外，F公司的App平台不完善，微信等平台攻略仅以图片形式没有结合视频等多种媒体形式，这些都是融媒体不完善且特色较弱的体现。依旧走原创内容路线，文章创新慢、循规蹈矩、吸引新粉丝难、容易被抄袭等也都是不可忽视的问题。

（三）原创和版权问题

据其经理介绍，F公司发布的部分视频是从网络上搬运而来，完全原创的视频源相对欠缺，搬运过程中牵扯到的版权相关问题也让传统媒体与新媒体的融合受到限制。短视频作为媒体融合的重要部分之一，因原创力不足而导致其发展缓慢将极大制约媒体融合进程。

在内容产出时可能会涉及一些图片版权问题，图片应用有阻力。针对该问题，F公司目前正在通过购买图库等方式解决。同时其内容产出类似于广告产出，涉及相关广告法，而创作者及审核人员等对于广告法内容的了解程度有限，未能良好掌握广告法界限。

（四）缺少相关专业人才

在实际调研中我们得知，F公司已认识到目前短视频融媒体传播是大势所趋，并在逐步搭建融媒体传播渠道，对于微信公众号平台的版块也有较为清晰的发展规划，但由于缺少专业的短视频制作人才与平台搭建的技术人才，相关内容投放所涉及的版权归属等法律问题也需要专业法律人才进行指导，广告BD等商业型人才的缺失限制了平台推广，导致目前F公司发展较为缓慢，有规划，但行动力稍显不足。

五、F公司发展问题成因分析

问题成因主要有六个方面：技术薄弱、业务能力低、平台发展规划不明确、核心竞争力不足、专业人才缺失、竞争对手的发展。前五个方面主要是自身问题，最后一个方面主要来源于市场环境的大变化。

（一）技术薄弱

根据部分用户反馈收集和平台版块测试调查，F公司平台存在较多技术落实不足的问题，如微信公众号客服无法联系、网页给出的iOS系统App下载二维码无法使用、美食养生等版块内容空泛等问题。技术本身存在的问题造成了融媒体版块搭建不完善，限制了未来发展。此外，F公司目前所面对的传统媒体与新媒体融合不足的原因之一也包括缺乏技术支撑。目前F公司已经在招聘相关人员进行改进。

（二）平台业务能力有待提高

用户反馈中存在大量的“客服回复慢，态度不好”“购买体验差”“预订过程反复且效率低下”“携程有房而F公司显示没有房间”对平台本身业务能力不足的批评。同时在与其他旅游网站的对比过程中，F公司所提供的旅游服务没有很强的不可替代性，市场竞争力不够突出。其主打的小众旅行路线，有些在其他平台上也同样可以找到替代，且其打包出售的套餐价格与其他平台相比较高。很多时候F公司可能不会是用户的第一选择。作为旅行网站，在自身主要业务还没有完善好的情况下又拓宽延伸领域的业务，会造成广而不深的问题，最终在各个领域都只停留在表面。旅行行业目前具有广阔市场，但前有携程等知名度高、建设较为完善的旅游网站，F公司如果不在一个领域深耕，很难形成自己独特的强大竞争力。

（三）平台发展规划模糊

首先，针对短视频发展方向不清晰的问题，主要是其转型发展规划不足。作为一家发家于公众号流量红利时期，一直以来有着突出图文内容优势的自媒体平台，在面对如今更加火热的短视频平台冲击时，也应该抓住短视频红利，在保证原有用户需求被满足的情况下，挖掘新的需求点，从而吸引新流量。

在调研过程中我们发现，平台在建设中有意延伸产业发展，以旅游带动多个产业链共同发展的倾向，然而建设已有一段时间，但效果并不明显，部分版块仍存在缺陷，平台自身对于未来发展方向的模糊也导致了融媒体存在广泛而不精准的问题。在F公司的旅行公众号自媒体运营中，F公司以其可观的流量接到了不少商家的推广广告，除了与旅游相关的推广，还有一些与旅游无关的其他商家的商品推广（如水果、杯子等）。这对于一个旅游新媒体平台来说可能会显得有些急功近利，太多的各类广告会使用户的观感变差，影响用户对F公司的印象，使其可信度下降，从而影响F公司产品的出售。

（四）核心竞争力不足

在调研过程中得知，平台自身对于“小众”这一特色的泛化定位也使得平台在竞争中定位不够鲜明，“大众为基础的小众”在讨好更多用户群的同时失掉了“小众”的独特意味，而对于轻奢高端的定位又无法完全大众化。此外，平台享受新媒体较高自由度优势的同时，会难以将平台推广至大众化，盈利模式趋同于市场也使平台自身特色被削弱。

（五）专业人才缺口较大

F公司平台搭建缺失、缓慢的原因之一就在于缺少专业技术支持。负责搭建平台的编程技术人员、审核内容建设所需要的法律人才、负责内容供应的原创短视频人才、推广平台所需要的商务人才等多种人才的缺口，使得F公司即使有了明确的发展规划也难以落地实施。团队需要多种多样的人才，分管不同工作，来推动F公司突破目前的平台期。

（六）竞争对手的发展

现在来看，标准化旅游产品市场已经过度饱和，未来的市场和用户必定高度细分、去中心化，不同人群需要不同的品牌和体验。对于大多数旅游内容创业公司而言，除了持续获得或生产优质内容的挑战外，找到内容变现的方式已经成了发展路上最大的绊脚石，更不用说后续供应链如何优化的问题。F公司借着内容和微信流量的发展，将2C和2B两条变现的途径压缩到最短，同时凭借产品研发和设计力，提高了产品的毛利空间。但也存在着不少竞争对手，例如从内容攻略社区起家的马蜂窝；还有OTA巨头携程，携程内部积累的用户画像及智能推荐算法可以让内容直接触达潜在用户，帮助内容中关联的旅游产品实现转化；飞猪也推出了类似今日头条的内容创造机制。虽说作为原创内容生产及产品设计方，F公司与飞猪和携程等渠道有合作的可能，但未来是标准品电商巨头走内容化路径抵抗力小，还是F公司从内容到个性化电商逆袭的可能性更大？这还需要时间去证明。

同时目前是短视频时代，而F公司的内容产出大多还是以图文内容为主，视频内容较为简单，未能通过短视频、直播等方式形成新的优势。在内容选择上，仅靠自己团队的BD进行内容探索，或是追当下热点，而没有创新。因此问题根源主要还是其转型发展规划不足。当短视频的大潮汹涌而至的时候，这是旅游行业的机遇也是挑战，但是也要注意不要盲目依赖短视频平台。对于类似F公司这样的公众号自媒体来说，应积极迅速做出调整，基于自己的定位，做出个性化的、拥有鲜明的账号标签的一系列内容。在同质化内容泛滥的时代，打造出属于自己的系列作品，是给自己添上鲜明标签的捷径。打标签是比追热点更重要的一件事情。[①]

六、旅游新媒体发展趋势分析

F公司目前受到认可度更高的还是在微信公众号端，同时F公司的电商

① 腾讯媒体研究院：《短视频时代，图文自媒体还值得做吗?》，https：//mp.weixin.qq.com/s/LFHnqW4xML3Y4kEw54q0tA，访问日期：2021年9月3日。

搭建也是由技术团队搭建在微信端，由微信小程序购买。且F公司在公众号也有许多优势，通过后台的用户分组和地域控制能够精准瞄准用户的真正需求，有对用户画像的精准分析，长时间以来F公司已经对自己的受众有了较清晰的了解。因此公众号也仍会是F公司未来发展的主力。

公众号目前已经走过增长期，进入稳定期。在保证原有用户需求被满足的情况下，挖掘新的需求点、吸引新流量也是F公司发展中的重要规划。公众号的内容将成为原动力，通过对公众号内容的拆解，再加上对不同平台用户需求的洞察，将其重新加工成具有专一属性的内容分发到不同平台。针对各平台，定制生产内容，将是未来的趋势。根据平台搭建现状与平台特色，未来发展可以向全媒体与集群经济发展，同时通过技术升级优化用户体验。

（一）全媒体发展

对比App、小程序来说，网站的使用寿命短，用户的黏性较差，无固定打开，数据精细化控制也较弱。因此，可以开发相应的App等，也可以通过其他平台进行自身品牌宣传。同时仅有图片和文字内容，形式不够多样，可以通过短视频、AR等更加直观的技术进行内容传播。不同媒介有不同的使用场景，用户通过短视频的“种草”了解旅行目的地或旅行体验，再通过公众号图文内容作为旅行攻略的补充，在实际使用场景中，图文内容更能用来收藏参考，贴合用户的实际需求。

目前F公司在网页、微信公众号、小红书、微博、知乎、抖音等较为热门的社交媒体平台均有独立账号，并且已经积累了一定量的粉丝。F公司应建立起成熟的短视频运营团队，规划短视频账号的内容定位，摸索出适合短视频平台的内容。对于旅游类内容来说，短视频极强的视觉冲击在吸引受众方面有非常大的优势。短视频平台也是新媒体电商发展的重要趋势，运营短视频账号积累了一定粉丝和流量后，也可以在短视频中带购买链接“带货”。抓牢“小众”这一受众群体，精准定位，提高自身竞争力，明确自身发展目标，将旅游这一项做好做精，提供更高质量的服务，与更多高端品牌进行合作。结合目前的互联网时代发展，F公司未来可以在发挥好特色的基础上，结合有声电子书、VR视频、直播等新媒体形势实现全媒体发展与多媒体融合发展，扩大传播渠道。同时也可尝试与KOL或者KOC合作，借助“素人领袖”的力量进行品牌营销。

（二）继续发展集群经济

文化 IP、网络直播……技术的发展让旅游营销呈现出了更为丰富的形式，也体现出旅游营销背后的市场潜力。故宫文创经过微博、微信、淘宝等新媒体营销走红网络，和阿里巴巴开展合作，构建起自己的文化 IP，截至 2018 年，共计研发文化创意产品 8683 种，文创产品的年销售额已超过 10 亿，是故宫门票收入的 2 倍。F 公司作为专业旅游新媒体，应依旧坚持发展集群经济，发挥其市场营销专业性以及平台完整的商业体系，不局限于自己的电商平台。

F 公司平台对于美食、养生课程等版块的搭建以及“周边游推荐”模式，一定程度上可以带动衍生产业链与周边地区经济发展。未来可以完善相关版块，拓宽多种副业共同发展。同时在以传统媒体为中心来搭建社会网络平台中，与周边省市县镇的旅游景点合作推广，加强与地方旅游局、政府的合作。在选择推荐旅行线路时，因地制宜与当地特色企业合作，促进地方旅游经济。深化旅游产业媒体融合，实现合作共赢，带动周边地区旅游产业共同发展。

（三）优化用户体验，完善供应链

F 公司认为做旅游的内容电商最大的价值就在于，用户永远都不知道自己要去哪里，但是媒体通过内容告诉他，他要去这个地方，而且非常坚定地告诉他一定要去这个地方。这是旅游电商的使命感。F 公司某经理在接受采访时提到：“放眼望去，会发现在旅游行业很多的内容里面，有着许多营销编辑号，特别好的内容还是在传统媒体中居多，比如杂志上面。但是在新媒体中，在品质感、流量上做得比较好的，都没有非常好的平台。”而 F 公司作为坚持原创内容的 top 旅游公众号，更应该通过系统化、深度的内容生产方式以及各大新媒体渠道内容分发的方式完成流量和品牌的积累，然后通过内容链接交易的模式来完成服务。

就像 F 公司创始人在接受环球资讯的采访中说的：“旅游业的标品本来就低毛利，一旦补贴就容易亏损，所以我们坚持 2C 和 2B 两条腿走路，坚持为粉丝提供高品质的非标品。同时 F 公司并非旅游业的一条或小红书，他们的电商更像是平台模式。F 公司下一步除了强化内容原创力和产品研发力，还将落地新的线上线下产品，优化供应链并提升预订转化和体验。”F 公司还需要优化供应链以及平台技术，完善服务，多倾听用户意见，加强技术创新与发展，搭建一个更全面、完善、功能完备的平台。F公司本身不仅有内容产出的部分，同时也在搭建自己的电商平台。F公司在早期电商时发展经历了一个较长的积累时期，逐步培养了用户的消费习惯，增强了用户的信任感，因此今后在完善产出内容的同时，对于自身的产品也需要不断完善，提高产品质量，扩大产品范围，提升服务质量，搭建一个用户体验感良好的全面性平台。

（四）广招各类人才，进行多方面智慧整合

前文中所提到，F公司需要各类人才来具体实施目前所设计的平台发展规划，将平台版块搭建完善、平台内容充实、新旧媒体融合发展。未来F公司需要揽入更多专业人才来与平台共同成长，发挥不同类型人才的专业技能与思维视角，借不同人才的多种视角找到平台自身的独特之处并完成落地实施。

同时应多响应政府号召、遵循政策，加强自身版权意识和法律意识，强化自身审查力度和监管力度，多参加相关法律培训，更好地促进行业规范化的形成。

新媒体时代民间组织公益传播如何发光
——Z公益基金会调研报告

赵　莉　刘思蓥　李亚茹　刘芮竹　张珂盈

一、问题的提出

大众媒体作为公益传播的载体，在谋求社会公众利益，推动公益行动、公益事业发展和社会进步的过程中，起着至关重要的舆论导向作用。近年来，随着网络技术的进步，尤其是社交网络的发展，大病公益网络筹款、微博公益捐款、新媒体公益广告等公益传播模式兴起，改变了我国公益事业旧有的格局，为我国已有多年历史的传统公益活动注入了新鲜血液。新媒体公益传播成为社会亮点，其中最引人关注的是非政府组织的新媒体公益传播。对于国内迅猛发展的民间公益组织而言，如何运用新媒体渠道提升传播能力以募集更多的公益服务资源、促进组织自身的品牌化建设成为当前的紧迫课题。

中国的公益组织已临近公益2.0时代，公益资金来源越来越多元化，公众参与公益服务的渠道越来越多元化，公众和媒体作为公益组织的治理主体承担着日益重要的角色。[①] 可以说，互联网时代公益传播的新局面，将取决于公益组织能否积极迎接新媒体技术的机遇和挑战，获得数字应用能力，以弥合数字应用鸿沟。[②] 新兴技术的革新往往为社会改革者带来乐观主义的期待。对于在中国尚属弱小的非政府公益组织而言，新媒体技术的发展是否给他们带来了新的机遇？这些尚待发展的组织是否构成了“能动的使用者”

① 康晓光、冯利：《中国第三部门观察报告》，社会科学文献出版社，2012，第45—46页。

② 钟智锦、李艳红：《媒体与NGO：公益传播中的数字鸿沟现象研究》，《思想战线》2011年第6期。

(active users)，充分运用新兴的媒体技术来发展自我，并为公益传播拓展空间？这些问题，关系着新媒体时代是否确能实现或释放其技术潜力于社会，推动社会整体的进步与发展。

Z公益基金会是一家在自媒体平台上总粉丝量近80万的新媒体公益组织。2018年至今，通过微信公众号和微博平台，采写了一大批感人至深的基层警察及其家人们的励志故事，在社会各界都引起了广泛的共鸣。这样一个现代新媒体公益组织，以自己的方式，传播善意，将所有心怀善意的人聚集在一起，唤醒人们心底最纯真的感情。本研究通过深度访谈的方法，以"Z公益基金会"公益组织为例，探讨公益NGO组织对新媒体的使用模式。本研究要探讨的重点问题是，新媒体技术时代，公益NGO组织在新媒体使用上的基本状况，包括使用媒体的程度、主要使用新媒体的哪些功能等。在此基础上，我们将考察公益NGO组织在新媒体公益传播方面的发展和不足，并分析发展和不足的原因。我们认为，这些探索将有助于促进公益NGO对新媒体的有效应用，以更好地帮助公益组织在我国开展公益活动及良性成长。

二、文献综述

公益传播是指具有公益成分、以谋求社会公众利益为出发点，关注、理解、支持、参与和推动公益行动、公益事业，推动文化事业发展和社会进步的非营利性传播活动，如公益广告、公益新闻、公益网站、公益活动、公益项目工程、公益捐赠，等等。[①] 针对不断发展的新媒体公益传播现象，学界的研究依其方向大体可分为三类：第一类是研究新媒体与公益传播的关系，主要从媒介特性出发探讨新媒体作为公益传播平台和渠道的优势和劣势；第二类研究新媒体公益传播的发展，对当前新媒体公益传播的模式、原则及发展方向进行探索；第三类聚焦公益组织的活动现状，从传统公益与新媒体公益的对比角度展开研究。

(一) 新媒体与公益传播的关系

国内学者对新媒体公益传播的研究，主要是围绕公益广告、公益捐款等角度展开。学者们提出，新媒体以其交互性、非强迫性、多元性、时空广泛性等特征弥补了传统媒体公益宣传存在的一部分缺陷。例如，新媒体公益传

① 马晓荔、张健康：《公益传播现状及发展前景》，《当代传播》2005年第3期。

播能够增强政府、企业和基金会、中国公益组织之间的互信和有效互动。[①]相较传统媒体而言，新媒体的互动性与及时性强，每个接收者同时也可以是传播者、监督者，在新媒体环境下，媒体的知情与传播“特权”被弱化，信息的监察权力也分散在受众之中，且传播者、接收者、监督者的身份在信息传播过程中变换频繁，信息制造与传播在广泛的受众群体中随时随地都在发生，整个过程具有很强的互动性与及时性。在一系列公益事件中发挥出强大的宣传功效，其与公益的结合已成为趋势，而更多、更好的结合方式则需要各公益主体在实践中进行不断的探索。[②]

（二）新媒体公益传播的现状

目前国内慈善公益事业的网站具有网站数量众多、网站层次丰富、内容差异化、风格多样化以及网络传播的影响力日益扩大等特点。[③] 杨菁、申小蓉认为，民间公益组织可以从三个方面充分利用互联网的能量，包括：利用互联网影响政府政策；在网络中展开与公众的信息互动，影响网络舆情；利用互联网平台与有共同利益诉求的其他非政府组织或政府、企事业组织构成网络组织联盟，获得其他组织的声援和支持。与此同时，我国新媒体公益传播还存在诸多局限与不足。钟智锦、李艳红对中国 403 家草根 NGO 机构的新媒体使用状况的统计调查表明，中国公益组织之间的数字硬件鸿沟（digital access divide）并不明显，但是存在数字媒体应用鸿沟（digital media application divide），主要表现在不同公益组织在对以 Web2.0 为代表的互联网服务的采纳上存在差异。这种应用领域的鸿沟存在于不同服务领域、不同地区及不同服务对象的公益组织之中。快速学习和适应新兴媒体技术带来的公益传播新机遇，是民间公益组织亟待学习的新课题。[④]

（三）公益组织在新媒体时代的发展

当前，国内外学者关于新媒体与公益组织的研究聚焦于探讨以互联网为代表的新媒体对公益组织自身发展及公益项目活动发挥的作用。新媒体使民

① 周荣庭、曹晔华：《基于 STSF 模型的公益组织网络传播新模式——以 NGO2.0 地图为例》，《今传媒》2011 年第 11 期。

② 郭枫：《浅析新媒体环境下的公益传播》，《新闻爱好者》2012 年 12 月。

③ 张爱凤：《慈善公益事业的网络传播》，《社会福利》2010 年第 4 期。

④ 钟智锦、李艳红：《媒体与 NGO：公益传播中的数字鸿沟现象研究》，《思想战线》2011 年第 6 期。

间公益组织的传播得以在多元化方式下实现，一定程度上提升了民间公益组织的话语权。Galvez Rodriguez 等分析了非政府组织运用在线平台进行透明化运作的影响因素，认为互联网是非政府机构提升和增加信息传播能力和效果的一个重要媒介。① Hyunjin Seo 等学者认为，对非政府组织而言，新媒体最重要的两大功能是提升组织形象和增加财力资源。②

此外，学者对于公益组织在新媒体时代的发展，也有不同的判断。在肯定目前我国民间组织的公益传播发展态势良好、发展空间较大、前景较广的同时，也不能否认我国民间组织的公益传播由于起步较晚、法律政策体系不健全、公众认同较低等原因目前尚处于初级阶段，整体发展较为粗放。民间公益组织的传播能力整体较弱，信息技术应用能力有待增强，缺乏科学合理的传播策略与传播规划以及专业网络传播人才，需要从传播策略与规划、寻求培训支持、培养组织专业传播人才等方面来提升民间公益组织的传播能力。③

综上所述，国内对新媒体公益传播的研究，更多是从公益广告、公益捐款等层面来关注，这表明研究视野需要进一步拓展。特别是对于新媒体公益组织的研究远不能满足现实社会的需求。而且目前国内关于公益组织的新媒体传播研究普遍缺乏实证数据的支持，从而在指导实践的精确性和操作性方面显得力不从心。因而，本研究希望弥补这一不足，采用质化研究的深度访谈法，以“Z公益基金会”作为个案，深入挖掘新媒体公益传播的经验和教训，通过对实证调查数据的分析，总结我国公益传播的发展及缺陷，建立起符合我国国情的公益传播理论框架，以有效促进中国公益组织的新媒体使用方式，推动新媒体公益传播。

三、研究问题

研究的重点问题有以下三个。

第一，Z公益基金会作为重点关注警察这一特殊群体的公益组织，在开

① Galvez Rodriguez Maria del Mar, Caba Perez Maria del Carmen, Lopez Godoy Manuel, “Determining Factors in Online Transparency of NGOs: A Spanish Case Study”, *VOLUNTAS* 23 (2012): 661—683.

② Hyunjin Seoa, Ji Young Kim, Sung—Un Yang, “Global activism and new media: A study of transnational NGOs' onlinepublic relations”, *Public Relations Review* 35 (2009): 123—126.

③ 马贵侠、谢栋：《新媒体环境下民间公益组织传播能力建设：现状、反思与提升策略》，《新闻界》2015年第6期。

展新媒体公益传播方面有哪些特点和相关经验？

第二，组织的公益导向、互联网的受众特点对公益组织的发展有哪些重要影响？在发展过程中如何平衡这两者的关系以获得自主成长空间？

第三，民间公益组织的新媒体传播面临的困境和挑战有哪些？

四、研究方法

对于追踪组织发展历程这种纵贯性研究而言，质化研究方法比量化研究方法更为合适。量化研究比较适合在宏观层面对事物进行大规模的调查和预测；而质化研究比较适合在微观层面对个别事物进行细致、动态的描述和分析。因为问卷调查等方法主要依靠对事物可以量化的部分及其相关关系进行测量、计算和分析，以达到对事物本质的把握。而质化研究是通过研究者和被研究者之间的互动对事物进行深入、细致、长期的体验，对事物的本质得到一个比较全面的解释性理解。[①] 因此，本研究采用半结构访谈的方法，对Z公益基金会的理事长李女士和运营助理于女士进行调研，李女士和于女士都是Z公益基金会从创始之初至今的元老级人物，作为关键信息提供者，对她们的访谈，能够更全面地了解组织的发展过程。

五、研究发现

(一) Z公益基金会开展公益传播的原因

Z公益基金会的创始人即现在的理事长李女士之前当过警察，她的职业经历决定了该组织的特性。李女士20世纪90年代从浙大中文系新闻专业毕业之后，就去了杭州市公安局，在局里面从事宣传报道工作。当了20多年的警察后，李女士想去做一些精神层面的、更有意义的事情，于是她萌生了做公益的想法。由于她和丈夫都当过20多年的警察，对这个职业有感情，而且她积累的人生经验、人脉都与警察这一职业相关，“现在自己积累了一定的能力，就想为警察做点事情。”（李女士）抱着这样的想法，李女士就把公益事业跟警察情结联系在一起。2018年，李女士以自己的名义注册了公益基金会。基金会成立之初，主要是帮助一些牺牲警察的家属们。警察这个职业危险性比较高，虽然警察牺牲或者工伤之后，公安系统会有补助政策，

① 陈向明：《质的研究方法与社会科学研究》，教育科学出版社，2000，第9—10页。

但是警察和家属们还是会遇到生活中的各种困难。因此，Z公益基金会成立之初，就从生活方面，给警察和家属们提供各种资金捐助以及一些服务，帮助他们解决问题。在公益这条路上走了半年之后，李女士接触了很多警察和家属，在这些被帮助的人身上，她看到了很多感人的生命故事，萌生了通过新媒体传播这些警察故事的想法。

李女士开始新媒体公益传播的原因主要有两点：第一，这些活生生的故事深深打动了李女士，她想让更多人来了解警察这个群体，她觉得“不把这些东西说出去会很难受”。第二，希望实现公益效果的最大化。做公益，慈善捐助是比较浅层的，就是说，给钱是最容易的。受益者需要什么东西，公益组织来捐助，这相对来说是比较浅层次的公益。因为公益组织再有能力，也只能帮助一小部分人，而且也只能帮助一时。要让受援助者真正开始新生活，只能靠自救，要让受援助者自己对生活有信心，看到自己的价值。如果能把警察故事传播出去，让这些警察和家属感受到社会的认可，看到自己奉行的价值观对社会的意义，这才是最大的内在能量。

于是，2018 年底，李女士建立“Z公益基金会”微信公众号和微博，开始采写一篇又一篇的警察故事，通过新媒体进行传播。选择微信公众号和微博进行传播，主要有三个方面的原因。

1. 用户基数大

融媒体时代下，网络逐渐成为人们社交和获取信息的主要平台，尤其是微信和微博等，更是在日常生活中有渐渐取代通信工具的趋势。这也说明，微信在现阶段的稳定使用用户数量极大，公众号作为微信的一个功能分支，其用户群也是相当庞大的。

2. 平台黏性强

互联网时代，流量为王。众所周知，微信是一个互联网的超级流量入口，使用微信的用户不断增多且渐渐趋于稳定，这使得微信几乎成为每一个人必不可少的应用软件，小到社交，大到支付和信息获取，都可以在微信上完成。因此平台黏性极强，可以在相当程度上稳定自己的用户群。

3. 操作门槛低

随着时代发展，知识付费的观念逐渐发展，网络上的各种应用软件都开始收费。此时，微信和微博拥有最大的用户群，但依旧是一个免费的软件，而且注册和操作都简单易学，即使是文化程度较低的人群也能很快上手，这样就对用户的限制达到最低。

2018年到2021年，3年间已有70多位警察成为Z公益基金会书写的故事中的主人公，多篇文章获得10万＋的阅读量。3年来，Z公益基金会已累计为10位失去独子的警察父母提供失独险，向25位行走在生死边缘的排爆民警赠送排爆险，为121名在职及退休法医赠送法医险，以及为退役警犬提供警犬险。

（二）Z公益基金会传播特点：老故事有新意义

Z公益基金会的警察故事有一个特点：都是老故事，往往是十多年前的警察故事，为什么？“现在社会媒体那么发达，一旦有警察英勇牺牲或者负伤的事情发生，真的不缺媒体关注，而且政府的抚恤金现在还是不错的，也会关照到各方面。但是十多年前牺牲或者负伤的那些老警察，他们当时往往没有获得媒体的特别关注，那个年代政府的抚恤金也很少，一个家庭如果顶梁柱倒了，家人的生活是会很惨的。他们的故事有可能一下就被湮没了。但是这些又是切切实实为国家和人民奉献的人和他们家庭的命运，他们不应该被人遗忘。所以往往这些东西需要更多的民间力量去关注。民间公益组织就是要关照到一些被社会忽视的角落。我们的初心很简单，记住那些为这个城市的平安作出贡献，甚至是牺牲了生命的警察们，记住那些被时代遗忘的艰难往事。记住他们，感恩他们，帮助他们。我们想要一一寻访这些曾经的人物和故事，就如同回到这些故事发生的现场，也许是无比残酷的现实，也许是无限深情的回忆。当悲剧发生，生活曾一度戛然而止。故事中的这些主人公，或英年早逝，或重伤重残。因为职业，他们几乎每天都在面对黑暗，但他们的工作，就是要努力把黑暗撕破，让温暖和光明照亮每个受伤的心灵。”（李女士）

带着这样的初心，Z公益基金会的警察故事带有深刻的共情。为了350多个生命：一次次跃入钱塘江潮水中央的“河神”；总是在黑夜中穿过绝境的“山神”；用身体堵住枪眼，从警近30年的老刑警阿福；在西湖的柔波里，甘愿做一颗执着水草的园林民警周翔军；一站20年，不知不觉把工作当艺术的交警蒋定军——因为文字，他们的警察人生，也成为Z公益基金会最难能可贵的独家记忆。在这样一个众声喧哗的互联网时代，在不断形成的传播秩序当中，Z公益基金会不是写报道，也不仅仅是讲故事。Z公益基金会不惜余力去寻访每一位普通警察的生命故事，找寻最细微人性的动人之处，用自己的发声方式，让这个世界了解到最丰富多彩、最生动立体的中国警察，他们的真实、他们的平凡、他们的光芒，无不体现着中国精神、蕴藏着中国智慧。

在Z公益基金会的警察故事采写过程中，采访者每次都会问受访者：你们现在的生活怎么样？我想知道你们过得好不好？这个问题问出来后，很多受访者都热泪盈眶，有时甚至会号啕大哭。因为在这个急剧变迁的社会中，很多警察的故事都被湮没了，可能一二十年后，很少有人去问一个失去警察父亲的孩子“你过得怎么样”，也很少有人关注到一个失去丈夫的警嫂带着一个孩子是怎么在这个社会中挣扎生存的。没有人去倾听他们这么多年遇到的具体困难，把他们的事情郑重地、一点一滴地记录下来。这个时候，作为曾经在一个阵营里共同奋斗过的李女士，她共情的优势就体现出来了。她非常理解这些家属所承担的生命的重担，能够细致地记录他们的困难和情感，当受访者感受到被理解时，他们的故事就如涓涓细流一般尽情吐露了。

(三) Z公益基金会传播理念：警察也是普通人

网络上有一个很奇怪的现象：宣传正能量的东西可能不大有市场，还不如那些博眼球的低俗作品流量多。Z公益基金会的警察故事可以说都是正能量的，却收获了强烈的社会反响。在众声喧哗的新媒体平台上宣传正能量，不偏不倚，没有任何一点博眼球的操作，Z公益基金会却可以越走越远，影响力越来越大，受到这个时代认可和欢迎。这是为什么？通过调研可以得出，这与其报道理念息息相关。“在人们的印象中，警察是坚强的、乐观的，他们有铁的纪律，他们似乎战无不胜、攻无不克。而对于一个家庭来说，他们是天、他们是地，他们是丈夫、是父亲或是儿子。突然有一天天塌了、地陷了，面对突然降临的灾难，活着的亲人怎么办？生活如何继续？他们也有鲜花，可是鲜花总会枯萎；他们也有勋章，可是不去擦拭总会生锈；他们也曾有铺天盖地的报道，可时间会让他们的名字沉在搜索栏的深处。于是我们要重新探寻这些故事，如同第二次涉入生活的激流险滩。”（李女士）

Z公益基金会在采制警察故事中，一直坚持这样一个理念，那就是：警察也是有血有肉的人，要把警察的人性写出来，才能打动人。“不是说从事了警察这个职业，他就天生具有了铜墙铁壁。他也是血肉之躯，而且他还有很多心理活动，他有很多顾虑。他们的心理是跟大家是一模一样的。他们也会害怕、会恐惧。比方说，人看到火、水，面对生命遭到威胁的那种恐惧的本能，人性的本能，他一定是抗拒和自我保护的，这是人性，你不能去取笑他。警察们工作十分特殊，在遇到危险时，他在几秒钟之内要做出决定，所以当他决定往前冲了，负伤了甚至牺牲了，不管他日常生活当中是怎样的一个人，有很多的缺点或者是怎么样，这一刻我们就一定是认可他做出了非凡的举动。他选择挺身而出的时候，就值得老百姓的肯定。”（李女士）所以Z公益基金会的警察故事会着重去挖掘警察作为一个普通人的一面，就是“平凡的英雄”（于女士）。这样真诚记录的结果是，读者在阅读警察故事的时候，会自然而然地去想“如果是我会怎么样”，大家看到了警察作为普通人的一面，而在特别危险的时候，这个普通人又做了不普通的选择，勇敢地成为逆行者。这样的对比，会让读者觉得，这些人物不是冷冰冰的，而是很鲜活的。“我们每个人身边都有警察，其实就把他当作一个人，一个正常的有喜怒哀乐的人。因为大家都相信还是要说真话，还要说人性的东西，说大家都能够理解的东西。我们的故事首先会保证是一个真实的东西，它才是可以打动人的。所以在真实的情况下，一定是从他首先是个人，然后才是个警察，从这个角度去挖掘。一个普通人做出不普通的事情，所以这个特别了不起。”

Z公益基金会稿件的采写过程既是理性又是感性的。说它理性，是因为Z公益基金会成稿的过程是非常严谨的。为了完成一篇稿件，作者往往会投入很长一段时间，除了采访警察、家属，还会采访周边的朋友、邻居等方方面面的人，最后还要去核实事实，就像做科学研究一样，保证事实和细节的严谨无误。说它感性，是因为Z公益基金会不像传统媒体那样有严格的条条框框，Z公益基金会不给作者设置截稿日期，写作上也没有任何的限制，允许作者在采访过程中自由探索。警察故事是一个富矿，人性也好，案件也好，作者投入自己的感情，去深入挖掘，把自己的能力全部发挥出来，写到极致。这样作者写起来很过瘾，“给Z公益基金会写稿是一个很幸福的过程”，“这里的创作特别宽松而且自由”，“在Z公益基金会这里找到了写作的天堂”。（于女士）

Z公益基金会有一篇报道下面的一个读者评论获得了上万个点赞，那条评论写的是：“人民警察爱人民，向你们致敬”。如果这条评论放到其他任何地方，有可能被人认为是在说风凉话，但是在Z公益基金会那篇文章下面全都是点赞的。读者为什么对这条评论点赞，这条评论说的人民警察就专指这篇文章的主人公，是因为大家对这个主人公接受了，才会给他那么多的点赞。所以文章要先把写的人让大家接受了，然后他所做的事情别人才会认可。Z公益基金会的出发点并不是为了要有多少的点击率，如果为了点击率而去写文章就可能被读者说老套，反而没人看，进而影响组织的操作。Z公益基金会写警察故事的标准只有一个：这篇文章有没有把真实的内容或者打动采写者的内容全都囊括进去。就是文章写出来后，采写者自己看了会不会被打动。一篇文章写出来，采写者自己看了，他的心会不会颤抖一下，会不会稍微停顿一下，甚至会不会有一点酸楚，如果没有的话，那肯定是违反了Z公益基金会写作的初衷。

(四) Z公益基金会的传播经验

1. 定位明确

首先，Z公益基金会的公益传播有明确的定位。这个定位“是什么”的问题，我的愿景、我的使命、我的方向、我的手段、我的情感，这些都是最为基础的内容。Z公益基金会里面的警察故事都是长文，至少五六千字，很多都是上万字。这一点，看似没有结合互联网的传播特点，没有迎合人们的阅读兴趣。2018年刚开始发表文章时，一些有经验的互联网朋友就给李女士提建议说，超出5000字的文章就没人看了，再好的文章也千万切记必须在5000字以内。这样一来，有的时候很好的素材，作者因为字数问题不断去删减，有意义的一些场景细节全都减量，水分都挤干了。李女士认为这样不行，她问自己：Z公益基金会发布警察故事的目的是什么？不是为了点击率，而是为了把有价值的东西展示出来。如果规定字数，没办法完整真实地呈现警察的生命故事，这就跟初衷背道而驰了。所以，Z公益基金会后来就不受互联网规律的影响，该怎么写就怎么写，不围绕点击率做文章，只是真诚地去呈现警察的生命故事，把想写的、想表达的都完整地放在文章里面。

从3年来的传播实践结果看，保持初心被证明是正确的选择。比如Z公益基金会微信公众号2020年11月19日发布的《讷河往事》，29000多字，阅读预计要46分钟，这么长的文章，全网阅读量竟然接近10亿。文章讲述的是一位老警察的故事——年逾六旬的黄国华，作为浙江省第一个荣立个人一等功的民警，为了一桩案子，剃了29年光头。Z公益基金会的作者陪他两赴东北，跨越万里，寻访长达1年，写下近3万字的稿子，被各大媒体转发，破圈的发酵就像大海里永不停息的浪花。笔者抽取几条读言留言如下：“第一遍看，是警察破获一起重大案件的文章；第二遍看，是女犯的自我救赎；第三遍看，是当事民警几十年的心路历程……这篇文章有着太多令人深思的点，看完心神激荡了很久。”“40 多条人命的特大案件，如果不是在这里看到，你一定觉得电影都不敢这么演……因为黄老师 28 年的执念，‘Z 公益基金会’帮助他还愿，两次走访东北，了却了他的心结，也使整个案件得到了前所未有的高度还原……这一篇无论何时读起，都将震撼不已！”“花了整整两小时读完，深受震撼。我是一名祖籍东北的文字从业者，作者这篇文章触动我的地方实在太多，私以为这一篇至少值得上百万阅读量。这是我近一年间看过的最好的纪实作品，感谢作者的善良、耐心与崇高的文字使命感。本想说很多，但无法一一表述，阅读过程中的数次泪目可以液化了我很多细碎情绪。如果非要说读完后得到了点什么的话：第一，人性本来的闪光，往往在无声的黑暗中格外显眼，这些闪光让我们仍相信文明和希望；第二，我会做一个跟作者一样有责任心的文字工作者，为我们与后来人真诚记录这个时代的一些碎片。最后，祝好人一生平安。”

正如李女士的总结：“碎片化阅读，信息爆炸，这些是人们无法避免也改变不了的现状，但是我们不愿也不会去迎合这种趋势。Z 公益基金会想以最真实的面貌去影响人们，而不是像娱乐媒体般吸人眼球，追求流量。我们发现越是这样走自己的风格，这条路还越被认可。真的不爱看我们文章的那些人，你哪怕写 100 字也没用，因为不符合他的胃口，但是会被真情实感打动的人，你写再长他都愿意去看完。所以关键是文章人家认不认可，受不受欢迎。受众细分为不同的群体，有不同的需求。爱看你文章的，不管多长，只要有内容，他都会把文章看完；没有内容的东西，哪怕只有 500 字，人们也不爱看。”就这样，Z 公益基金会的作者坚持最真实地去采访、去了解警察的故事，以真诚的文字抒写最真实的故事和情感，他们的文章显然不具备新媒体爆文吸引眼球和简短的特色，但是真情实感的表达也圈粉一片。

2. 保持初心

Z 公益基金会坚守公益导向和清晰的目标，保持初心。Z 公益基金会每个季度都会召集员工和志愿者开一次座谈会，每一个阶段的总结中，负责人和成员都在讨论：我们接下去想要去往哪里？目标是清晰的吗？反复确认过这个目标吗？没有目标，就没有更清晰精准的方向，或许在行动中就会偏离。目标也会有阶段性目标和长远目标，不能因实现阶段性目标而沾沾自喜，自我膨胀，而让远大目标从此崩塌。大家在制定目标的时候，会不断回顾组织所做的事情有没有偏离初心，或者要新做一个新的比较重要的决定跟组织的初心关系大不大，反思为什么要去做这件事情。有一段时间，Z公益基金会获得了不少的奖项，受到社会上的赞扬多了，也会有飘忽的感觉，大家会冒出新的行动和想法。这个时候，全体成员就会聚在一起，去分析新的行为计划的方向是什么，出发点是什么，可行性怎么样？是否偏离基金会的宗旨？如何保证未来的十几年当中不会偏离这个方向？获得政府和社会的肯定当然是好事情，会使成员更有动力、更有主动性，但是不能为了获奖或者认可去做事情。Z公益基金会的出发点就是做公益，就是要老老实实、踏踏实实地做，而不是把重点放在宣传自己、获得肯定上。

Z公益基金会的文章更新时间并不固定，基本上是半个月一更。这在新媒体传播中，也是比较少见的。曾经也有人建议周更，或者接点广告，这样流量就能起来，但是被否决了。Z公益基金会的宗旨是：我们就是一件事情要做到极致，轻易不会变方向，不会因为市场是什么反应而改变，这是一开始就制定的节奏和方向。如果一周做一次推送，首先没有那么多感动的真实事迹，为了周更，就只有降低选材的标准，就会降低文章的质量。另外，周更的话，成文的速度太快，作者没有时间深入调研和打磨文章，势必会影响可读性。如果只盯着粉丝数、点赞数，就会失衡。有鉴于此，Z公益基金会决定，不用考虑流量，不接任何广告，只需要保证每一次的文章质量就可以了。这样作者的心态就会很好。文章质量保证了，只要文章一出来，各大平台就开始转载，那些平台就给Z公益基金会带来了很多流量。

3. 倾注情感

李女士认为，做公益，需要没有功利心地做事情，就是必须要排除自己的这个“我”在里面，一有了“我”，自己的动作就会变形。就像很多时候为了获奖、为了点击率、为了流量，就难以坚持品质。这个行动带有自身的温度与性格，行为本身就自带光环，直接影响人群。所见、所知、所感者，这是积累的重要口碑，会带来连锁反应。Z公益基金会要搞调研，既好写又难写，好写在于Z公益基金会有太多的不同于别人的特色，写进去不像常规的任何一个公益组织，而其他组织把名字换掉，有可能看过去差不多，大同小异。而Z公益基金会这个名头也不给任何其他人，这样就不会被一些商业机构拿去利用。

（五）新媒体公益传播效果

由于种种原因，当前媒体上关于警察的报道相对而言比较少，所以说到底，老百姓对于警察的真实生活、职业困境等并不是很了解，社会上对警察有一些不公正的评价，警察执法的环境也亟须改善。Z公益基金会在讲述警察故事方面独树一帜，在互联网上取得了良好的传播效果。很多读者留言，被Z公益基金会所影响，他们改正了对警察的看法，或者对所有执法者和很多基层干部的看法会有些改变。

网友留言："有的时候可能警察队伍里曝出来一个贪官，然后又有很多断章取义的网络传播视频，就一片倒的情况，恨不得将警察这个职业踩到底，这都不是真实的。因为任何一个行业，它都会有好的有坏的，是不能符号化地、片面化地去理解。""受舆论影响，警察承担了很多不该承担的压力。因为老百姓不可能把气撒在党和政府身上，但是撒在警察身上没关系。其实很多警察成了这个执法的牺牲品，很多时候警察是执行任务，不是决策者。""人心都是相通的。警察执法的环境越来越恶劣。确实应该有一个组织、一个自媒体替警察说说话，不是说警察的好话，只是把大家真实看到的、经历的以及想要表达的，用一个一个警察的人生故事据实反映出来。""致敬为了我们平安的英雄！愿警不伤不亡，愿民安乐！""感谢Z公益基金会，为我带来了许多温暖和力量。作为监管工作的新兵，对其中的艰辛也有所体会。输入了很多话，又删了，但眼泪已经流满了脸颊，总觉得内心的复杂情绪难以言表，有委屈、有疲惫、有无奈，也有希望自己更坚强、更稳重、更成熟。真正可贵的是，来自心底的真心、正义、无畏和同情。"

更为重要的是，Z公益基金会采写的鲜活故事，提升了警察群体的价值感和荣誉感。让受援助者真正有了生活和拼搏的信心。Z公益基金会的作者怀着对这个职业的敬重和热爱，对警察群体的情怀和不舍，用文章怀念曾经为祖国、为人民默默作出贡献的英雄，让他们曾经发出过的光继续照亮城市的每个角落。让他们的家人在今天更加坚定和自豪地说：我的父亲是英雄，我的儿子是警察，我是一名警嫂！人民文学出版社采集了多篇关于Z公益基金会的文章准备结集出版。在2022年1月10日警察节这一天首发，而且是准备全球同时发行英文版。出版社高度认可的就是Z公益基金会在采写中国警察故事、传播中国正能量方面的贡献。他们也很重视这个题材，认为一个又一个立得起来的中国警察的真实形象，一定会打动人心。

Z 公益基金会帮助警察的方式主要有两个：一是以保险的形式，将基金会的资金以保险金形式用于援助对象的正常医疗保险不涉及的医疗费用，以及由于工作导致遗留亲属如老人、孤儿等的生活费用。Z 公益基金会先后推出了失独险、法医险、警犬险和爆破险等，用于帮助各类由于警察身份导致家庭弱势或个人高危的警察群体。所有的保险费用都由 Z 公益基金会提供，并不需要援助对象缴纳保险金，而且也不像普通保险有特定的金额上限。二是以采访费的形式。有的警察自尊心非常强，不愿意白白受他人恩惠。这时候，Z 公益基金会就会采用独家采访的访问费进行帮助。Z 公益基金会目前一年采访 20 个人左右，一人是 5 万左右访问费，这样一年就是 100 万，碰上特别困难的，会签署一个独家采访的合同，表明是他们的故事感动到组织，可能会用于传播，然后给几十万的资金，但这些都是在以保险为基础上建立的。

到目前为止，Z 公益基金会是一个私人的公益组织，资金来源都是基金会创立者李女士，每年大约 300 万投入。一直保持基金会私人性质主要出于两个原因：一是基于想要维护基金会纯洁的初心。李女士提出，最起码在 5 年内，Z 公益基金会不会向社会以及周边的朋友募集，也不会拿任何地方一分钱。这是 Z 公益基金会与众不同的地方。有的公益组织一成立就想办法要钱，或者找政府要资助，或者开展众筹，总之就是为了募集更多的资金，却没做好最基本的工作。而 Z 公益基金会的初心就是“想要去帮助一些生活有困难的警察和家属”。二是不想被限制和绑架。Z 公益基金会现在的关怀对象就是杭州当地不被关注的又确实有困难的警察。如果组织的性质改变了，可能就无法专注做好一件事，会有不少的顾虑。Z 公益基金会才刚刚起步，毕竟还处在一个发展的阶段，还是要立足根本。

至于未来的发展规划，“首先还是要走出杭州。我们一开始局限在杭州，是因为土生土长，更熟悉也更真实，但是肯定不只有杭州的警察们需要帮助，所以还是要走出去，写作的素材也会更多。但是，我们组织的风格一定是不变的，一定是扎扎实实，依旧是说真话、讲真事，以传播的方式来影响更多人。我们不希望大肆宣传，因为不希望嘈杂的网络环境影响到我们的初心。做公益一定要纯粹、专注。最重要的还是优质的内容，主体风格还是不会改变，讲警察故事是一定要讲下去，只是范围会扩大，素材的提取范围更大，有更多的角度和更多的优质素材，也可以接触更多的优质作家来一起把

文章写好。内容才是增加吸引力和凝聚力的最有力武器。”（李女士）

概括下来，Z公益基金会接下来的规划就是脚踏实地，一步一个脚印，在能力范围内影响更多人。“并不寄希望于形成一个多么庞大的公益组织，获得多大的名声，更多的还是要保持本心，力所能及地帮助警察这个群体。身处互联网时代，要如何平衡互联网带来的利弊，在有利于扩大影响的同时，要怎样才能减少环境的影响，在嘈杂的环境和可能出现的质疑中保持初心，并让更多人理解和感同身受，这是我们始终要思考的问题。”（李女士）

六、总结

当前，我国公益组织一般以专业化、职业化的公共形象，活动在社会生活的方方面面。其活动领域、组织规模、服务对象等都具有特殊性和对应性，各种非营利组织的存在构成了当下公共服务事业的多元化格局。以Z公益基金会为代表的公益组织承担了以往应该由政府承担的社会公用事业或者社会福利事业的责任，一定程度上解决了公共财政资金对于公共产品供应不足的问题，也缓解了政府单一、全面负担社会公共事业与福利事业的压力。

信息技术的发展为国内民间公益组织带来了空前的机遇和挑战。一方面，为民间公益组织实现运作的透明化与服务专业化，实现民间公益组织公信力建设提供了有效的媒介与路径。另一方面，也对国内的民间公益组织提出了更高的要求。新媒体环境下，民间公益组织的资源募集、服务联盟的搭建、专业服务能力的提升直至其品牌化发展日益和网络传播紧密相随。一方面，要有效提升民间公益组织组织传播能力的意识，明确其开展组织传播的价值；另一方面，也要鼓励民间公益组织坚持和发扬自身独特的传播风格，坚守初心，以优质内容打造公信力和影响力。

基于社群运营的自媒体商业模式探究
——以自媒体 W 频道为例

叶　欣　郑文婷　杨斯茜　吴美慧

一、绪论

调研背景：进入 21 世纪以来，互联网技术特别是移动互联网技术的发展，促生了社交媒体的勃兴，腾讯微信、新浪微博等新兴媒介开始深刻地影响我们的生活，改变了受众获取信息的方式。自媒体本身的门槛低、传播途径广泛等特性，吸引了不少人开始运营自己的自媒体。近年来自媒体取得了较大的发展，不仅聚集了大量粉丝，还通过电商、广告、社群等形式探索出了一条极具互联网基因的媒介商业化道路。

“W 频道”作为一个新榜指数稳定在 900 左右，长期盘踞于新榜日榜 20 强，并且多次获得自媒体领域殊荣，如“2016 胡润中国新金融 50 强”“2015 十大最受企业家欢迎的公众号”，在运营良好的自媒体中，具有典型性和借鉴意义。

二、自媒体和社群营销概述

(一) 自媒体

在人类历史的长河中，信息的传播方式、手段总在不断发生变化，推陈出新。但真正使传播发生历史性变革的，不是传播信息的速度加快和广度延伸，而是传播主体的变化。自媒体概念的出现最早是在博客时代，2001 年美国作家丹·吉尔默[①]（Dan Gillmor）在自己的博客上率先提出了“新闻媒

① Dan Gillmor，“We the Media”，O'Reilly Media 2004：2—3.

介 3.0”的概念，即认为是网络点对点（Peer to Peer）的传播方式，结合分享（Share）和链接（Link）两大特征，造就了以博客为代表的自媒体。2003 年 7 月，美国新闻学会（The American Press Institute）的媒体中心出版了由谢因·波曼（Shayne Bowman）与克里斯·威理斯（Chris Willis）[①] 联合提出的“We Media”研究报告，将自媒体定义为一种由公民在搜集、报道、分析和传播信息的过程中发挥积极作用的行为。这里肯定了大众的传播主体地位，表明了自媒体具有大众化、社交化的特征。

我国民众接触博客的时间较晚，但自媒体发展迅速，呈西风东渐之势，学者们关于自媒体的研究也极具本土化特色。有的学者称自媒体是新技术催生的个体传播主体，也有学者将自媒体定义为个性化传播渠道，其中较为人所熟知的是喻国明教授提出的“全民 DIY”概念，他认为自媒体改变了传统的信息传播模式，转变为人人皆可参与表达的受众 DIY 式传播。而代玉梅教授则表示自媒体是通过参与公共信息的生产和流通过程，能够重构媒介空间的信息格局和消解权威机构的信息控制势力。虽然对于自媒体的概念，学界尚未得出一致结论，但自媒体的特征已经在学者们的定义中得到体现。首先自媒体是依托互联网发展起来的，互联网是其生长土壤，是其重要的技术支撑。其次是传播主体变更，大众传播时代总是一对多的扇形传播模式，人们习惯作为受众去聆听，而互联网的到来，让人们产生了表达的欲望，因为互联网本身就带有社交属性，在这样一个全民分享的环境中，表达欲和参与感能够自然而然地得到激发，更多平民化、大众化的自媒体开始涌现。最后是去中心化、去组织化，有的学者把自媒体的这一特征概括为个性化，其实都是相通的。言论的自由带来了观点的碰撞，人们自然不会再紧紧围聚在一起只听取一家之言，规则在改变，组织在重组，这是一个不断变化的过程，而这个变化的源头就是个性化。

通过上述学者对于自媒体的理解不难发现，随着时代的发展，人们更加注重自身感受、注重体验。相比能够说“对”话的传统媒体，自媒体是能够说“中”受众内心感受、激发共鸣的媒体。由此，本文认为自媒体是依托互联网平台发展起来的，由个人或群体自主生产内容、传播信息、表达意见、

① Shayne Bowman，Chris Willis，“We Media：How audiencesare shaping the future of news and information”，The Media Center 2003：9—47.

输出价值观的数字化媒体。需要说明的是，自媒体行业发展迅猛、变化迅速，很难把握，无论是按照媒介形态还是按照内容类型都很难做出种类界定，学界尚无定论。所以本文基于对“W频道”的考察，针对的主要研究对象是那些以原创内容输出为核心，以知识付费为主要盈利模式的自媒体。

（二）社群与社群营销

1. 社群

社群（Community）一词起源于拉丁语，原指在空间上共享，居住在一起，同时志趣相投有着相似点的人群。1887年，德国社会学家斐迪南·滕尼斯[①]（Tonnies）最先将“社群”应用于人类社会交往研究，他认为人的意志在很多方面都处于相互关系之中，关系本身即结合，这就是共同体（即社群）的本质。学者勒维斯（Lewis）也表示社群潮流实际上就是利用人们的“群居本能”，这是一种意识深处的部落意识。在当下这个网络技术高速发展的时代，人们的交往行为从线下迁移到线上社交平台，但部落意识仍在，人们必然会基于相同兴趣、价值观聚集起来，而这便是网络社群（也称虚拟社群）的雏形。1993年，社会学家瑞格尔德[②]（Howard Rheingold）对网络社群的概念做出了定义，他认为网络社群是一种社会聚合体，当足够多的人进行公开讨论的时间足够长，具有足够的人类情感，人际关系网络也就是网络社群就会出现。克莱·舍基[③]（Clay Shirky）则探究了网络社群运行的三法则，即一个值得相信的承诺、一个有效的工具和用户可接受的协议。国内学者彭兰研究影响网络圈子化的多种因素，认为人之所以会进入各种网络社群，是关系、文化和技术三者共同作用的结果。

通过对以上学者的观点进行梳理可以看出，因为维系生产生活需要“共同体”意识，人类在原始社会组成了“部落”，在封建社会形成了“宗族”。发展到现代社会，人们打破了传统社会的固定性，但仍需要部落式的目标引领、协同行动、身份认同，于是能够提供归属感的网络社群得以发展壮大。但无论是传统线下社群，还是线上网络社群，在形式上都是有着共同利益、情感、兴趣等共同点的一群人的相互连接。在实质上都是个体为满足自身需

---

① 斐迪南·滕尼斯：《共同体与社会》，林荣远译，商务印书馆，1999。

② Rheingold Howard, *The Virtual Community: Homesteading on the Electronic Frontier*, MA: Addison－Wesley Publishing Company, 1993, p. 6.

③ 克莱·舍基：《人人时代：无组织的组织力量》，胡泳、沈满琳译，浙江人民出版社，2015。

求自愿缔结的“大集体”，在这里个体间互联互通，在交流分享中不断养成行为规范，在团结协作中不断深化归属感，形成价值认同。

2. 社群营销

基于网络社交平台发展起来的社群营销模式，无疑是将社群的“连接”功能再度放大。早期的社群营销主要是品牌主面向品牌内部社群成员的营销手段，目的是与已经产生联系的用户不断沟通、深化服务、提升感情，提升用户满意度和培养忠诚度。随着社群营销模式的不断升级，如今品牌主不仅将其用于售后服务，更依托其社交属性，去触及前端的目标消费人群。一方面，通过社群掌握市场动态和消费者需求变化，有的放矢地进行生产计划调整，准确及时；另一方面，通过社群加深用户对品牌的认知，塑造和维护品牌形象。由于社群营销具有互动性强、成本低、信息传播准确及时等特点，一直深受品牌青睐，取得了很多实际成果。国内学者唐兴通结合当下形势和实践经验，提出社群营销的“新 4C 法则”其实就是对社群营销作用的肯定。在过往的市场营销理论中，杰罗姆·麦卡锡的 4P 理论过于强调产品的作用，罗伯特·劳特朋[①]的 4C 理论过于强调服务，都无法体现社交媒体时代“连接”的重要性。人们开始意识到数据和技术参不透人性，完成不了连接的难题，人和商品之间的关系重新被重视，社群营销作为一个极有成效的沟通传播模式焕发出新的生机。

三、自媒体社群营销研究

（一）自媒体社群营销概况

在中国互联网发展初期，网络社群并不引人注意，粉丝经济占据主要地位。博客时代，徐静蕾、韩寒等名人受到亿万粉丝的追捧，形成明星放大传播效应。但随着自媒体的发展，越来越多普通人参与进来，传递知识和思想，表达自己独特的价值观，同时有效的互动加速了自媒体人的曝光、成长和变现，他们的崛起消解了明星的影响力和辐射面，“去中心化”的自媒体社群营销传播模式也随之发展起来。

社群是由一群志趣相投的人组成的，他们之所以聚集在一起，肯定是基

---

① Lauterborn B. *New marketing litany: Four Ps passé: C-words take over*. Advertising age, 1990, 61 (41).

于共同的精神诉求。社群内日常谈论内容体现出成员所思所想，这正是帮助自媒体人了解用户需求、精准对接、开展营销活动的好去处。同时社群成员通过交流互动相互连接，彼此产生感情，无形中会形成对社群的归属感，帮助自媒体运营人员不费力就达到了留存用户的目的。

由此，本文认为所谓自媒体社群，是随着网络技术发展起来的，借助某个自媒体账号相互连接，基于趣缘或相似价值观自主发展起来的用户关系链网络；是在社交平台上缔结的，由自媒体核心人物引导的，以社群文化认同感为基础的群体组织。而自媒体社群营销，则是在自媒体社群中发生的营销活动。狭义的自媒体社群营销，是指自媒体在由用户组成的群组里进行的产品宣传。广义的自媒体社群营销，则涵盖线上线下，以社群用户为对象，不断输出信息寻求认同，不断延伸产品形态优化服务，以盈利和扩大影响力为目的，以期获得可持续发展的营销模式。

（二）自媒体社群营销特征

本小节将社群营销与病毒营销、口碑营销进行对比分析，得出自媒体社群营销的优势传播特征如下：

1. 提高分享便捷性

病毒营销始终依靠高频的信息重现，主要按照大众传播模式，难以激发受传者自发分享。口碑营销从不缺乏用户的积极参与，但都是点对点的人际传播，影响范围小。而社群营销的传播路径，不仅包含大众传播、人际传播，还包含群体传播和组织传播的特质。不同于二级传播理论，这里的传播内容会直接流向社群意见领袖和一般受众。虽然意见领袖仍发挥着中介的作用，但其传播信息会融合自己的创造和思考，不是原有信息的复制粘贴。同时，社群营销的传播过程也不是逐层下放模式，而是点对点、点对面的不断交叉传播，提高了信息传播的时效性，方便用户实时分享、实时反馈。

2. 内容在传播中创造

口碑营销的传播内容多为产品体验，病毒营销的传播内容多为产品宣传，而社群营销的传播内容则包含了以上两个方面，且传播形式更丰富、效果更持久。以W频道为例，其话题内容很多都是从自己的会员社群中总结出来的。传播者和受传者之间身份的转换，进一步激发了社群成员的参与热情，成员间积极讨论，建言献策，不仅能够帮助自媒体精准把握内容创作方向，而且能够及时修正错误，把内容打磨得更完善。

3. 传播效果持久

病毒营销最常见的形式就是“转发抽奖”，用鼓励机制刺激用户传播，活动一旦结束，用户便会删除信息，中断传播，持久性不强。同时，大众似乎已对这类转发信息形成“抗体”，不会真正接受其宣传内容，宣传效果并不显著。而口碑传播依靠忠实用户的自主性，需要合适时机的加持，很难辐射开来。于是，社群营销的优势就凸显了出来。社群成员的传播活动和分享行为都是自发的，是在愉快的过程中进行的，内容生产者、消费者和传播者三重身份在他们身上是任意转换的，不会轻易中断传播，也不会产生负效应，实际上就是“口碑效应”的最大化。

四、W 频道自媒体运营及社群构建

从前文的行业现状分析不难看出，自媒体行业越来越规范化，竞争加剧，优胜劣汰，每个自媒体团队都面临着内容生产和用户运营的双重考验。因此，在探讨营销策略之前，必须就研究对象 W 频道的运营发展过程进行全面回顾，看它是如何吸引用户、留存用户，并利用社群的力量找到新的发展方向。

（一）W 频道简介

W 频道的创始人 W 是国内著名的财经作家、记者、青年领袖。早在学生时代，他就酷爱读书，不仅阅读本专业新闻学的书籍，也加强经济管理类书籍的学习。同时积极投身实践，与同学联合创办的学生会“机关报”——《复旦人》曾经在全国高校引起不小的轰动，至今仍在复旦学子手中传承。从复旦大学毕业后，W 顺利进入新华社工作，一干就是 13 年。这段经历给予他很大的帮助，无论是作为记者还是专栏作家，他的写作水平和观察事物的角度都在发生变化。后来，他又增加了一重身份，就是蓝狮子出版人。他一面写作出书，一面经营出版事业，直到自媒体行业的崛起，让他意识到传统媒体正在没落，新媒体是大势所趋，于是他毅然带着 3 个新人投身自媒体行业。

2014 年 5 月 8 日，自媒体 W 频道正式上线。他在开篇词《骑在新世界的背上》中就其自媒体账号产生的缘由、自己的初衷和对自媒体的理解做出表述。他明确了 W 频道的内容定位，即聚焦于财经事件和人物。同时也表达出自己对自由精神的崇尚。于是一个既带有财经话题的严肃性，又饱含人情味的自媒体就这样诞生了。

W 频道将用户定位为“新中产阶级”，主要包括企业家、创业者和都市白领，并为自己的粉丝用户贴上“认可商业之美，崇尚自我奋斗，乐意奉献共享，拒绝屌丝文化”的标签。

2016 年 W 频道推出自己的主要付费音频节目《每天听见 W》，后期又联合更多专家学者讲授课程，在 2018 年建立专属学习平台“W 频道 App”（现更名为“890 新商学”）形成了完整的知识付费模式。发展至今，W 频道的内容形式包含文字、图片、音频和视频。内容发布平台包括微信公众号、爱奇艺、喜马拉雅，同时也在抖音等流量平台进行宣传。

如今，W 频道将社群营销延展到自媒体内容话题选取、粉丝关系维护、产品传播的全过程。无论是处于创作困境，还是疲于推广宣传的自媒体，相信都能从它的社群营销策略中有所获益。

（二）W 频道自媒体发展历程

本节将分别从导入阶段、成长阶段和成熟阶段三个时期，对自媒体 W 频道的品牌发展历程进行梳理。

1. 导入阶段：价值输出完成品牌定位

自媒体 W 频道创立之时，正是知识付费的风口。人们刚刚接触知识付费这个新名词，有人认为这种商业行为是在收“智商税”，但也有人簇拥这一新鲜事物。以 W 频道为代表的自媒体身体力行，宣传“贫穷不是知识分子的生活方式”，做学问和挣钱并不矛盾。在他们的努力下，人们开始理解知识不是商品，但是传授你知识的人付出了时间和精力，就应该获得相应的报酬。

同时各大平台也纷纷拓展版块，开展与自媒体内容生产团队的合作。无论如何，W 等人的价值输出帮助知识付费模式在争议中存活了下来，而 W 频道也成功走进了大众视野。

从“旧世界”冲杀出来的 W，面对互联网环境下的新媒体对手，他最大的底气就是“内容”。传统媒体的没落，不代表传统媒体人的没落，大众只是不再选择报纸这个渠道获取内容，传统媒体人生产的内容本身还是有价值的，事实上相比于新媒体人，大众对传统媒体人生产内容的专业性是更为认可的。尤其是专业财经作家的观点，受众其实更易于接受。

起初，W 不断在 W 频道的自媒体专栏上发布文章，结合热点事件进行评论，提高关注度的同时，让其观点深深植入目标受众的心中。多年来畅销书作家的身份赋予了他一种能力，能够将严肃的商业现象以生动的语言呈现在用户面前，通俗易懂。这样的文章很受市场欢迎，传达的观点也容易被受众接受，所以隐含在观点之中的价值观也就这样被很多用户认可，帮助W频道完成了早期的用户积累。

这些用户都认可W的价值引领，在自媒体社群里，他们能够迅速找到彼此，一起读书、创业、分享感悟。因为向往更好的生活，所以这群人愿意为知识付费，会牢牢跟随W频道这个自媒体品牌进行内容学习，不断在社群内进行沟通和交流。

2. 成长阶段：连接场景实现用户留存

2016年，“新零售”的概念横空出世，随之而来的是更多网上商城的线下举措。在这个线上线下相融通的大环境下，W频道团队的理念与“新4C法则”不谋而合，开始基于自媒体“内容”，不断“连接”用户，进行“社群+场景”的探索试验。

一开始，团队的意图是要寻找“线下场景”为“线上社群”服务。当时W频道书友会的粉丝已经突破百万，书友们渴望更近距离的交流，显然线上群组内的互动已经无法满足他们，社群成员开始频繁进行线下聚会。但每次都为场地的问题苦恼，所以“咖啡馆改造计划”其实是解决场景问题的。在当今的中国，咖啡馆是职场白领进行商业探索、思想碰撞的重地。同时，这部分职场白领人群跟W频道的受众群体“新中产”完美契合，所以咖啡馆自然成为W团队的首选社交场景。

W频道在自己的自媒体平台发出公告，希望各个城市的咖啡馆能够为其书友会成员提供免费的活动场所。相应地，W频道团队会为这些咖啡馆提供订制书架和精心挑选的财经类或人文类的书籍。公告一出，全国500多家咖啡馆纷纷报名，因为星巴克就是成功运用体验营销成为行业典范的，书友会的人群是如此精准，加入这个计划就相当于获得一次用文化重塑品牌形象的机会，如此不费力的引流，理所当然的留客，简直是天上掉馅饼。

这样好的合作模式，自然让有心人嗅到了商机。亚朵酒店的创始人主动提出合作，不仅会为书友们提供免费的活动场所，还为书友们提供更多福利，例如亚朵会在每个月邀请文化领域内的专家开展不同主题的分享活动，书友们皆可免费参加。于是，2016年11月9日，中国第一家社群酒店“亚

朵 · W 酒店”正式成立。

W 频道的这次成功合作证明了场景的价值，被互联网重新定义的场景是一种新的连接方式，从咖啡馆到酒店，这不单单是场景的变化，更是自媒体社群势能的验证。同样以人为中心，场景承载着人的行为和习惯，社群承载着人的兴趣和意志，未来“社群+场景”的模式可以连接更多，将呈现更加全方位的用户体验，提高用户满意度，释放更大的发展空间。就像酒店发布会的主题所说“再见，平庸的一切”，挥别陈旧的合作模式，基于价值观而聚拢在一起的这群人正在创造无限可能。

值得注意的是，W 频道的发展过程并非一帆风顺，除上述成功实践，它也经历过一些失败的尝试。比如 W 团队做过“新闻话题墙”失败了，试图让其他自媒体在转载他们文章时带走广告也失败了。这些失败都被记录在 W 频道的百日报告和三百天报告中，不断试验的结果是 W 频道逐步走向正轨，形成了独特的自媒体社群运营模式。这也正是其他自媒体账号需要明确的一点，自媒体的打造过程其实同其他互联网产品的打造过程别无二致，并不是在一开始就要完美呈现，而是要在实践中小步快跑，面对市场变化不断地尝试、摸索、前进。

这个自媒体不断试错迭代的过程，其实也是与用户共同成长，放大参与感的过程。自媒体只有将姿态放低，注重用户体验，积极采纳用户建议，定期向用户汇报工作成果，使自身的每一步改进都有用户参与的身影，才能不断带动社群成员热情，培养大批忠实用户。

3. *成熟阶段：去个人 IP 增强发展势能*

W 频道成立至今，无论是内容质量还是社群聚合能力都有目共睹。2019 年上市失败，反映出资本对自媒体账号的不信任，基于个人 IP 打造的自媒体账号，是否能在剔除个人 IP 的情况下稳定运营，是自媒体行业共同面临的思考。作为当前知识付费做得比较好的自媒体，人们经常把 W 频道和罗辑思维放在一起比较。两个都是主打专业知识输出的内容生产者，同样有会员付费体系、知识产品、培训课程、线下讲座等。很大的一点不同在于，罗振宇一开始就培植了自己的平台“得到”App，而 W 最初的选择是直接内置在微信。

这一点不同，就反映出两个自媒体初衷上的本质不同。罗振宇是一开始就有做渠道的准备，他的经典音频产品每天“罗胖 60 秒”内容极具煽动性，会让听众有购买的冲动和快感，实际目的是为“得到”平台引流。而W每天5分钟的音频产品《每天听见W》相当于一个小品文，内容质量更高更专业，同时选择直接在微信呈现，体现出其团队的初衷是做内容生产者，而不是渠道供应商。两家自媒体都在2016年相继推出自己的音频产品，发展至今“得到”平台的课程越来越杂，“罗胖60秒”的内容也会根据要推销的课程进行调整，已经毫不避讳地打广告引流，虽然仍是篇篇10万+的阅读量，但是粉丝流失迅速，很多人表示他的课程体系繁杂，不少内容缺乏逻辑，拾人牙慧。而专注内容的W团队仍是围绕着泛财经领域输出内容，不过除了微信、喜马拉雅，他们也在2018年推出了自己的应用软件“W频道App”。

跟罗辑思维不同，W的团队最开始的设想是联合一些同样从体制内出来的好朋友，组成一个大头帮，去共同传播各自的商业思想，但随着内容的扩展，会员人数增加，会员体系需要升级，推出自己的独立应用软件是自然而然的结果。可以说两家自媒体是殊途同归，虽然初衷不同，但如今都壮大了团队，既生产内容又提供渠道，同时不放过任何平台的引流机会，用事实证明自媒体“做内容”和“做渠道”本身并不矛盾，如何平衡和分配团队的精力才是关键。

W频道团队有了前期的用户积累，能够精准地采集数据资料，它一方面将数据做成报告分享给自己的企业家和创业者学员，另一方面充分利用这部分数据的价值。2018年末“W频道App”正式推出，开始在没有W参与的内容领域进行探索，细分课程分别对接中产阶级人群在房产、理财、职场晋升等不同方面的需求。2019年9月21日，App正式更名为“890新商学”，这是W频道团队去IP化的标志性转变，所有自媒体人都已意识到个人IP的能量有限，只有让用户认可“品牌”而不是“人”，才能长久留存。

（三）W频道自媒体社群构建

社群建构的过程，其实就是深度服务的过程，同时也是降低沟通成本，提升品牌形象的过程。本小节以W频道成立书友会、开展新匠人加速计划等事件为例，进一步探究社群建构对自媒体成功迭代转型的重要意义。

1. 转变互动模式：从“粉丝”到“社群”

很多成功的自媒体传播者，在一开始都是依靠名人效应，这跟企业打造品牌的想法异曲同工，其实都是在打造一种符号，赋予自媒体产品以个性，方便用户的情感与之相连。

就其本人而言，知识分子、专业人士是 W 的身份标签。他的学术背景和专业素养是被受众所认可的，他的很多批判性观点是被受众所接受的，粉丝相信 W 的眼光和水平，愿意通过消费成为他的会员，这让粉丝产生一种与偶像更亲近的感觉，靠近精英人士的心理。此时，课程的价格和粉丝的现实需求已经不再重要，对 W 的追随是他们购买课程的决定性因素。这是名人影响力所产生的经济效益。

但是粉丝的热情会消退，对于自媒体账号来说，仅依靠传播者的个人魅力是不够的，需要更多社群的力量。自媒体 W 频道一经上线，它的社群便以“书友会”的形式建立起来。最开始的确是依靠 W 的名人背书，让他们选择这个自媒体，缔结为一个社群。但是随着自媒体的内容传播，精品课程的不断推出，社群成员的交流互动更多着眼于优质内容本身，关注自身需求的满足与否，而不再单纯地为偶像买单。书友会社群以城市缔结，频繁交流互动，举办线下聚会，这让社群成员的关系更紧密，弱化了粉丝对偶像持续互动的期待，增强了对自媒体账号下社群文化的认同感和归属感。

自媒体社群降低了用户参与传播的门槛，而且强烈支持用户参与创作和分享。在自媒体团队的鼓励下，社群中经验丰富的老用户带动新用户学习和互动，久而久之形成了良好的社群文化氛围，即美国学者亨利·詹金斯[①]（Herry Jenkins）所说的“参与式文化”（Participatory Culture）。虽然一些狂热粉丝会在一开始接受不了这种与偶像的距离感，但 W 频道的成功实践证明，这部分粉丝的离开，是筛选提纯的结果，剔除不能转化的流量，真正留下来的是 W 频道最忠实的受众。影响力本身就是控制力，要想让自媒体持续发展，就不能任其依赖粉丝追捧，毕竟粉丝的情绪容易失控，但是社群用户的热情不会轻易消减。

2. 深挖社群需求：从“供给端”到“需求端”

近几年，消费市场不断出现“国潮”回温的迹象，中国制造正在被重新定义。作为掌握众多中产阶级用户的自媒体，W 团队自然要发挥自己的社群势能，在消费的供给和需求两端做好连接。

① Herry Jenkins, *Confronting the Challenges of Participatory Culture*, The MIT Press, 2009, p. 5.

需求端的发现："新中产"。2015 年，W 首次在文章《去日本买只马桶盖》中提出了"新中产"的概念，而 W 频道的主要受众也正是这部分新中产阶层。概念刚提出的时候，这部分人群的身份识别并不是很清晰，但随着 W 频道内容的不断传播，结合每年数据发布的不断引证，新中产人群越来越受到人们的重视。

这群人有消费欲望，乐意为高品质的生活买单，有独立的思想，愿意尝试新鲜事物。因为崇尚奋斗，他们会购买知识产品提升自我价值。同时在会员社群中，这群人总是相对活跃，身上仿佛有使不完的力气，带领整个会员社群朝着积极的方向发展，不断带动身边的人加入进来，形成一种热血的社群文化，永远不甘平凡，积极自我提升。

供给端的挖掘："新匠人"。所谓新匠人，是匠心的传承者，他们独守工艺，却不乏新意，将传统技艺与当代的新思维、新潮流有机结合，生产出极具中国特色的新产品。他们不完全是手艺人，更是有创新精神的年轻人，有理想抱负的创业者。W 频道挖掘了新匠人，2018 年提出"新匠人加速计划"，同时也在自媒体阵地上为其产品进行宣传。截至目前，W 频道已经招募超过 500 位新匠人，近 200 家资源方，开办过 7 场新匠人养成营线下课程。新中产和新匠人的发掘，是从需求端到供给端的连接，这充分证明社群不仅是留存用户的阵地，在连接功能上还有巨大的潜能等待挖掘。

3. 迁移用户关系：从"线上"到"线下"

早在 20 世纪 80 年代，美国传播学家梅罗维茨[①]（Joshua Meyrowitz）就在《消失的地域：电子媒介对社会行为的影响》中提出了"媒介场景理论"，他认为新媒介的出现和发展，可以重建大范围的场景，并延伸出适应新的社会场景的新行为。而他的想法在多年后的中国得到了呼应。

自媒体，尤其是以 W 频道为代表的专业性很强的知识型自媒体，它的用户不一定多，但都是有学习诉求的都市白领阶层。他们活跃度很高，互动欲望很强，从 2014 年 6 月下旬开始，由社群成员自发组织的 W 频道线下书友会就开始在各个城市陆续出现。以地缘为契机，大家相约线下场景，建立更牢固的社会关系。其实成员扩展人脉的过程，也是自媒体扩大营销力的

① 约书亚·梅罗维茨：《消失的地域：电子媒介对社会行为的影响》，肖志军译，清华大学出版社，2002。

过程，每一次线下活动的举办都会对当下场景的人员产生不小的影响。更妙的是，线下的活动也会“反哺”线上。比如“经典重译计划”就是在一次读书会分享中迸发的灵感。甚至许多书友会的优秀学员学以致用，如今都成为W 频道的线上案例，供大家借鉴学习。虽然书友会早已在 W 频道的发展过程中更新迭代，但是它的发展对 W 频道今日的成功功不可没。所有的产品都有其生命周期，线上的课程产品如此，社群亦如此。经历过活跃度很高的成熟阶段，社群必然会面临社群成员活跃度下降，分享交流热情不高等问题。想要延缓其进入衰退阶段的脚步，就需要不断变换玩法，为社群注入新的活力。

W 频道的线下公开课，也叫会员复盘分享会，实际上就是书友会迭代后的形式。同样以北京、上海等城市圈为限，不同的是不再以交流为目的进行各种学习内容分享，而是紧紧围绕 W 频道的会员线上课程，与自媒体账号的联系更加紧密。会员可以根据自己的需求，在社群里对感兴趣的线下公开课进行预约报名，经过线下的复盘学习，能获得与老师深度交流的机会，增强品牌忠诚度。同时，参与线下课程的同学会在线上群内进行课程分享，与其他成员交流心得，再次带动社群活跃度。除此之外，W 频道还有转型课、创投会、年终秀等线下活动形式，一边为自媒体做宣传，吸引更多关注；一边扩大会员权益，维系忠实用户。

总之，自媒体的社群营销不是一个公众号、一个群组就能够解决的，线下活动的开展也不是线上内容的简单复制。就像斯科特·斯特莱登[①]（Scott Stratten）说的那样，企业在每个关键点上都要与市场保持互动。对于自媒体而言，就是发挥社群“市场探测器”的功能，将线上和线下打通，争取在每个传播节点都与用户保持联系，不断变换玩法，强化体验。

五、W 频道自媒体社群营销策略要点

持续产出内容、增加粉丝、规划商业路径是当前自媒体人的普遍忧虑问题。因此，本小节将从 W 频道的具体实践成果出发，探究自媒体内容创作要点，从搭建平台矩阵和打造社群关系链两个方向入手，解决吸引用户难

---

① 斯科特·斯特莱登：《强关系：社会化营销制胜的关键》，魏薇译，中国人民大学出版社，2012。

题，同时升级付费模式完善商业路径，以期总结提炼出W频道多层次的自媒体社群营销策略，为自媒体团队突围破局提供借鉴。

（一）内容聚焦泛财经领域

自媒体W频道的传播内容不仅是单纯的知识输出，还反映了时代的特性、受众的需求，以及自媒体本身的观点态度。访谈节目《十年二十人》通过企业家的成长史反映中国商业世界的变迁，知识课程《890新商学》对接用户投资理财的现实需求，而《每天听见W》则是透过事件表达立场和观点。不同类型的内容紧紧围绕泛财经领域，向受众全方位展现商学之美。

1. 坚持原创，数量与质量并重

内容是自媒体安身立命的根本，按时发布内容是自媒体团队必须要对用户做出的承诺，同时在内容质量上也要有所保证，这是传受双方间的基本信任。

W频道的用户连接，很大程度上是建立在受众对W个人的信任之上的。自媒体成立之初，他频繁发布专栏，很多文章引发社会各界反响，让用户对自媒体的内容质量产生了信任感。以爆文《去日本买只马桶盖》为例，W开篇以亲身经历为引，道出国人去日本抢购的现象，后又通过一些来自国内制造商、消费者和日本售货员的“声音”，进一步托出国内制造业的困境，最后给出自己的思考，得出只有在技术上突破创新，中国制造业才能自救的结论。

如今虽然他本人很少发布内容专栏，公众号上发布的文章大都是他的演讲口述，但是W频道的内容生产团队在不断壮大，分别以“巴九灵”“百匠君”“魏英杰”等笔者身份在各自的专栏版块持续更新，持续为团队注入新鲜血液，使自媒体账号内容质量得到保障。

有内容生产团队去分担创作压力是好事，既能定时推送保证数量，又能使各个笔者专心创作自己的专栏，保证质量。但是多个笔者同时创作也有风险，容易让用户混淆，认为自媒体账号已经沦为“大杂烩”，质疑自媒体的专业度和定位。为消除用户的这一疑虑，自媒体传播的内容必须要保持一致性。首先，在内容上不能自相矛盾。就像W频道的内容定位是“聚焦于财经、事件和人物”，那么其发布的所有内容包括课程，都不能跳脱自己的内容定位，即便是“鸡汤文”也要与目标受众气质相符，也就是切中新中产阶级的痛点。其次，形式上要维持一定的表达模式。这并不是说所有的文章都要千篇一律，如同议论文写作要有论点和论据，才能使论证有说服力，自媒体文章的写作也要有“亲身经历”和“数据报告”来支撑，才能使内容既有感染力又具说服力。

2019 年 11 月 20 日 W 频道发布的音频内容《今年职场人有多苦？加班 996 还要被降薪》就是很好的例子。在形式上，它沿袭以往的“套路”，即先以身边人经历引出话题，再用数据说明问题影响，最后分析问题产生原因，给出参考建议破除焦虑，保持其自媒体的独特风格。在内容上，既表达出当下职场人对工作时间长、薪资低的抱怨，引发共鸣，又对用户给出不断提升自我价值的建议，实际上还是为自媒体旗下的知识付费课程做宣传，一举两得。

2. 满足小众，垂直细分市场需求

内容生产不是“写出来，发出去”两步走那么容易，还要考虑“写给谁，如何发”的问题。自媒体在进行内容输出的同时，千万要记住自己的内容定位，记住目标受众的特点。

W 频道用户 70%以上为男性，而且超过 50%的用户集中在北上广和江浙地区。这说明其用户主体是经济发达地区的成熟男性用户，这些用户关注经济发展，追求商业上的成功。因此，自媒体 W 频道的内容生产就不能脱离泛财经领域。五年以来，W 频道的自媒体内容包含对中国经济的观察、对企业家的访谈、对热门话题的分析、对阅读心得的分享，林林总总可谓是知识的大讲堂。但无论是早期对中国经济发展的宏观叙事，还是如今聚焦中产阶级切身问题的讨论，皆为泛财经领域下的细分，并没有背离自媒体的定位和初衷。市场嬗变，需求多元，自媒体不能脱离定位，但必须对用户的不同需求做出应对。

早在 2015 年，W 就在脱口秀节目上以独特的视角公开探讨新中产阶级人群，几年来整个自媒体团队也在持续搜集数据，成果都呈现在近几年团队出品的《新中产白皮书》中，供外界了解这部分市场需求。以这部分人群为受众，团队自然是再了解不过，那么 W 频道的内容细分必然也是准确及时，且符合市场需求的。W 频道采取泛财经内容定位来吸引、影响相关社群的策略，反映出垂直化是未来自媒体的一大发展方向。任何领域都有需求，不要一味追求大众市场，要将用户的兴趣需求和信任合作聚合起来，开发出多种垂直领域的创新应用服务，即便是相对小众的领域同样具有极高的商业变现与营销价值。

3. 借助热点，认真倾听用户表达

话题的选择始终是令自媒体内容生产者头疼的问题，面向大众的情感自媒体在“鸡汤文”的创作过程中尚且需要找好立场、选好角度，那么小众垂直的自媒体在对待“热点话题”的选择上更需小心谨慎。

在2018年W频道会员音频中最有影响力的前十篇内容，排名第一、第六的文章都是结合当时的经济背景，一个是《中美贸易战》，一个是《阿里收购饿了么》，既符合泛财经的内容定位，又彰显出内容创作的时代性。用户学习专业性很强的财经知识，肯定希望能窥探到未来的经济趋势，早些站在风口上，于是“经济预测分析类”的文章自带热度，排名第四、第八、第九的文章都体现了内容的前沿性。

W频道早期脱口秀节目的成功就证明用户对于“人物志”“企业发展史”一类的话题是十分关注的，排名第二、第五、第七、第十的文章皆以大企业发展或企业家为对象进行分析，用专业视角提出创新性的观点，得到了很好的传播效果。排名第三的文章看上去跟“鸡汤文”相似，在这里显得格格不入，但是它很精准地挖掘到都市年轻人的焦虑，即便有情感宣传成分，也给出了具体的对策，与用户需求契合，获得很高的关注度。由此可知，小众垂直类自媒体内容的话题选择，既要具有时代性、前沿性、创新性的特点，还要充分考虑用户需求，与他们的身份相契合。

（二）搭建自媒体跨平台矩阵

1. 顺应潮流，找到流量入口

当前，很多自媒体都在顺应潮流，搭建自己的新媒体矩阵，试图利用各个平台的不同优势为自媒体扩大影响力。但是不同平台的内容表现形式丰富多样，选择哪个投放平台更加适合、哪种合作模式可以达到双赢，是自媒体人必须要思考的问题。

自媒体W频道在文字、音频、视频平台上均搭建了自己的阵地。最初选择的阵地也是最重要的投放平台就是微信，一来微信的用户基数大，微信公众号占据传播优势，发展前景好，是最大的流量入口；二来微信功能强大，能够在其公众号实现“文字＋图片＋音频”不同形式的内容传播。视频平台方面，W一直与爱奇艺合作，早期的脱口秀节目不仅打响了W频道的知名度，也使大众认识了该自媒体的吉祥物“巴九灵”，由运营团队中 80 后、90 后创造的人物巴九灵，为自媒体收获了一众新中产用户。2016 年是“知识付费元年”，一些音频播放平台如蜻蜓和喜马拉雅都顺势崛起，占领资本市场。而 W 也是此时推出自己的付费音频内容，除了在微信端的投放，W 频道还选择与喜马拉雅平台合作，统一标准、统一推送，收获了更大的用户群体。

2. 与定位契合，避免负效应

与热门流量平台合作让 W 频道成功获得了高关注度和影响力，但这并不意味着自媒体要尽力与所有流量平台合作，在选择合作平台时还要考虑与自身定位是否契合。

微信公众号具有强大的包容性，入驻微信是众多自媒体账号的首选。喜马拉雅与自媒体 W 频道的付费模式不谋而合，且两者的受众群体也有交叉重合，投放在喜马拉雅帮助 W 频道收费，成为目前其价格最高的知识付费单品。爱奇艺有自己的频道分区，W 频道的内容在其“财经”频道出现，非但不违和，还会为自媒体带来更多的曝光度和知名度，同时提高爱奇艺平台的格调，达到双赢。

反之，对于短视频这样大的流量入口，却让不少知识型自媒体感到水土不服，其实这是因为过于娱乐化的平台不太适合知识型社群自媒体，同时它的“短”也无法体现知识的“深度”。W 频道直到 2018 年才开始试水抖音平台，最开始是以“W 频道百匠大集”账号助推“新匠人加速计划”发布一些短视频内容。后来建立的“W 频道”官方账号，内容大部分为精彩采访片段和 W 本人的演讲。一面借助企业家的名人效应，提高知名度，一面凭借精彩的演讲吸引目标受众，目前粉丝量达到 227.4 万，虽然浏览量比不上许多抖音网红账号，但就知识型自媒体发展而言，已达到了宣传推广的目的。2019 年下半年，W 频道团队又把关注度极高的纪录片《地标 70 年》分离出来，系统剪辑，在抖音上吸引近 12.3 万的粉丝用户。2020 年，W 频道的总编辑以个人账号形式入驻抖音，向大家科普一些疫情期间的商学知识，可以看出是在搭建矩阵，为《890 新商学》课程吸引同年龄段的用户关注。

自媒体在选择内容投放平台时，不能什么火选什么，在不放过任何平台流量的原则之前，还要考虑平台与自媒体定位的契合度，是否能借力打力。为避免产生负面效应，最好做好账号分流，有针对性地用不同账号推出不同内容。在不知道平台是否合适自媒体投放的时候，建议以宣传为目的进行试水，以免错失流量风口。

（三）打造强关系链的社群运营体制

1. 找到信任代理，强关系强化沟通

自媒体社群的组建，最基本的功效就是帮助自媒体维系好用户关系，获得用户信任。试想，在现实生活中，对关系最亲近的人最容易产生信赖，那么自媒体社群营销就应该努力打造社群的强关系。

与用户建立关系的第一步应该是解决矛盾。新媒体时代，人们在选择一个产品之前总会参考已购用户的评价，往往上百的好评都没有一个差评影响力大，所以自媒体与其花钱去找人做推广，不如在社群里维系好用户，让他们主动为自媒体做宣传。这里要引入一下“体验鸿沟”的概念，意思是“新客户获得的最佳服务与之后获得的最差服务之间的距离”。体验鸿沟加宽，恶评不断，自媒体的形象就会受损，但是用户体验的觉察往往在其评论之后，相对滞后，所以需要社群帮助自媒体提前了解用户需求，把负面评价扼杀在摇篮里。

W 频道的会员社群是按照地域划分的，“强地缘联系”天然消解了很多不必要的地域争端，方便社群运营人员因地制宜管理。同时，这也给社群成员的联系提供了便利，同城间的线下聚会相对容易。成员间的频繁互动能够为自媒体社群带来活跃度，往往当一个成员提出问题的时候，群内其他成员能在第一时间伸出援手，群策群力帮忙解决，让成员体验到前所未有的归属感，加强联系。

不同于大众传播的线性单向传播，自媒体时代，选择更加自由，方式也更加灵活。所以在网状的传播过程中，仅仅依靠自媒体运营者的力量去与用户维系关系是不够的，还得寻求一些信任代理的帮助。美国学者克里斯·布洛根（Chris Brogan）和朱利恩·史密斯（Julien Smith）[①] 认为，信任代理是一些不以销售为目的、不施展高压手段的市场营销者，他们是网络王国的原住民，利用网络真诚而人道地做生意。转换到自媒体社群运营环境下更通俗一点解释就是，信任代理来源于最普通的社群成员内部，是用户的“自己人”，所以他们的话更显真诚、更有说服力。自媒体 W 频道的社群里总有一

① 克里斯·布洛根、朱利恩·史密斯：《信任代理：如何成就网络影响力》，缪梅译，万卷出版公司，2012。

些活跃分子，积极报名参加公开课活动，愿意将线下课堂知识传递给线上社群伙伴。这些人积极促成了城市的线下见面活动，与很多社群成员都保持联系，总能得到一手信息，人脉广、善于沟通、乐于分享，是“课代表”和“调解员”，也是我们要找的信任代理。找到了这部分人，就找到了与用户沟通的“传声筒”，能够让更多社群成员放下戒备，畅所欲言。而观点的碰撞又能让更多人找到线上好友，自媒体社群就在这种不断“相互关注”的稳定状态下建立强关系，得以持续发展。

2. 形成文化认同，强连接稳固社群

自媒体社群运营过程中，连接功能的选择总是在强弱之间不断融合和转换。诚然，弱连接在社群组建和扩张过程中发挥着很大的作用，但是基于社群生命力的长远发展考虑，对于社群日常运营和维护还是需要强连接发挥作用。就像学者罗子文表述的那样，在网络趣缘群体中，是聚众传播形成的各种各样的信息联系网络，把各种元素紧紧地结合起来，最终形成一个牢固的整体。这样的观点一方面肯定了“强连接”对稳固社群的重要性，另一方面反映出社群成员间的“强连接”是在信息的传播过程中逐步加深。

为全面了解社群日常运营状况及信息传播过程，本文以 W 频道旗下“企投之家活动热群”2019 年 12 月的群记录内容作为样本，通过亲身参与观察和对社群成员的访谈记录，利用“5W 传播模式”加以分析，得出以下发现：社群内容高度垂直。在 2019 年 12 月中，社群内共产生 249 条信息内容，去除 9 条干扰广告，有效信息内容共 240 条。虽然活跃度不高，但信息内容高度统一，涉及商学知识和商学课的内容体量高达 63%，也就是除去日常成员情感交流，信息内容皆围绕着财经领域，且群内交流以文字为主，没有长语音干扰，是实实在在的学习型社群。

在这个由 165 人组成的“企投之家活动热群”里，仅有 2 名 W 频道团队的社群运营人员，且活跃度不高，实际上“群管理”的职责是由社群成员共同承担，是参与度高的社群成员主动对自己进行了角色定义。观察发现，在 15 名主要社群活跃成员中，包含社群秩序管理者、课程内容分享者、积极互动者三种角色。社群秩序管理者总是先于工作人员对群内的信息做出反应，及时矫正群内的违规行为，也会在第一时间对群内成员的疑问做出解答。课程内容分享者是群内最受关注的人员，当他们参加完 W 频道线下课程后，会以图片和视频的形式与其他社群成员分享现场体验和学习心得，引发群内热烈讨论，达到课程使用的最大化。积极互动者在数量上占多数，每个人用最简单的点赞互动表达态度，就能形成强烈的意见倾向，在“沉默的螺旋”作用下，往往这些成员的意见就代表着整个群的态度。所以，积极互动者的存在不仅能活跃社群氛围，还能加强社群文化认同感，使社群更加稳固。

观点碰撞推动文化认同。人们总是基于某种共性才缔结成一个社群，加入社群的最大动力就是现实需求的满足，越是刚需，参与的人越多。W 频道的社群成员多为新中产阶级，都想通过获得专业财经知识提升投资和理财能力。在社群内，他们会就一些话题进行讨论，在交流中丰富认识、提高能力，久而久之，便会在自媒体内容的引导下，形成文化认同。这种认同包含共同遵守的社群规则、成员默许的社群运营方式，更包含逐渐趋同的价值观。

常言道“物以类聚，人以群分”，人们一定是彼此认同才聚集在一处的。特别是在自媒体社群中，没有现实人际关系的牵制，人们只有彼此认同，才会在强连接的状态下长久留存在同一个自媒体社群之中，所以文化认同的形成，会使社群发展更加稳固。

（四）模式——知识付费＋电商广告

1. 付费模式，扩展会员权益

有价值的信息内容，未必会在传播者和受传者之间建立稳固的关系，因为用户没有付出“成本”，不会珍惜这段关系，更不会意识到内容的价值。所以自媒体，尤其是知识型自媒体，在传播知识之前与用户建立买卖关系是很有必要的。

2016 年 7 月 5 日，自媒体 W 频道筹备一年，才推出自己的会员制度。核心权益有两条：一是 W 每天 5 分钟的音频；二是其他内容，包括“W 解读商业常识”“W 评财经热点”“W 的见闻分享”等会员福利。会费定为 188 元，其实主要是音频内容的价值。2018 年末的“年终秀”上，W 正式上线自己的应用软件，也推出了会员的升级版——超级会员。但是超级会员的形式是经过半年多的迭代调整才呈现出最后的样子。1980 元的年费，包含四项基本权益：

一是名师课程，无忧畅听，涵盖财富、职场、家庭、见识 4 个版块的 100 多门课程；

二是线下活动，全年 10 场商学大课超级会员每场减免 1980 元，6 大城市圈的房产计划课每场门票 580 元；

三是享有 W 频道合作商户的优惠特权，如曹操出行价值 35 元的出行礼包，亚朵酒店价值 1242 元的住宿礼包；

四是超级会员证书和总价值超 300 元的新人入会礼。

会员制度的升级，本质是对会员用户的一次“提纯”，将更有学习欲望和付费能力的用户重新整理，提供更多元的服务，拓展更多合作可能。相信只有最忠实的用户才会升级，同时付出的越多，这部分用户也会更稳固、更忠诚。

2. 知识武装产品，满足情感诉求

在传统媒体上发布商业广告，目的有两个：一是让消费者知道这个产品，二是让消费者知道这个产品好。那些知名品牌不惜重金在央视的黄金时段投放广告，无非就是想扩大知名度，成为下一个经济风向标。

自媒体的出现，打破了老一套的广告模式，一篇软文、一个短视频能够迅速将广告主的产品信息精准送达目标消费人群，且内容具有持续扩散性，随着用户的转发分享，影响力会持续扩散。所以性价比高、传播效果好的自媒体广告很快吸引了大批广告主，为自媒体内容生产者找到了影响力变现的途径。但是自媒体的这种商业广告模式并不能让自媒体人高枕无忧，因为不少广告主发现“10 万+”的文章、百万点击量的视频，都只是“表面繁荣”，并未对产品的销量激起波澜，品牌影响力的扩散效果也并不显著。大量的评论、转发、点赞，都只是用户对自媒体运营者的追捧、对其内容的肯定。随着软文铺天盖地走近大众视野，用户甚至连厌恶的情绪都逐渐消减，变得见怪不怪，这是对自媒体内容盈利模式的默许，却是对广告主付出的真金白银的漠视。广告主希望的，不仅是让消费者看到他们的产品，更想提高销量。于是如何让消费者产生购买力，成为自媒体团队变现路上的巨大考验。

W 频道的受众主要是都市白领精英，有一定的审美水平，追求事业上的成功，向往一切美好的东西。所以 W 频道通过对社群成员的观察，充分了解其消费心理和行为习惯，并将用户的这一心理特征与自己的产品和运营结合起来，让情感消费成为其电商平台的主要策略方向。网上商城的装修，从首页到商品内页都彰显了品质生活该有的样子，文案的配合营造出浓重的文化氛围，可以说是在用知识武装商品。面对具有这样价值内涵的商品，都市精英消费群体很难不动心。原本线上商城的名字是“美好的店”，掩盖了自媒体变现的商业意图，兜售情怀，满足受众情感诉求，自然获得受众的支持和追捧。后期 W 频道启动“新匠人计划”找到了更符合形象的定位，打造出新的商城“百匠大集”。产品类别包括图书、茶叶、饰品等。

作为内容电商，W 频道真正将内容、产品和社群三位一体，有机结合起来，同时找到产品的源产地，让农场主和制造商自己为自己代言，自己讲述自己的故事，真实地再现产品形成的过程，让用户对产品的品质更加认可。同时，商品的包装也是十分用心的，无论是自用还是走礼品账户都能让用户获得远超心理预期的满足感。

六、W 频道为代表的自媒体社群营销存在的问题及优化路径

本部分将结合前文研究，分别从内容生产、线下执行、价值变现三个层面剖析当前自媒体发展存在的问题，并利用社群营销优势提出自媒体优化策略。虽然基于 W 频道的个案研究难以概括整个自媒体行业，但是当下知识付费领域大受追捧。据统计，2015 年新增的知识付费相关企业曾达到 702 家之多，而 2019 年仅增加 72 家。这意味着自媒体市场进入新一轮竞争，内容同质化严重，增长速度放缓。单就社群营销方面，自媒体 W 频道具有一定代表性，针对其发展困境提出对应的社群营销优化策略，相信对以原创内容输出实现盈利变现的自媒体账号具有一定的参考价值。

（一）W 频道为代表的自媒体社群营销的问题

1. 内容生产困境

自媒体社群营销也好，其他营销策略也罢，最根本的立足和发展基础是自媒体的内容生产品质。随着网络监管的制度化程度加深，多种社会主体参与网络监管的趋势正在加强，“标题党”和“打擦边球”的现象得到有效整治，越来越多自媒体开始投身小众垂直领域。后续入场的竞争者，使得原本就规模不大的小众市场更加拥挤，厮杀更为激烈。在过去的 5 年里，W 频道虽然始终位列“中国微信 500 强年榜”，但是从 2017 年开始，排名明显下降。这说明在自媒体内容市场上，不进则退，面对同样的目标受众，大数据技术已经能够帮助每个自媒体团队精准定位受众需求，后来者居上并不稀奇，难的是在市场上站稳脚跟。试想面对同一受众群体，持续高质量的内容

输出对自媒体团队尚且是不小的考验，更何况如今不同的自媒体团队瞄准同一用户需求去生产创作，难免会陷入内容同质化的困境。

W频道团队在这几年不断细分市场需求，壮大运营团队，与泛财经领域的众多专家学者寻求合作，这在一定程度上能稳定会员用户的增长。但从近两年W频道微信公众号文章传播情况来看，内容的阅读量和评论量均有所下降。这说明自媒体疲于各种课程宣传推广，必定会对用户阅读体验造成影响。据统计，2018年已有16%的公众号停更退场。其中不乏曾经的自媒体大号，这提示以W频道为代表的自媒体团队，必须倒逼自己的团队在内容环节始终追求高质量创作，这是自媒体吸引新用户、保留老用户的根本所在。

2. 线下社群活动执行力度弱

社群营销不仅要注重线上的活动运营，还需要线下的配合。当前绝大部分自媒体人力、物力、财力资源有限，在线下执行方面常常是一大短板。自媒体W频道的发展版块主要集中于广东、浙江、江苏等东南沿海地区，而与W频道同类型的以原创商业知识输出见长的自媒体也大都于北京、上海等一线城市起家。专注内容，专注会员纵深发展，却难以形成规模，究其原因，离不开线下活动覆盖面小的问题。以W频道为例，它自杭州总部起家，是在全国都有知名度的商学自媒体，然而它的线下课程和读书会等分享活动均集中在东南沿海城市，在除北京外的很多北方城市宣传力度较小。

订阅成为W频道的会员后发现，北京、天津的城市会员皆沉淀在一个社群之中，而更多的北方城市并没有自己的承接社群，想参加现下活动也只能去别的城市参与报名，这样北方的会员用户很容易流失掉。实际上，这也是同类自媒体存在的普遍问题。自媒体经常选择在北京、上海等城市举办线下分享活动、公开课和讲座，少有在多个城市进行巡回演讲的案例，这就使不同城市的会员权益不对等，忽视了部分用户体验。

知识付费的理念已经被大众所接受，头部自媒体已在北京、上海等城市站稳脚跟，与其在趋近饱和的市场上不断厮杀，不如面向更多的一、二线城市开展宣传。很多城市的老牌传统企业一直在寒冬中探索着转型之路，很多地方的年轻人也有需求去吸收新的商学思想，所以自媒体团队想要持续壮大发展，应该拓宽辐射面，到更多的城市进行推广。为适应不同地区情况，自媒体可以搭建线上社群进行前期调研，并与当地媒体、广告公司或公关公司合作开展活动，资源互助，互利互惠，开辟新的发展格局。

3. 价值变现难度增大

2019 年 W 频道上市梦碎，是资本市场对自媒体发展潜力的不看好，也是自媒体行业价值变现难度大的突出体现。不仅是上市难题，不少自媒体正面临着现实的存活问题。正如克莱·舍基（Clay Shirky）所说："如果每个人都能做某件事，那么无论它多么重要，都不能让人为它掏钱。因为不够稀罕。"如今，自媒体扎堆小众垂直领域，就使得自身在市场尤其是资本市场上难受追捧。

各种"专家"的论辩，让用户眼花缭乱，也让广告主很难判断其专业度，不敢轻易选择自媒体进行广告投放，持观望态度。而专业度较高的自媒体无论是持续的内容生产还是稳定的社群运营，都需要组建专业团队协同作战。如果没有广告收入自然难以维系，于是便陷入"没有优质内容就没有广告合作，没有广告合作就无法生产优质内容的死循环"。这是市场竞争的结果，供大于求，以 W 频道为代表的自媒体必须不断打磨自己的内容产品，让投资人、广告主和其他合作伙伴看到自身的商业变现价值。

（二）自媒体社群营销优化路径

1. 内容专业化对抗同质化

当前，为满足用户的多样需求，很多自媒体不断细分市场，试图提供各个方面的内容产品来满足用户。但是细分市场发展潜力有限，一旦自媒体行业都在细分市场，带来的将是更为严重的内容同质化。想要走出内容生产困境，就不能再着眼于市场需求端的挖掘，应该在写作方向上做出调整。曾经那些情感自媒体账号生产出疯传朋友圈的爆款文章，虽然在内容上被专业性很强的知识型自媒体所不齿，但回归到问题的基本面，它们的文章情绪宣泄也好，胡编乱造也罢，都表达了鲜明的观点，直击人心。其实，这也是自媒体兴盛起来的底层逻辑，自媒体不是专业的新闻生产媒体，可以不承担信息的采集和发布工作，自媒体要做的是分析事件，是观点的输出。然而，很多专业性很强的自媒体都在实践中逐渐忘却了这一点。"观点的自由市场"不应该只看到知识的传播，却忽视态度的表达。

有些自媒体误以为"专业化"就是客观的知识输出，越将"高精尖"的知识带给大众，就越专业。其实不然，自媒体传播观点同样也可以站在客观的角度，抛开既有立场，就事论事。就目前的自媒体发展而言，专业化的确是大势所趋，但是将专业化理解为单个知识领域的不断拔高似乎不太准确，以W频道为代表的自媒体应该在创作角度的选择、观点的提炼和传播形式上做出优化，这样全方位的提升，才是自媒体应该走的专业化路径，也是自媒体面对同质化竞争该拿出的底气。

2. 社群放权，资源互换

许多以知识付费模式运营的自媒体如W频道，迟迟没有扩展到其他城市的原因，不外乎两点：一是对当地市场不了解，无法做出准确预估；二是团队一面专注内容生产，一面扩展事业版图，精力和资金有限，无法把步子迈大。

事实上，社群营销成本低，而且是自媒体非常成熟的运营模式，用它来拓展市场最好不过。首先应该基于大数据技术定位到当前一、二线城市中还未覆盖社群但是用户基数较大的地区，然后从会员中筛选出一些具有传播兴趣和组织能力的当地人，鼓励其为所在城市组建自媒体的分享社群。这样做的基本逻辑跟游戏软件组建公会其实是一致的，玩家在游戏中的沉迷其实未必是赢带来的快感，还有无法割舍的使命感，他们认为自己是宏伟事业的一部分，因此积极参与协作。最后在社群内搜集用户需求和建议，为线下活动开展做好前期调研。

除了线上互动，线下活动的执行也可以依靠社群成员的力量。发挥社群的连接功能，把更多渴望提升自己的年轻人融入社群中来，也让当地的媒体、广告公司、赞助商看到合作的机会，互通资源，帮助自媒体成功开展线下活动的执行工作。这样以地缘为契机组建自媒体社群的营销模式，能为当地人带来荣耀感，自媒体的放权会让他们赋予管理社群这件事更宏大的意义。加上城市社群间的良性竞争，相信社群成员的参与热情会帮助自媒体在更多地方生根发芽。

3. 鼓励分享，引发共鸣

当前自媒体市场不缺高质量的内容产品，却很难出现一个现象级的内容爆品，无法体现自媒体的商业价值。透过马尔科姆·格拉德威尔（Malcolm T. Gladwell）对流行的理解，可知这是传播力不足的问题，本文将他的“流行三法则”运用到自媒体内容产品打造中，提出社群营销策略如下：

首先，自媒体要充分发挥个别人物，也就是社群中意见领袖的力量。通过在W频道会员社群中的长期观察发现，工作人员的课程宣传内容很少收到社群成员的回应，而社群意见领袖的课程分享往往会得到其他社群成员的积极响应。这证明社群意见领袖是对社群成员最有说服力的自己人，也是自媒体产品的代言人，更是自媒体团队与其社群成员的联系人。就像小米手机，一边以 MIUI 论坛为平台聚集忠实用户参与开发与传播；一边实时响应反馈，提供精细化服务。自媒体也可以充分利用社群中的意见领袖，一方面宣传自媒体内容，帮助社群成员理解和接受；一方面及时搜集用户反馈，不断对自媒体产品进行迭代，满足用户需求。

其次，自媒体要挖掘产品的附着力因素，对内容进行信息包装。好的营销策略不应是在产品内容上进行大刀阔斧的改造，而应是变换手段，创新传播路径，使同样的内容信息被不同的人广泛接受。所以自媒体的社群营销也要对症下药，比如推广一个金融课程，就可以在一个男性为主的社群里极言自我提升的紧迫性、投资的重要性。而在一个女性较多的社群里可以诉说职场人的焦虑，让用户在理财课中找到安全感和幸福感，以情动人。

最后，自媒体要重视环境的威力，注意热点事件的发展，注意社群氛围的营造。热点事件的发生总能聚焦大众的注意力，这时候在社群中发布相关的课程内容，很容易吸引社群成员的驻足围观，甚至会触发他们主动向社群外的用户分享传播。如当一些“打拐案”或“辱母案”成为热点新闻的时候，以 W 频道为代表的自媒体就可以发布文章，就大众的正义观与法治下的社会现实进行讨论，提出专业的理性分析。这样入情入理的表达，相信会激发很多人的共鸣，社群会员会以传播这样理性的观点为荣，群外用户也会产生学习的欲望，希望通过购买课程，拥有同样理性的思考。如此一来，既提高了内容产品的销量，也让合作伙伴看到了自媒体的营销能力和商业潜力，帮助自媒体在激烈的竞争中站稳脚跟。

七、结语

时代在发展，科学技术对信息传播模式带来剧烈变革，自媒体作为新的信息传播渠道，焕发出无限生机。同时，也必须面对日益严峻的竞争现状以及自我创新的紧迫性，寻求破局之路。本文是基于自媒体 W 频道的个案研究。从宏观上，对自媒体、社群和社群营销进行了背景介绍和概念阐述。其间查阅大量文献和数据报告，对前人的研究成果进行汇总分类，特别是提炼出对本文写作有借鉴意义的内容，进行着重介绍。同时，通过总结前人定义，结合时代变化，给出自己的思考，提出概念的有益补充，验证了论题的研究价值和意义。

在对自媒体W频道的具体研究过程中，主要着眼于其发展变化。一面将其五年的发展过程划分成导入阶段、成长阶段、成熟阶段三个发展时期，有层次地进行阶段性研究，得出不同阶段的自媒体发展任务。一面聚焦其社群运营模式，探究在自媒体W频道的成长过程中，社群发挥的作用。在对W频道的文章内容、社群发展、会员制考察后，总结出以高度垂直的专业内容作为自媒体的发展核心，横向扩张跨平台矩阵扩大影响力，纵向打造强关系链稳固社群，以知识付费和电商广告为主要盈利手段的自媒体社群营销策略。

本文基于自媒体面临的普遍难题，即内容生产、推广扩张、价值变现，提出相对应的解决方案，可概括为三个方面：内容端向垂直领域不断深化、用户端大胆放权社群成员实现资源互换、产品端通过用户分享激发广泛共鸣。总的来说，社群营销能够帮助社群成员形成身份认同，帮助自媒体维系与用户的信任关系，能够活跃平台形成良好的文化氛围，是多方共赢的有益模式。尤其在新的时代背景下，社交平台的繁荣发展为自媒体的社群营销提供了更大的施展空间和更多的发展可能。但我们也必须认识到，个案研究具有局限性，W频道的社群营销策略研究不可能适用于所有自媒体账号的营销模式打造。我们仍需要创新的勇气，结合当前有益经验的总结，不断实践，不停思考，理论与实际相结合，在探索中前进。

参考文献

[1] Dan Gillmor. We the Media [M]. O'Reilly Media，2004.

[2] Shayne Bowman，Chris Willis. We Media：How audiencesare shaping the future of news and information [M]. The Media Center，2003.

[3] 斐迪南·滕尼斯. 共同体与社会 [M]. 林荣远，译. 北京：商务印书馆，1999.

[4] Rheingold Howard. The Virtual Community：Homesteading on the Electronic Frontier [M]. MA：Addison-Wesley Publishing Company，1993.

[5] 克莱·舍基. 人人时代：无组织的组织力量 [M]. 胡泳，沈满琳，译. 杭州：浙江人民出版社，2015.

[6] HerryJenkins. Confronting the Challenges of Participatory Culture [M]. The

MIT Press，2009.
［7］约书亚·梅罗维茨．消失的地域：电子媒介对社会行为的影响［M］．肖志军，译．北京：清华大学出版社，2002.
［8］斯科特·斯特莱登．强关系：社会化营销制胜的关键［M］．魏薇，译．北京：中国人民大学出版社，2012.
［9］克里斯·布洛根，朱利恩·史密斯．信任代理：如何成就网络影响力［M］．缪梅，译．沈阳：万卷出版公司，2012.

综合性电商平台的商业模式探析

叶欣　周婕　邵琳　方璐　巫蔓妮

一、公司介绍

（一）公司的基本情况

“天猫”原名淘宝商城，是一个综合性购物网站，也是一个全新打造的B2C（Business-to-Consumer，商业零售）平台。其整合数千家品牌商、生产商，为商家和消费者之间提供一站式解决方案。天猫承诺提供100%品质保证的商品，7天无理由退货的售后服务，以及购物积分返现等优质服务。

1. 市场定位

天猫商城是一家目前在行业中处于领先地位的全新在线B2C购物平台网站。天猫商城整合上万家品牌商、生产商，为商家提供电子商务整体解决方案，为消费者打造网购一站式的服务。天猫商城主要提供一个消费者购物的平台、一个厂家企业在线销售的平台，整合卖方和买方的资源，为消费者打造一个方便、安全、有保障的购物环境。

2. 目标客户

天猫商城的目标客户是在网络购物中追求较高服务、较好产品质量、能够接受适当高价格的互联网购物者。这些网络购物者是所有消费者中最优质的资源，他们收入较高，消费能力强，善于接受新事物，对服务的诉求大。

3. 产品或服务

天猫商城旨在为商家提供电子商务整体解决方案，为消费者打造一站式的购物体验平台。对于消费者而言，天猫商城提供了最为全面且低价的海量商品，整合了最为优质的商家，构建了最完善的购物保障体系、最方便的付款方式、最优良的店铺评价体系，以期为消费者打造良好的购物体验。

（1）信用评价系统

天猫商城为了更好约束商家，让商家尽可能提高自己的服务，保护消费者的利益，开发了天猫商城的店铺评价体系。

（2）商城正品保障体系

在天猫商城成立之初，为了塑造良好的形象，提出了“品牌正品，商城保障”的口号。为此，天猫商城制定了大量的制度和服务保障体系。天猫商城规定卖家所卖物品都是正品行货，接受买家的监督和天猫的监督。

（3）提供的商品

天猫的商品数目在近几年内有了明显的增加，从汽车、电脑到服饰、家居用品、珠宝饰品、化妆品、运动户外用品、手机数码、家用电器、家居建材、食品保健、母婴用品，还包括文化玩乐等、分类齐全。并且天猫商城卖家接受七天无理由退换货，买家无须担心买到的东西不合适，或者买到的东西和实际相差太大。

4. 业务系统

即交易方式，指企业如何与其利益相关者进行交易，是企业利用其核心优势与交易伙伴进行交易的具体操作的方式，这是企业整个交易系统运转的框架。企业通过业务系统确认各方角色，与利益相关者联系起来，这个过程伴随着企业价值的创造与分享。

天猫商城通过构建平台为买家和卖家服务，自身并不参与产品的生产制造与物流配送，所以天猫的业务系统并没有想象中的复杂。在天猫商城所涉及的利益相关者中，生产商、品牌商、供货商、网络分销商都是直接与卖家相关的一方。在天猫的网络价值不断增强的同时，产生了许多为卖家服务的商家，如运营服务商、咨询服务商、广告商，它们为卖家的运营推广提供服务，充分挖掘信息态在广义虚拟经济时代的作用，吸引消费者，帮助卖家发展壮大。

卖家所提供的货物通过第三方物流商到达买家手中，消费者所付资金通过第三方支付转移给卖家。这一系列的交易中，天猫商城只是提供了一个平台，免费供消费者使用，对入驻的卖家收取年费、佣金、广告费等。天猫在发展中也加强了与高校、科研机构、政府、金融公司、保险公司的合作，将更多形式的组织和团体纳入天猫所构建的庞大价值网络中。大量的信息流和资金流在天猫商城所构建的业务系统中不断流动，满足了各方利益相关者的需求。

（二）公司的发展历程

2012 年 1 月 11 日上午，淘宝商城正式宣布更名为“天猫”。猫是性感而有品位的，天猫网购，代表的就是时尚、性感、潮流和品质；猫天生挑剔，挑剔品质、挑剔品牌、挑剔环境，这恰好就是天猫网购要全力打造的品质之城。

2015 年 11 月，双十一前夕，天猫携手蚂蚁金服，与中国人保、平安产险等保险公司推出“天猫正品保证险”“天猫品质保证险”等一系列普惠保险项目，如果消费者在天猫平台购买到假冒商品，将无条件获得退货退款支持，并可以获得 4 倍赔偿。这是天猫在 2012 年推出“退货运费险”后，再次升级消费者保障。

2018 年 11 月 26 日，天猫升级为“大天猫”，形成天猫事业群、天猫超市事业群、天猫进出口事业部三大版块。

2019 年 3 月 6 日，蒋凡接替靖捷，任天猫总裁。

2020 年 3 月 10 日，宜家家居（IKEA）正式入驻天猫，开设全球首个第三方平台的线上官方旗舰店。

2020 年 11 月 1 日—11 日，天猫双十一全球狂欢季总成交额共 4982 亿元人民币，约合 741 亿美元，实时物流订单总量 23.21 亿单。

2021 年 5 月 3 日，阿里巴巴旗下“天猫香港”上线试营业。

二、环境分析

（一）社会环境

随着互联网交互技术的不断发展，电子商务已成为一种网络化的新型经济活动。我国电子商务发展呈现典型的块状经济特征，东南沿海属于较发达地区，北部和中部属于快发展地区，西部相对落后。自 2008 年起，我国的电子商务市场交易额就开始持续增长。到了 2018 年，交易额已达到最开始的 10 倍，中国也在网络零售交易方面连续多年稳居世界第一，成为全球第一网络零售大国。

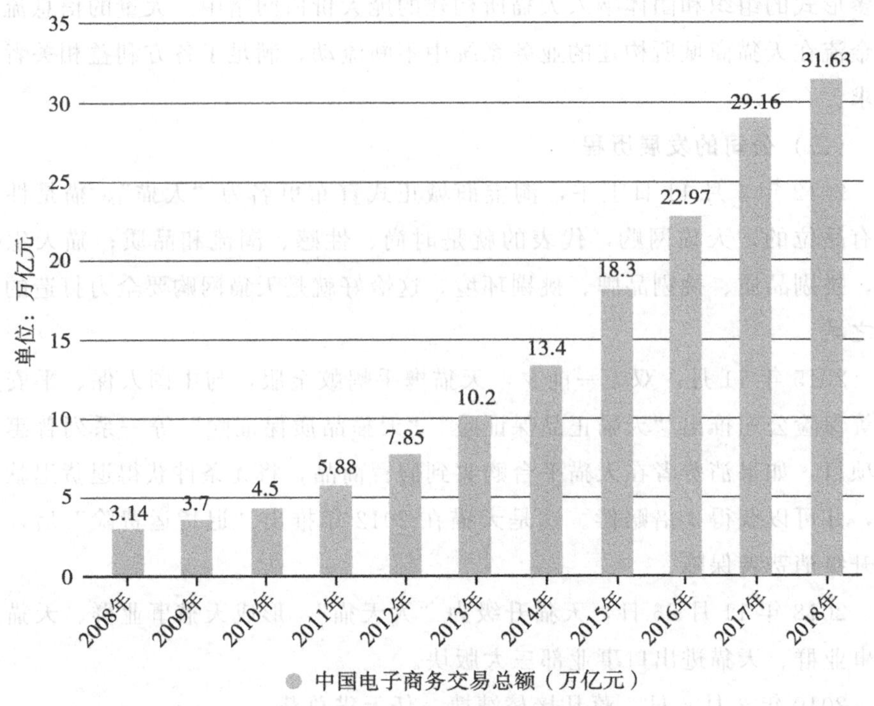

图1 中国电子商务交易总额

我国网络用户随时间增长逐步增多，且增长速度也在逐年加快。如今我国的电子商务正处于良好的发展环境中，尤其近几年，电子商务利用互联网优势，快速形成了自己独特的商业发展群体，越来越多人发现了它的潜力，主动加入这一热潮中。

在政策方面，目前还没有专门的电子商务法，近年主要通过《网络商品交易及有关服务行为管理暂行办法》《计算机信息系统安全保护条例》《电子认证服务管理办法》等法规来规范电子商务，电子商务的发展环境在一定程度上得到了规范。同时，物流、信用、电子支付等也在全面建设发展，这些都是电子商务的支撑体系，因而电子商务发展的内在驱动力也在增强。

此外，随着市场经济体制的进一步完善，经济增长方式的转变和结构调整的力度将会继续加大，继而对发展电子商务的需求将会更加强烈。在未来，电子商务被广泛应用于生产、流通、消费等各领域和社会生活的方方面面是必然的发展趋势。

（二）发展现状

近年来线上市场越来越受到关注，电子商务的单位数量也在逐年增加，其中出现了京东、淘宝、天猫、唯品会、拼多多等几大电商巨头。唯品会是主要垂直服装领域的电商平台，有精准的定位，与其他电商平台大而全的覆盖范围不同；拼多多采取多人拼团的方式，在购买形式上与其他平台有所不同。因此，京东、淘宝、天猫是同一模式下的竞争关系，而淘宝与天猫均属阿里旗下，且资源共享，最多属于内部竞争，所以天猫最大的竞争对手当属京东。

京东作为综合的大型网络零售商，在中国电子商务领域具有一定的影响力，深受消费者欢迎。天猫依靠前身淘宝的资源共享，在前段用户规模、合作伙伴上具有相对较大的优势。但在后端、供应商、采购等方面，京东也有其突出优势：第一，全场免运费为用户“零化”配送成本，有利于所有会员的优惠措施，促进B2C良性发展的开元；第二，移动互联网“多元化”掌上应用，除了下单、查询等常用功能，消费者还可以通过直接拍摄商品的条形码实时查询京东商城的相应商品价格；第三，“211限时达”极速配送，有自己的仓库、自己的快递团队，配送时间有保障，可以给客户很好的购物体验；第四，GIS包裹实时跟踪系统给包裹装上“定位”，并且退换货方便。

在价格方面，天猫的商品普遍要比京东便宜，虽然京东还强调有品质的服务，但相比于服务好，价格低更容易击中消费者的内心，所以天猫有一定优势。另外，天猫拥有海量的品牌产品以满足消费者的各种需求，这是京东自营模式难以实现的。近年来，扩大开放平台是京东商城的重要目标，京东平台开放带来的品牌支撑，对淘宝和天猫都将造成一定的冲击。

（三）企业自身环境分析

所谓SWOT分析，即基于内外部竞争环境和竞争条件下的态势分析。S（strengths）是优势，W（weaknesses）是劣势，O（opportunities）是机会，T（threats）是威胁。

S：天猫最开始从淘宝分化出来，淘宝的会员在天猫上也能享受会员服务，这就为天猫带来了强大的前段用户规模和众多合作伙伴支持。还有海量的商品选择，价格低廉，符合普遍的消费水平，得天独厚的资源使得天猫很快在电商市场崭露头角。

W：物流是天猫的瓶颈。天猫不具备自己的物流系统，都是依靠第三方物流或菜鸟进行商品运输，而天猫物流运输服务又多次遭到举报，出现“未收到货却显示已签收”“发错商品”“联系不到骑手和人工客服”等问题，显然后端供应链和物流服务需要改进完善，服务品质有待提高。此外，天猫还出现过泄露用户信息导致他人冒充客服诈骗用户的事件，拥有这一“前科”极大损害了消费者对天猫平台的信任，在与同类平台的竞争中处于劣势。

O：经济上，在国家拉动内需、刺激社会消费的大背景下，网络购物的深化带动了更多网民通过网购实现日常消费，购物网站的频繁促销也激发了网民新的购买需求，带动了网购用户规模和消费频次的显著提升。技术上，物流行业的不断发展和网购安全的不断提高，有助于推动网络购物市场的发展。互联网的普及，网银、电子支付、认证、用户安全保障，网站安全维护等技术的不断完善，为网络购物、电商生存提供了强大的技术支持。

T：我国先后出台了一系列相关政策措施，但至今仍未有专门统一的电子商务法，各地网购市场发展的政策、税收、相关管理的不同可能会制约网络购物业务的跨地区或跨境发展。同时，政策规则的不完善也使得价格大战这种恶性竞争变得难以控制，导致电商市场遇冷。

三、商业模式分析

（一）价值主张

天猫的应用详情上写着，是阿里巴巴集团专门为手机用户推出的时尚极速购物 App。为了与其他电商平台进行区别，天猫通过商品流通、注重营销、重塑品牌形象以及品牌个性化经营等方式，围绕“时尚”“潮流”“大牌”等主题词，将它的定位打入消费者心里。

1. 商品流通

进驻天猫全球购，不仅可以在服务平台上发布产品的全部信息内容，还可以获取最新、最全面的行业动态信息内容，包括竞争对手状况、应季爆款产品信息、特定消费者信息等相关信息，以及潜在消费者的获取信息。

消费者可以在天猫平台上浏览到关于产品的信息内容概述、销售情况、销售价格、人气值、个人收藏数最多的店面、店家个人信用信息等内容，以选择购买。天猫严格审核网店进驻资质及相关产品的质量，保证了网店的高信誉度。

2. 注重营销

天猫全球购采用邮箱营销，根据客户的需求设定电子邮箱广告宣传，以吸引客户；在百度搜索引擎上开展营销推广，进行广告宣传等，以吸引客户；还有新媒体营销和网站联盟等新型营销方式，拓展销售市场。

天猫非常重视市场营销活动，不仅进驻店铺经常开展折扣促销活动，如商店特价券、买一送一、限定折扣优惠、限时秒杀等。还引入海外打折季、购物中心等促销手段，如黑色星期五、圣诞大促、网上购物星期一等。

在大中小型市场销售季之前，天猫会通过社交平台、线下实体推广、线上广告宣传、电子邮件等方式，对主题活动进行预热，让众多消费者关心主题活动的进行。随着节日的到来，会举行主题大促活动。如，新年到来之际，开展辞旧迎新、新气象大促主题活动；到了七夕，就会举办各种与情人节相关的产品主题活动。

3. 重塑品牌形象

自2012年我国电子商务商城开始发展后，电子商务行业竞争越来越激烈，已经接近白热化。因此，淘宝运营团队为了更加适应市场发展，从淘宝网中剥离出天猫商城，希望能够重点建立B2C的专业购物网站，以此来抗衡京东平台B2C商家日益严峻的挑战，为注重品牌商品的用户提供服务。通过重塑淘宝商城的Logo和品牌名称，可以清晰、准确地定位其品牌，是将其剥离出淘宝进行独立运营、品牌营销、提升消费者观念的重要策略。

（1）对天猫品牌名称进行重塑

在品牌名称重塑前，淘宝网和淘宝商城是一个整体，二者在很多方面都是重叠的，如显示搜索结果以及网页展示，等等。就消费者来讲，在使用中，两者的体验相似，并没有什么大的不同。但是在重塑淘宝商城的品牌形象后，改成天猫商城，可以将其独立运营的制度充分体现出来，而且创新设计了天猫商城的中文名字和英文名字。天猫总体风格和传统的淘宝网有显著差异，利用淘宝网的长时间积累，天猫商城迅速获取了丰富的发展资源，一直以来，市场份额都超过50%，在电子商务行业始终处于领先地位。

（2）品牌Logo的重塑

对于一个品牌来讲，品牌Logo是最明显的视觉符号，利用生动形象的图画能够将品牌的特色以及定位准确传达出来，所以在品牌重塑过程中，重塑天猫商城的Logo是至关重要的。品牌Logo将新品牌的基本内涵直观、全面、有效地传达给消费者，通过清晰的品牌定位对消费者进行感染，有利于促进新品牌的后期推广以及营销。虽然，在开始确立天猫商城全新的Logo时，天猫商城的相关定位与服务规则存在各种争议，不过这种争议也让消费者和商家对其重视起来，在无形中传播了天猫商城的品牌，并确立了其在消费者中的地位。正是由于天猫商城个性化的品牌形象，因而受到消费者青睐。

4. 品牌个性化经营

品牌是企业各个方面的综合，如战略以及名称等。品牌可以使消费者迅速、准确地区分不同产品。在确定品牌Logo和名称的基础上，根据品牌名称促进品牌文化以及品牌理念发展，可以让消费者准确识别品牌特征，进而为企业开展个性化营销打下良好的基础。

首先，品牌理念方面：在当前的B2C行业中，从功能性而言，每个购物网站都大同小异，多数消费者在购物过程中的购物体验都差不多，所以很多B2C平台都重视品牌个性化建设，争取消费者可以区分开自己的品牌和其他品牌，有利于增加企业的竞争优势。自从天猫商城有了单独的名称后，积极发展个性化的品牌经营理念，以争取更多新的消费者。天猫不仅完成了品牌的企业使命，而且重新定位经营理念，体现出其个性化品牌理念的各项功能，如市场稳定、品牌导向以及员工激励等。为实现天猫商城品牌个性化建设提供了有力保障。

其次，品牌文化方面：独特的品牌文化可以让品牌有更多的文化内涵，而且利用不同的传播途径，可以使消费者更加认同品牌，形成特有的品牌信仰。天猫商城对自身的品牌文化进行打造时，尤其注重体现出品牌特点——“猫”，在天猫品牌文化中渗透猫的个性化形象，除了可以体现天猫商城的品牌内涵，还可以根据猫对环境的挑剔，表示天猫商城对品质的高要求。将品牌与此文化形象结合，使天猫商城有更加准确的市场定位，既打造了个性化和特色的品牌文化，又在很大程度上促进了天猫品牌推广。

（二）核心资源

1. 强大的经济基础与技术基础

天猫背靠阿里巴巴集团，拥有丰富的经济资源，使天猫商城在融资方面具有非常大的优势。阿里巴巴集团雄厚的经济实力有利于天猫内部融资的进行，强大的数据库系统可以整合旗下各品牌的数据资源。而天猫商城出自淘宝网，共享淘宝网的注册用户，对于已注册用户的消费行为都进行了数据化的统计，通过对庞大的消费者数据库进行研究和应用，有利于抓住消费者消费行为的动态变化趋势，能够准确把握消费者的消费习惯、购物特点，这对天猫商城的服务设计与定向推送都具有积极作用。

2. 丰富的用户资源与产品资源

天猫商城是阿里巴巴在原有淘宝商城的基础上开发的，继承了淘宝商城时期积累的原始客户群体，再加上背靠阿里巴巴的品牌加成，在一定程度上也引流了淘宝客户。还有在市场竞争中吸引的新用户，组成了具有黏性的客户群体，这些群体在使用电商平台进行购物时，往往更倾向于选择天猫而拒绝其他的网络购物平台，天猫这种“先入为主”的优势是利用了消费者的习惯排他性。

产品的丰富程度能够反映商城的“生命力”与交易“活力”。在先天优势上，天猫商城依托淘宝网的发展，将淘宝网产品组合进行筛选，进驻到天猫商城，相比京东商城等竞争对手，在产品线上具有强大的优势。在后天扩张上，天猫推动“天猫战略伙伴”项目，联合各个垂直行业中的线下知名品牌进行深度合作。多样的产品资源为天猫商城带来了整体的生命力，从而带动了交易额的增长。

3. 良好的口碑与市场知名度

网站知名度与口碑直接影响消费者购物的入口倾向。据ALEXA最新数据可知，目前天猫商城在全球电商平台排名第5，全球网站排名第57。天猫作为阿里集团下的综合型电子商务网站，虽建立不长，但因其承诺100%保障品质及7天无理由退货的服务，迅速占领了国内电商网站第2的位置，远超其竞争对手拼多多、京东商城等。由于其在电商平台行业的领先地位，市场风险评估低，具有良好的发展前景，有利于天猫商城的风险融资。

（三）关键业务

作为一个综合性购物网站，天猫商城通过构建平台为买家和卖家提供服务，自身并不参与产品的生产制造与物流配送，所以天猫的业务系统并没有想象中的复杂。在天猫所涉及的利益相关者中，生产商、品牌商、供货商、网络分销商都是直接与卖家相关的一方。在天猫的网络价值不断增强的同时，产生了许多为卖家服务的商家，如运营服务商、咨询服务商、广告商等，它们为卖家的运营推广提供服务，充分挖掘信息在广义虚拟经济时代的作用，吸引消费者，帮助卖家发展壮大。卖家所提供的货物通过第三方物流商到达买家手中，消费者所付资金通过第三方支付转移给卖家。

这一系列的交易中，天猫商城只是提供了一个平台，免费供消费者使用，对入驻的卖家收取年费、佣金、广告费等。天猫在发展中也加强了与高校、科研机构、政府、金融公司、保险公司的合作，将更多形式的组织和团体纳入天猫所构建的庞大价值网络中。大量的信息流和资金流在天猫商城所构建的业务系统中不断流动，满足了各方利益相关者的需求。在这次的调研中，我们针对天猫的“双十一”购物节以及线下天猫小店实体店发展情况展开深入了解。

1. 天猫“双十一”购物狂欢节

双十一购物狂欢节，是指每年 11 月 11 日的网络促销日，源于天猫 2009 年 11 月 11 日举办的网络促销活动，当时参与的商家数量和促销力度有限，但营业额远超预想的效果，于是 11 月 11 日成为天猫举办大规模促销活动的固定日期。“双十一”已成为中国电子商务行业的年度盛事，并且逐渐影响到国际电子商务行业。

（1）优势分析

促销手段多：通过预售券、优惠券、团购、预购、红包、返现等促销手段吸引消费者投入“双十一”的消费热潮之中。

广告规模大：“双十一”购物节在宣传方面不遗余力，提前一个月便开始为活动造势。在电视、网络、平面、户外等各处投入展位推广，营销力度空前，营造特属于“双十一”的节日气氛。活动当天更是通过各种晚会为其带货引流，掀起全民参与的热潮。

娱乐性强：“双十一”带有娱乐、疯狂的特点，网民在“双十一”话题中明显带有疯狂抢购的字样，如“high 翻天”“服务器崩溃”“剁手”等。此外，各路明星为“双十一”背书造势，更是在活动当天，霸占微博全热搜，可见其娱乐性。

（2）劣势分析

虚假促销：一些商品价格虚高、变相提价。商家提价再打折，甚至有些商品促销价格高过原价。此外，虚假广告也层出不穷，“刷单”现象屡禁不绝，导致消费者对商品质量怨声载道。

物流配送问题：一次性的高频率下单，使得快递“爆仓”，物流压力大，有些商品甚至要等上一个月才能收到。更有居心不轨之人针对物流问题发送欺骗短信，给消费者造成困扰，影响购物体验。

售后服务：售后服务是“双十一”最大的软肋，“双十一”能够给商家带来巨大盈利，但欠缺完善的售后服务，退款操作严重，难以给消费者带来完整的狂欢体验，消费者常常面临“维权重任”。

价格战竞争：价格战竞争导致利润很低，电商之间的同质化疯狂竞争陷入恶性循环，打广告、争用户、虚假刷单、抢流量。虽然价格战是短期内规模扩张的强有力手段之一，但这种不理智的价格战从长远发展来看对谁都没有益处，稍有不慎就可能会酿成整个行业的秩序混乱。

2. 天猫小店打通线上线下渠道

天猫小店是阿里巴巴推出的线下零售店，其定位为“专心服务社区”。根据该主旨，天猫小店落地选择在消费者住所附近100—500米的范围，并依据店面大小、周边用户画像来决定商品种类，以期通过最便捷有效的方式为消费者提供服务。这也是阿里继无人便利店、盒马鲜生之后，推出的又一个线下零售落地项目。

除了品牌授权的天猫小店，阿里也通过新零售打通线上线下渠道。所谓新零售，即每个天猫小店会有专属于自己的小店号，在手机淘宝会有入口。小店从零售通App采购的所有商品，只要在零售通上按一个按钮，商品就会出现在小店号里。这就是说，消费者可以到店里采购，也可以在家里下订单。通过这种方式，小店老板和消费者可以建立线上的联系，也可以建立线下的联系。

此外，天猫小店通过阿里零售通的数据系统让超市店主的运营效率得以提升，如果一旦获得品牌授权的便利店，还会接入整个阿里系的生态力量，如阿里健康、农村淘宝、菜鸟驿站等。天猫小店在一定程度上为线下零售店的发展，提供了商品等方面的帮助，但是在物流上仍有待进步。物流对于消费者和店家来说都是很重要的。如果是农村的店家选择加盟天猫小店，在进货时，零售通可以为其提供商品，但还是要通过物流配送到店家手中，进货商品时间短的三天到，时间长的一个星期，这对店家的发展没有益处，且加盟天猫小店的基本上都是乡镇。是以，天猫小店的发展并未达到预期的效果，加之京东便利店等同类型超市的竞争，天猫小店仍需打造自身的独特优势以吸引加盟者和消费者。

（四）重要伙伴

2015 年 5 月，天猫商城推出了“天猫战略伙伴”项目，联合各个垂直行业中的线下知名品牌进行深度合作，并提出要求后者签署排他性协议。到 2015 年 8 月，已陆续有超过 160 家服饰品牌参与了该项目，并有 20 多家品牌与天猫达成了独家合作。目前，与天猫达成合作的品牌已有 15 万家。该项目是天猫从合作电商到合作品牌的一大飞跃。它将目光聚焦在线下知名品牌和标杆商家，而且合作对象是品牌方或集团方，不再仅是电商部门，要从集团的层面开展各项合作。

在战略伙伴项目中，虽然天猫并未对战略伙伴的数量进行具体规划和限制，但原则上是宁缺毋滥。由于在合作期内涉及线下门店资源和营销资源的实质性合作，而且商家有落地方案，保障在天猫的成交额相比其他平台有较大提升，且双方能在流量确定性、成交确定性、货品确定性等方面达成一致。因此要保障每个战略伙伴商家都能在日常资源和活动资源上有足够稳定性的流量，并基于双方资源的确定性，在货品、营销、会员等方面进行深度合作，以求快速提高品牌在阿里系平台的成交。

激烈的电商平台竞争促使天猫提出“战略伙伴项目”与“排他协议”。天猫对战略伙伴的要求是应对市场更多电商平台的出现以争夺更多的市场份额。因此天猫要求其战略伙伴全年的重要营销事件首选天猫落地，尝试 O2O 项目首选阿里系平台。同时天猫还公布了对品牌商货品资源的考核维度：全年在天猫的销售货值和成交；新品/商场同款备货比例和折扣；线下畅销款备货比例和深度；天猫首发商品数量及深度。此外，天猫还明确指出，战略伙伴的线上成交额中，来自天猫平台的成交额占比要提升；所有商品在线上零售平台上要实现同款、同期、同价。天猫还将把控这部分品牌商在阿里站内及站外的广告投放费用及节奏。通过将品牌商的营销重心有限转移到天猫的方式，打造战略品牌合作，为天猫带来更多优质产品。

为寻找有好商品和好品牌的商家，2015 年天猫发布了调整招商标准的公告，招商从消费者的需求和市场需要的角度出发建立招商品牌库，共同提供优质商品与打造优质服务。这种大幅度提高入驻门槛的方式可以筛选出优秀品牌与商家，有利于天猫良好战略伙伴关系的寻找与建立。为方便构建品牌合作，天猫还提供了专门的招商频道网站。天猫招商频道是天猫为引导商家、品牌入驻所做的一个门户渠道，用以吸纳优秀品牌，也允许商家自荐优秀品牌。

（五）客户关系

天猫倡导诚信、活泼、高效的网络交易文化，以“为用户创造安全和舒适的消费环境”为目的，积极建立良好的客户关系。为此，天猫推出一系列保障性服务：第一，推出会员即时沟通工具。“阿里旺旺”作为一个即时聊天工具，很好地将买家与卖家直接置于平台的维系之下，通过该聊天工具，用户可以通过使用“了解对方信息、多方聊天、查看交易历史、了解对方信用情况”等功能对对方进行基本的评估。在实际运用中，买家进入某一店铺，可以直接通过“和我联系”或“给我留言”的图标判断卖家在线与否，减少买家为等待消息而浪费时间的情况出现，也可与卖家及时沟通交流。第二，七天无理由退换货。天猫卖家接受买家七天内无理由退换货，顾客不用担心出现商品到货后不满意想退换货遭卖家拒绝的情况。第三，推出“如实描述”“假一赔三”“先行赔付”“30天维修”“闪电发货”“正品保障”等服务，以承诺、保障、接受监督的方式，维护消费者利益。第四，建立信用评价体系。该体系给予了买卖双方在每笔交易后的评价机会，并且允许评价方在一段时间内修改之前做出的评价。信用评价无负债，从0开始，最高为5，以多种评价角度，全面评价交易行为，并全部采用商城认证，保证交易信用。

天猫与客户的关系建立在周到的服务保障的基础之上。天猫为稳固客户关系，在激烈的平台客户竞争中降低客户流失率，又在基础消费保障上，将提升服务质量与提供个性化服务双管齐下，以两方服务挽留消费者：一是平台服务，天猫紧紧围绕消费者的需求进行技术开发与业务布置，利用先进的大数据技术为用户提供个性化推荐的服务。二是卖家服务，在出现客户流失的情况后，迅速归纳问题，寻找原因，总结经验，弥补漏洞，用切实的服务提高客户对天猫店铺的忠诚度。同时研究顾客需求进行个性化推荐，进行一些针对性的促销，提供适当的顾客关怀，用情感性服务打动消费者。如在产品上新后或促销抢购前的及时联系、重大节日或者重大活动的及时通知、顾客生日时间的祝福短信或生日折扣等富有人性化的服务，在提供情感性服务的过程中，往往以使用顾客姓名的方式体现重视度。

此外，对于天猫，除了消费者是客户，商户卖家也是客户。对于消费者面对卖家不配合合理的退换货、天猫商户卖家遭遇买家恶意评价等买卖双方无法私下调解的交易矛盾，天猫及时进行第三方介入，由官方出面调解，以保障和维护双方合法权益。如天猫专门设置的“举报及交易纠纷”栏，用来及时处理各种顾客问题。这些服务为天猫与顾客间关系的建立提供了良好的环境。

除了以服务挽留客户，还要以产品吸引客户。天猫对产品的高要求严质量，就是以良好的口碑换取平台流量，流量提高后再加上产品本身的高质量，在紧密联系消费者的基础上将产品的特点、功能、价格最大限度地导向目标客户群体，能更大程度上提高顾客从普通用户转化为固定用户、忠实用户的概率，从而加固天猫客户关系的整体框架。

（六）客户细分

通过 RFM 模式，了解客户加入时间、上次下单时间以及订单量，将客户分为新客、老客（高频复购）以及潜在客户。对待已有的客户，天猫通过成交转化、会员体系、新媒体宣传进行锁客。不仅如此，天猫特别注重客户数量的裂变，通过线上（微信、小红书、抖音等渠道）、线下（社区、团体）传播，打响口碑。不断引流拉新，通过像双十一、双十二、女王节、616 这类大促节点，举办活动进行推广。

（七）渠道通路

近几年，天猫以创新的内容和玩法，不断刷新消费者对品牌的新认知。

2015 年，天猫抓住令外国用户头痛的敏感点——中文学习，推出天猫中文学院，购物页面上按购物类别简明分为“吃、喝、用、穿、特产”五部分，图文并茂，并在旁边标明中英文释义，同时也有相应的链接可以点击购买。这种“以教带卖”的创新形式受到了很大的关注与讨论，天猫的知名度在朋友圈、论坛、新闻报道中得到了提升。

2017 年，天猫品牌 slogan 从“上天猫，就够了”升级为“理想生活上天猫”。双十一期间，天猫采用“祝你双十一快乐”的营销策略，构建出自己心目中的“理想生活”，并配合推出广告《祝你双十一快乐》，讲述了一个通过礼物馈赠心意的故事，引发了消费者情感上的深度共鸣，也将“双十一等于节日”的概念植入大众心中。同时，阿里还联合伯克利大学清唱团共同献唱演绎了天猫双十一主题曲《祝你双十一快乐》，借此传递员工在双十一期间对商家、客户以及自我的美好节日祝福。除了广告片外，天猫还从所有商品评论中挑选出一系列用户亲手记录的快乐小时刻，办了一场特别的影展。这波营销在精准洞察用户的基础上，以情感为纽带对消费者进行了深度运营。还有每年不会缺少的传统项目——猫头联合海报也是天猫双十一一个重要的营销手段之一，天猫商城内各大品牌相互联合为用户献上祝福，通过海报宣传平台的同时，也为众多入驻商家和品牌提供了更多的主动权和曝光量，实现了互利共赢。

除了依托互联网宣传营销，天猫在线下也制定了相应的营销方案。如：2018年，天猫步入第一个十年，以“精彩，才刚刚开始”为主题，转变产品功能性诉求，深化品牌情感沟通。邀请影视、文化、互联网等不同领域的代表人物，作为十年理想生活人物群像代表，覆盖的用户范围极广，同时还邀请明星助力锁定流量，将平台热度推至更高点。

在如今网络用语层出不穷的环境下，天猫也紧跟时代潮流，基于对网络热词的挖掘和用户双十一前后心态的洞察，用戏谑的方式创作词语新解，迅速与年轻用户打成一片，玩转社交营销新高度。还有11城、11街、11许愿池等，天猫努力打造品牌在社区平台的新一代玩法，进一步强化了天猫社交、会玩的形象认知。该类营销不同于冷冰冰的硬广，与天猫潮流、时尚的定位相契合，能很好地拉近与用户之间的距离，提升用户对品牌的好感度，也为入驻品牌带来不少的流量和曝光度。

天猫采用线上线下共同运营的模式。线上采用区别于淘宝的B2C模式，主要分为旗舰店、专营店、专卖店三个领域，企业通过网上平台直接面向消费者销售产品和服务，节省了客户和企业的时间和空间，大大提高了交易效率。但相比于个人到个人的C2C模式，从企业到个人的B2C模式增加了交易管理压力，需要更多的人力，提升平台服务质量的难度也比其他平台更大。另外，由于天猫的主要收入来自广告收入、关键词收入和技术服务费，这就对软件技术的要求很高，需要实时监控数据，更新系统，以确保平台发展。

物流方面，天猫不具备自己的物流系统，主要依靠第三方和菜鸟物流进行商品运输，缺乏一定的主动权。若出现问题，天猫作为物流公司的第三方，在问题的处理上也相对更烦琐。

天猫线下主要有天猫超市实体店、天猫优品服务站，负责商品线下购买、快递收取等。天猫超市实体店能够免除线上购物需要满88元才包邮的邮费支出，为用户在急用某些商品时提供了便利；天猫优品服务站主要选址在互联网普及率、网购使用率相对低的乡镇地区，能与线上购物形成互补，扩大受众群体。但线下仓储和门店的建设维护、人员的招收也增加了天猫的运营成本，并且存在门店缺客流（尤其是近年出现的新冠疫情，对门店客流又是一个沉重打击）、有客流无转化（即客户会来看，但只是以门店价格为参照依旧通过线上平台消费）、有会员难互动等问题，对天猫线下门店的生存也是一个挑战。

除上述渠道外，天猫备受欢迎的试用体验版块“天猫 U 先”目前也在尝试采用线上线下共同运营的模式。天猫 U 先与海量大牌合作，每天上新试用体验权益，吸引了一大批 90 后用户。线上通过自主搜索“天猫 U 先”，消费者即可一键到达访问频道。据不完全统计，2020 年，千万量级的大学生在天猫 U 先上试用美妆、食品；除了大学生，年轻妈妈也是天猫 U 先的活跃消费者，在天猫 U 先上试用母婴用品的，有超过 60%的人是 90 后用户。2021 年初，天猫 U 先在杭州西湖边首开天猫 U 先“万试如意店”，作为天猫官方首家线下小样体验店，天猫 U 先在快闪店内精选约 80 家天猫大牌，提供近 3 万件体验装，让消费者每件仅需支付 1 元封顶的费用，即可现场轻松体验、领取带回家，天猫 U 先万试如意店也成为 2021 新年杭州的热门打卡点之一。大量消费者在此次线下的“限时体验”中，与资生堂、赫莲娜、欧莱雅等优质品牌加深了沟通与互动，为平台带来更多关注度与影响力。杭州首站线下试点的成功也为天猫 U 先开拓线下服务带去信心，天猫 U 先“万试如意店”也将出现在更多城市，引领更多消费者进行线下“尝新”体验。“下一站万事如意店去哪儿，我们还在进行消费者调研，但是，日常大家也可以多多关注我们的派样机，我们每天都会上新。”天猫 U 先工作人员这样表示。

（八）成本结构

在成本方面，天猫商城对网站的建立与维护是其主要的支出。对于平台服务型的企业来说，推广成本和营销费用也是一笔大投入，还有人力、管理成本等。除此之外，还有客户服务费用、赔偿费用、租赁费用等各种日常开销。

天猫商城作为典型的 B2C 企业以其高市场占有率成为电子商务的领跑者。而这种新型经济运行模式，在成本控制过程中也出现不少问题，天猫必须做好成本控制才能实现更好的发展。天猫运营成本大致包含以下五个大类：

天猫平台成本：淘宝商城基础费用、保证金、技术年费和销售扣点等；

硬运营成本：房租、电脑设备、家具、拍摄、耗材、软件、水电等；

软运营成本：即推广成本，包括直通车、钻展、淘宝客、淘外、淘宝活动（聚划算和淘抢购）等；

人力成本：人员工资和奖金、五险、差旅、公关、培训；

货品产品的成本：新品和库存产品。

通过对天猫成本结构的梳理，可以分析出其中可进行成本控制的环节。同时作为电商企业中的重中之重，物流成本不仅在总成本中占比高且可控性极强，天猫商城从成立至今一直采用第三方物流，是以对第三方物流采取成本控制的可行性措施更是节约成本的关键所在。

1. 天猫商城成本控制分析

天猫商城店铺的交易成本中，如仓储费用、管理费用、拍摄和制作费用、人工成本、税收等随着销量的增加而递增，企业对部分成本的可控性小，只能通过加强企业管理促进资源的优化配置来加以控制。天猫店铺也可以通过分析淡旺季需求从而招聘临时工以达到节约成本的目的。但是，这种经营方式会有一定的风险，容易降低员工的工作效率和责任感，甚至降低企业经营效益，不利于企业长远发展。再者，单位采购成本、单位广告成本随着销量的增加而递减，提高企业经营绩效不仅能大大提高员工积极性，还能实现成本的有效控制。

2. 天猫商城第三方物流成本控制的对策

通过物流外包降低成本，随着第三方物流日益规范化，天猫企业店铺可将物流业务及物流管理的职能部分或全部外包给第三方物流企业，形成物流联盟以降低物流成本。同时，企业要实现效率化的配送，就必须重视配车计划管理，提高装载率以及车辆运行管理。可通过店铺联合实现物流车的利用最大化，对物流费用进行分摊也可大大降低物流费用。值得注意的是，成本控制不是一方的事情，而是各方互相配合协作的结果，因此，降低物流成本以实行供应链管理，不仅要求本企业的管理体制规范化，也需要企业协调与供应商以及客户、物流企业之间的关系，实现整个供应链活动的效率化。但在节约成本支出的同时，不能为了降低物流成本盲目选择物流公司，而要综合其服务水平、配送速度、管理模式等要素确立合作关系，选择优质物流公司，从而实现效益与成本控制双赢。

（九）收入来源

2020年，零售百强企业中电商企业销售规模增速仍保持较快增长，百强零售企业中5家电商的销售规模达到7.7万亿元，同比增长30.3%。这5家电商分别为天猫、京东、拼多多、唯品会、云集。5家电商的销售规模占百强总销售的比重为74.5%，较上年提高6.7个百分点。其中，在5家电商中天猫销售额首次突破3万亿元，销售额占5家电商的比重为41.7%，占了相当大的市场份额，其他电商平台望尘莫及。而这其中为天猫带来的巨大利润也是远在其他电商平台之上的，其优秀的盈利模式及高盈利水平是可见的。

天猫收入的来源主要是为品牌商家带来的盈利化服务。

1. 基础服务类收入

品牌商家在进驻天猫平台时需要向天猫支付一定的费用，相当于租金。天猫会为商家提供店面空位、网店搭建、网店装修等服务，并向企业开放相关管理接口，提供相关的网站技术服务。天猫对商户的基础收费主要有技术服务年费和实时划扣技术服务费。

天猫技术服务费就是天猫扣除额，即在天猫商城完成每笔交易后，天猫平台将根据实际交易金额收取一定的百分比。扣除服务费，其比例根据商店的类型和类别确定，一般在5%左右，例如产品的价格为120元，顾客的实际购买金额为100元，而该店的天猫扣除为5%，则实际服务费为5元。结算完成后，天猫将根据商店的类型和类别收取两种不同的技术服务年费，分别为3万元或6万元，商户需在入驻时一次性交纳。每个自然年的12月31日0：00，将根据当年完成的营业额退款50%或100%。同时，商店的DSR动态评分必须至少为4.4分或更高才能满足退货要求。商店要想入驻天猫，还需根据商店是否带有R标记（TM标记）和商店的类别，支付一定数额的保证金。

实时划扣技术服务费指的是天猫店铺每成交一笔订单，平台就会在订单金额里扣除相应的服务费用百分之零点几到百分之几不等，这是主营业务收入中重要的组成部分，标准是支付宝成交额（不含邮费）×商品对应的技术服务费率。随着商家的不断入住，来源于基础服务类的收入也会随之增加。

2. 增值产品类收入

天猫背靠阿里集团，拥有全国最庞大的人工智能与大数据研发团队，掌握数万家店铺的交易数据以及消费者的行为数据，精密的数据和先进的技术是天猫发展的根基，也是盈利产品研发的技术支持。天猫的数据库系统可以直接为商家提供数据分析报告，商家可以付费购买这些报告用以分析评估，例如研究消费者行为挖掘需求、商家竞品研究、行业分析报告等。天猫也可以间接利用数据库，依托自己的技术团队，根据商家需求开发新型软件和附加服务，如图片空间、会员关系管理、装修模板、数据魔方、量子统计，等等。天猫推出的这些增值产品往往会因高度吻合卖家的店铺发展需求而获得不低的销量。

3. 营销广告类收入

天猫商城每天有上亿的访问量，是广告营销的绝佳平台，而天猫巨额广告流量也为平台带来了可观的收入。商家可以付费植入广告，再由大数据定点推送到对其感兴趣的用户页面上，目前天猫商城广告主要有商品展示广告、品牌展示广告、旺旺植入广告等，商家可以在天猫上发布自己的广告、新品推荐、店铺介绍等营销内容。天猫的搜索功能也为平台盈利带来契机：通过改变搜索排名的方式，提高店铺销售额，即以关键词竞价模式，允许商家付费购买关键词，将该商家在搜索结果中的排名进行提高，方便用户一眼就看见，从而提高店铺的流量。

（十）模式分析

与淘宝的 C2C 商业模式不同，天猫采用 B2C 商业模式，即企业卖家到个人买家。所谓 B2C，就是网上商业零售，企业通过网上平台直接面向消费者销售产品和服务。天猫采用的 B2C 模式将入驻商城的资格限制在企业上，因此对资质要求十分严格。如果说淘宝是一个集市，那么天猫就是一个品牌集合商城。天猫商城着力于提供 100% 品质保证的商品，保障消费者的权益。是以，通过 B2C 模式把控品质更符合天猫商城的初衷和发展方向。

1. B2C 模式的优势

（1）B2C 模式商户能动性强：商户可以自行对市场做出反应，不需要商城去担忧。市场自由，没有太多条件限制，扩充性强。商户可以在天猫商城获得更多利润，同时也有利于天猫商城的招商。除了一些管理上的纠纷，市场经营方面不用担心会发生利益冲突，商城不用花太多心思去管理各种产品的经营。

（2）B2C 模式快捷方便，大大缩短了时间和空间，适应现代都市人快节奏的生活方式。天猫商城较之淘宝更像是一个网上商场，其将受众定位在对价格不是那么敏感的消费者上。将线下商场搬到网上，节约顾客逛街的时间和成本。各奢侈品牌入驻天猫商城，减少其自身经营成本的同时，提升了天猫商城的品质感，也为天猫商城带来了更多的消费群体。

（3）对商品提供售后服务：天猫商城实行七天无理由退货以及退货保障，保证了消费者的权益，让顾客在进行网上购物时，不会因为退货退款问题而担忧。同时，天猫商城设置专门人员进行客户资料保密工作，以防止客户资料外泄，商城的安全度和可信度高。

（4）B2C模式下，企业卖家资金较雄厚，能不断引进较新奇或限量发行的商品。通过这种方式，打造了天猫商城的独特性，有利于吸引有限量商品需求的潜在顾客。

2. B2C模式的劣势

（1）B2C模式的客户服务缺乏互动性与个性化

天猫和大多数B2C电子商务网站提供相似的服务功能，缺乏多样性。这种服务功能缺少新意，服务质量对顾客来说过于官方和冷淡，难以让顾客产生亲近感和交流感，对于顾客问题的解决亦差强人意，难以与顾客建立起长久稳定的关系。导致顾客越来越看重商品的价格，从而造成天猫商城在经营时经常利用“双十一”“6·18”等促销活动，依靠打价格战的方式吸引人气，以弥补该模式本身对顾客的吸引力不够。

（2）业务流程存在一定的局限性

网上购物缺乏实际体验感，虽然天猫商城利用电子商务技术可以有效改进业务流程，但在很多情况下，一些业务流程使用传统的商务活动可以更好地完成，这些业务流程仍然无法通过实施新技术得到改进。

（3）B2C模式缺少了人与人之间的沟通与关爱，完全是为了生意而做

由于B2C模式是企业卖家直接入驻，其较之个人卖家最大的区别便是，企业卖家自身已具备了一定的影响力，其借助天猫这一平台更多是为买家提供一个买卖平台，拓展自己的线上业务，商品议价空间小，买卖双方互动性低。而反观淘宝的C2C模式，个人卖家经营自身业务，着力于搞好客户关系，扩大自身影响力，通过买卖双方的互相交流增加顾客黏性，进行人性化交易，富有人情味。

（4）B2C模式下，商户对于商品无法提供完整的测试使用报告

由于网上购物无法亲身体验实际效果，顾客在购买前除了询问商家还会

向已下单的顾客提出自己的顾虑。但通过淘宝和天猫问答对比会发现，淘宝的客户提问更多，且淘宝店铺的客户回复更加迅速具体；而天猫店铺的客户提问较少，“暂无回答”的情况更是不在少数。客户无法解决自己的疑问，便会降低对商品的购买欲望，影响客户的消费体验，也不利于提高商铺的销售额。

四、内容总结

(一) 优势

1. 巨大的市场份额优势

天猫在 B2C 购物平台的地位是难以撼动的，天猫每年大型的双十一、双十二等活动极大吸引了消费者眼球，为天猫的宣传造势实现了理想效果。天猫拥有海量会员，这是其他任何一个购物网站都无法企及的。同时，天猫依靠淘宝拥有大量流量，随意在淘宝店铺上搜索一件物品，一般出现的第一家都是天猫店铺，这给天猫入驻商家带来了很多流量。

2. 服务优势

天猫不仅是大卖家和大品牌的集合，更能提供更加周到的服务，商品有正品保障并且支持七天无理由退货，坚持 B2C 标准化的限时送达服务。天猫为保证客户基本权益提供了优质的保障服务。同时，天猫本身并不参与商品的销售和服务，商品的销售、配送和售后服务均由卖家自己负责，从而大大降低了配送和售后服务的成本。

3. 强大的平台支持

天猫是阿里巴巴全新打造的电子商务平台，是基于成熟的淘宝网平台上建设的，通过经验丰富的网站建设团队和专业的网络营销策划团队进行推广和完善，保证了天猫先进、安全的平台运行和网络广告推广，同时便捷的购物体验和强大的电子商务交易工具为天猫的经营带来了很好的口碑。

4. 市场风险小

天猫商城走平台化路线，自己不进货，从风险上来看，更保险一些，不需要大量的自用周转资金，而且天猫依靠服务获得收入，不必与其他平台打“价格战”。数量众多的规范商家和有保证的商品以及众多品牌商加盟，也为商品的质量带来了足够的保证。

5. 天猫国际相比国内商品贸易发展空间更广阔

上线天猫国际，为国内网购用户直供海外原装进口商品，相比以往海外商品贸易更加经济和快捷。内贸电子商务竞争激烈，主要以价格战为主，相比而言，外贸电子商务普遍盈利性好，有很大的发展空间，竞争也还没有达到白热化。外贸电商更理性，拼价格现象较少，能更务实地做好产品和服务。天猫大胆引进保税进口模式，将海外集中采购的货物，以集装箱的方式进行运输，将货物存储在国内的保税区中。海外商品在保税进口模式下可直接运回国内，备货在国内保税区。用户下单之后，通过中国海关对个人物品的清关，再以国内物流方式配送给用户。无论对于平台商还是海外商家，这种模式对物流效率的提高和物流成本的降低都有帮助，将会给中国消费者带来更具价格优势的海外商品。

6. 平台包容性大

天猫作为国内一线的电商平台，核心优势在于价格低、选择度宽，可以实时沟通。在平台的包容性上，呈现了非常强大的规模优势，依靠自由招商，提供最为广泛的产品选择余地，并能够提供实时的客户咨询反馈。

（二）挑战

消费者的消费欲望随经济水平和收入的提高而逐渐增长，继而给电商平台的发展提供了肥沃的土壤。阿里巴巴集团对这片土壤的前瞻性，也令天猫具备了时间和资源上的优势。随着互联网的发展，电子设备普及，打破了信息壁垒和交易对象的固有限制，计算机技术和安全软件的逐步发展与完善，也为网购提供了良好的安全保障，使得网购逐渐成为人们的常态化消费行为。在互联网时代的背景下，国家为支持电子商务经济发展，先后出台了多条法律法规，在保证电商平台快速发展的同时，也使网络市场的规范性得到了提升，天猫有了较为稳定的发展环境。但机遇与挑战并存，在具备多种发展机遇的同时，天猫的未来发展也面临着诸多挑战。

1. 电商行业的相关管理政策不全

政策方面，近年主要通过《网络商品交易及有关服务行为暂行管理办法》《计算机信息系统安全保护条例》等法规来规范电子商务，还没有设立专门的电子商务法。电子商务的发展环境虽然得到一定程度的规范，但依旧存在漏洞。部分商家会抓住漏洞，为盈利而恶意降价，若是没有相关法律及时制裁，就会导致更多商家效仿，出现价格战，扰乱电商发展环境和盈利模式。

2. 电商市场竞争激烈

当前天猫商城在我国的电商市场上仍然存在众多竞争对手，如京东、亚马逊、当当网等，虽然天猫在B2C中占据了绝大多数的市场份额，但面对同样在不断调整战略的强劲对手，以及在较低的行业门槛下不断涌入电子商务市场的国内外企业，天猫依旧面临着严峻的市场挑战，而要在激烈的市场竞争中突出重围，就需要不断调整营销策略。比如近几年提出要加大开放力度的京东，作为天猫最强劲的竞争对手之一，它的开放战略就将对天猫形成不小的冲击，特别是在服装百货这种中小型商家居多的类别中尤为明显。随着天猫对“高质量服务”的不断追求，天猫商家面临准入门槛、经营成本与顾客要求越来越高的困境，使得新商家入驻越来越困难，而资金不甚雄厚、竞争能力不强、团队建设有待完善的老商家也面临着被淘汰的结果，这对于天猫商城内部的良性运转和版图拓展都是不利的。

3. 行业物流配送提升缓慢

天猫没有自己的物流系统，商品运输依靠的是菜鸟或第三方物流，这种模式能够降低物流系统的管理成本，与菜鸟的资源共享也能实现互利共赢。然而这种模式同时也增加了天猫的物流管理难度。此前，天猫的物流出现过“发错商品”“未收到货但显示已签收”“联系不到骑手和人工客服”等多种问题，天猫的服务质量还多次遭到质疑。但由于物流系统不是天猫自身的，对问题的改进和完善更烦琐。另外，随着技术变更，各大电商平台的物流系统也在不断升级，天猫的物流模式使得其对物流升级不具备主导权，在该方面与其他电商平台的竞争处于弱势。

4. 信息泄露问题造成的信任危机

作为以用户体验为先的电商平台，用户的隐私保护机制当属于平台的重中之重。但近几年，天猫平台用户网购信息泄露导致用户被骗的事故时有发生，诈骗者以天猫客服的名义又手持用户网购信息实施诈骗，向消费者发送诈骗信息和电话，部分用户因难以判断真假而被骗，这使得用户对天猫的信任度大大降低。除了平台信息安全问题，还有天猫商家对于消费者个人信息保护意识淡薄所导致的消费信息泄露问题，受骗用户在遭受损失后往往难以维权，一旦其受骗经历被大范围传播，将会对天猫形象造成负面影响，也会导致用户对天猫商城的信任危机。

5. 疫情导致线下实体店遇冷

天猫线下实体店主要是在网购率相对低的乡镇地区推广，这些地区交通相对没有城市便利，人流量少，疫情暴发导致的居家隔离更是使线下实体店的人流量遭受重创。原本天猫线下实体店就存在“门店缺流量”“有客流无转化”“有会员难互动”的问题，疫情暴发后线下仓库和门店的建设维护成本与资金回收相比严重入不敷出，这对天猫线下实体店的生存发展是一个很大的威胁与挑战。

（三）发展策略

随着时代发展，媒体形态逐渐发生变化，营销方式也不断创新，“直播＋”应运而生。“直播＋”具有低成本、低门槛、高成交金额转化率的特点，已成了线上消费的主流。据《2020 年第 45 次中国互联网络发展状况统计报告》，截至 2020 年 3 月，我国网络直播用户规模达到 5.60 亿，占整体网民数量的 62.0％，较 2018 年底增长 1.63 亿。由此可见，网络直播这种新型的互联网营销形态已经成为我国网络文化市场中的重要组成部分。

1. “直播＋”发展的基础

网络技术的发展、电商流量成本降低、互动方式多元化共同促使“直播＋”这种新型营销方式发展壮大，加上各大直播平台积极布局、用户数量不断增加，“直播＋”已经积累了相当规模的用户。

（1）互联网技术的发展为“直播＋”提供了保障

“直播＋”之所以能成为热门，一方面要得益于快速发展的互联网技术和通信技术，尤其是随着 5G 技术走进人们的生活，数据传输速度加快、信号质量得到提升，流量资费逐渐降低，用户体验感得到满足。另一方面，由于智能终端的普及，人们不需要任何专业门槛，只需要一部手机就可以随时随地进行直播，这也为网络直播提供了“硬核”保障。

（2）经济效益驱动了“直播＋”的发展

相较于传统电商流量成本的居高不下和网站成交转化率普遍较低的现状，“直播＋”模式具有低门槛、低成本和较高的成交转化率的优势，给消费市场注入了新的活力。直播行业巨大的商业价值和潜力，吸引了大量的投资者，很大程度上促进了网络直播的发展，也加速了全民直播时代的到来。

（3）社交属性特点促进了“直播＋”的发展

网络直播具有的实时性、开放性和互动性特征，使其成为新媒体时代中非常重要的一种社交互动方式。在直播过程中，受众可以通过弹幕的方式与主播进行直接交流与对话，主播也可以通过多种方式满足受众的不同需求。主播和受众的频繁互动，可以提高受众的积极性和参与度，提高粉丝黏性，从而增加流量、提高转化率。

2.“直播+”发展的现状

“直播+”行业在2019年延续了以往的创新发展态势，行业变化重点体现在以下几方面。

(1) 内容品类不断丰富

在传统的真人秀直播、游戏直播等网络直播用户规模增速放缓的同时，电商直播阿里巴巴、京东、拼多多等，生活类直播快手、抖音、微信、微博等相继涉足该领域，多元化的发展为直播行业整体用户规模增长提供了有利条件，丰富了网络直播行业的内容与变现方式。尤其是在2020年疫情防控期间，多数线下业态受到影响，越来越多的商家将营销业务转移到线上，直播助农、直播带货、线上团购、线上教育等新型消费方式层出不穷。习近平总书记在陕西考察时也点赞了当地农产品直播模式。随后，从县长直播助农到携程酒店主席直播售楼、从明星直播卖车到网红直播卖飞机，直播销售的领域在不断扩大，交易额也在不断刷新。

(2) 市场经济规模不断扩大

当下，“直播+”已经成为一种潮流和趋势，大家对“直播带货”“短视频”“网红”这些网络词语耳熟能详，“直播+”这种新型网络销售模式已经成为各大媒体平台的标配，在线直播用户也持续增长。艾媒咨询数据显示，2019年中国直播电商行业总规模达4338亿元，在线直播用户超过5亿，到2020年底，市场规模突破9000亿元；据阿里巴巴2020年第三季度财报显示，2019年淘宝直播已积累4亿用户，全年GMV突破2000亿元；招商证券2020年1月数据报告显示，快手直播年交易额预计400亿元、抖音直播年交易额预计100亿元；CNNIC第45次调查报告显示，截至2020年3月，游戏直播的用户规模为2.60亿、真人秀直播的用户规模为2.07亿、体育直播的用户规模为2.13亿。由此可见，随着互联网技术、通信技术、人工智能技术的发展，“直播+”模式转化率高、变现效果好，已经成为电商平台、内容平台新的增长动力。

(3) 人工智能为“直播＋”提供技术支持

传统的电商销售是图文模式的网络销售，消费者要通过看评论、问客服进一步了解商品。而“电商＋直播”产品的展示更加可视化、直观化，消费者可与主播实时、直接互动。随着 AR、VR 技术的成熟，其与网络直播的高度融合能够使扁平化的直播视觉画面立体化，有利于提升用户的参与度、痴迷感。总之，人工智能引领的网络直播正在改变受众对新媒介的应用习惯，也促进了“直播＋”行业的健康稳定发展。

(4) 行业监管机制进一步完善

在市场经济利益的诱惑下，网络直播行业也出现了很多问题，针对这些问题各部门相继出台了多项政策。一是地方行业协会联合各大直播平台发布并实施了我国首批直播行业团体标准《网络直播平台管理规范》和《网络直播主播管理规范》，规范涉及直播平台的账号监管和平台巡查等内容，对主播准入标准、直播内容等也进行了明确规定。二是针对网络直播中出现的夸大宣传、虚假交易、虚假评价等违法行为，国家市场监督管理总局发布专项行动工作方案，为整治互联网不正当竞争行为，维护公平竞争的市场秩序提供了强有力的保障。

3.“直播＋”发展趋势

(1) 创新直播内容

同质化的直播内容和形式势必会导致用户厌倦，降低用户黏性，不能形成良性发展。具有创新性的个性化、专业化、高水准的直播内容才能赢得用户的青睐。UGC 和 OGC 不但能解决 UGC 的版权问题，而且其内容生产者具有专业的学识和资质，能够创造出优质的、有竞争力的直播内容。因此，可将 UGC 与 OGC 有机融合，打造出高品质的直播内容，为直播行业的健康稳定发展助力。

(2) 培养专业直播团队

随着“全民直播”时代的到来，直播人才紧缺俨然成为阻碍直播行业发展的最大障碍。面对这样的现状，直播行业一方面可以通过专业的营销团队培养专业主播，提升主播团队的技能、知识和素养，增强用户的黏性，提高变现能力；另一方面可以同高校联合培养专业主播人才，从直播平台的官方活动分析与策划、商品选品和卖点挖掘、粉丝定期维护和精准用户聚集转化等方面对学生进行专门的训练，为直播行业的发展注入新的生命力。

（3）打造健康直播环境

“直播＋”经济必须要在政策监管下才能得到良好发展，消费者的权益必须受到法律保护。因此，需要多方协同发力为直播经济保驾护航。政府部门要加快制定网络直播行业的法律规章制度，明确平台与主播各方的法律责任，加强执法力度，完善监管手段；政府管理部门应对低俗、泛娱乐化的直播平台进行整改，对不合法的直播平台予以取缔，对直播平台运营内容提高要求。

参考文献

[1] 成杰．淘宝“双十一狂欢节”营销研究［D］．沈阳：辽宁大学，2014.

[2] 李婉莹，曾芝玲，周子明，等．天猫国际与考拉海购对比分析［J］．商业经济，2021（2）.

[3] 李向前，王俊男．基于 e～3value 的 B2C 电商商业模式研究——对比分析天猫商城与京东商城［J］．广义虚拟经济研究，2020（4）.

[4] 宋园林．国内 B2C 电子商务盈利模式分析［D］．大连：东北财经大学，2012.

[5] 王露，汪传雷，高源，等．“互联网＋”下萌发的新零售小店对比研究［J］．现代商贸工业，2020（15）.

[6] 王永青．B2C 网络平台嵌入风险生成与传导研究［J］．天津：天津财经大学，2019.

[7] 张秋荻．跨境电子商务的商业模式及盈利分析——基于阿里巴巴、天猫、e Bay、梅西百货的案例分析［J］．经济师，2021（3）.

[8] 张艳，王秦，张苏雁．互联网背景下零售商业模式创新发展路径的实践与经验——基于阿里巴巴的案例分析［J］．当代经济管理，2020（12）.

[9] 李玮玥．天猫商城商业模式分析［EB/OL］．［2021－06－10］．http：//abc.wm23.com/a502317093/212776.html.

“有温度”的短视频叙事
——基于C视频平台的调研

邵凌玮　叶惟真　陈　薇　董佳琪
洪小婵　宋思语　孙　雯　叶　琼

C视频平台诞生于2014年11月，以“发现身边不一样的美”为品牌概念，采用人文主义纪录短片的形式生产原创内容，发掘人物亮点，传递平凡生活中的温暖和正能量。

一、C视频平台发展历史及现状

C视频平台的前身是一家传统的传媒公司，主要业务是帮助电视台制作外包节目以及帮助广告客户和品牌方制作广告片。2015年8月，C视频公司完成了平台化转型，从内容创作团队发展成内容生产平台。2015年至今，C视频平台从单一内容产品线发展到了日益完善的产品矩阵和城市内容生态布局，从一家当地本土公司发展到了全国近10家分公司再到建造自己的产业园，从单一新媒体发展到了覆盖传媒、教育、影业、文创、云平台的全域生态。

C视频平台自成立至今，其创作的短视频主要呈现三个发展阶段特征：其一，以“人”为主题的短视频创作，刻画人物的苦情与坚持，传递乐观向上的社会正能量。其二，打造新纪实IP先驱，这一阶段的C视频平台先后创作了《此食此客》《最后一班地铁》等10多个洞察时代、温暖人心的“新纪实”原生优质IP。这些真实故事系列短视频扩大了用户市场，并获得了好评。例如，人文美食观察系列纪录片《此食此客》聚焦深夜时刻各色食客的背后故事，真实还原市井烟火下的百态人生。该系列在推广期保持爱奇艺纪录片热度榜Top 1，豆瓣最高评分达8.1，连续8周霸榜微博纪录片联盟榜，荣获第三届超级IP大会暨莱萌奖商业应用金奖、年度最具商业价值潜力IP项目Top 3。其三，现阶段，C视频平台不再局限于短视频，开始进入直播赛道，致力于探索以内容为主的直播。

如今，C视频平台已拥有了强大的视频发行能力，目前已覆盖线上、线下共计200多个分发渠道，线上包括：新闻资讯类App、视频新闻门户等渠道，线下拥有全国多个城市的地铁、公交巴士等屏幕同时进行传播。而其主要的传播渠道为其微信公众号、官方微博和C视频平台自身的视频官方网站。大力度、多元化、平台式传播也成为其一项重要的传播策略，为C视频平台占据短视频行业的领先位置提供了强大的媒介支持，也使其用户关注度越来越高。

二、C视频平台的成功密码：微纪录式原创优质短视频

（一）C视频平台内容主要版块

C视频平台的传统视频内容分为公益、守艺人、身边人、美食、素言和新时代六大版块。

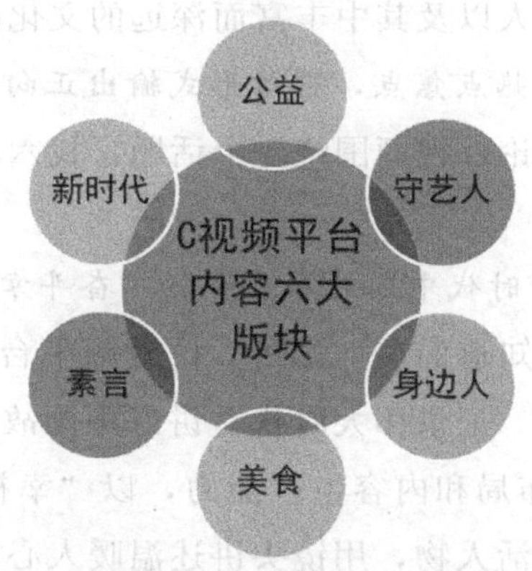

图1　C视频平台内容六大版块

1. 公益：用影像触动人心，让公益群体走进大众视野

C视频平台以短视频链接公益，发挥其在视频制作和传播领域的专业技术优势，通过有温度的视频故事，让更多人认识和了解公益，关注优秀公益项目背后需要帮助的人们，让关心从“看见”开始。C视频平台先后摄制播出了《百公里的歌》《坚守的力量》《童画车票》等公益短片600余部，引发社会大规模热议，推动各方面关注并积极参与公益。

2. 守艺人：讲述守艺人的故事，匠心传承弘扬文化复兴

这一版块主要关注即将失传的手艺，尤其注重展现传承传统手艺的年轻

人的故事。例如，这个系列中的《姑苏秀郎》讲述的是一个男孩海外留学归来，没有选择进入大企业或者考公务员，他不顾家长反对，回到非常传统的苏绣行业做刺绣。在城市影像力量的广泛传播下，这些传统手艺获得了更多年轻人的关注。在《姑苏秀郎》的影响下，苏州的很多家长也开始带着小孩去学苏绣，把它作为一门兴趣班。①

3. 身边人：记录身边普通人普通事，向坚持真我的灵魂致敬

C视频平台将镜头对准身边的普通人，展现他们身上坚持梦想和真我的力量。例如，2018年7月，常州团队拍摄制作的视频《菜棚歌神》就是当地的一个普通人。拍摄团队来到他的菜地、家里，拍他吃饭、拍他做直播，让受众在C视频平台的视频中看到了这个网红普通人的一面。②

4. 美食：以美食为线索，发现美食背后的动人故事

“民以食为天”，美食版块挖掘不同地方的饮食文化符号，将一道道菜与人们的宗教信仰、风俗习惯以及传统的家庭观念联系在一起。通过镜头呈现出食材、做法、做菜的人以及其中丰富而深远的文化内涵。

5. 素言：围绕社会热点焦点，群访形式输出正向价值观

素言，即素人的言论，视频围绕一个话题，找六七组人物对这一话题进行观点分享。③

6. 新时代：讲好新时代中国故事，弘扬“奋斗幸福观”

除了“发现身边不知道的美”之外，C视频平台在2018年成立“新时代”内容版块，致力于“记录伟大时代，讲好中国故事”。基于C视频平台海内外31个城市站的布局和内容生产能力，以“幸福奋斗观”为核心价值观，寻找具体事件、鲜活人物，用镜头讲述温暖人心的生动故事。

（二）C视频平台的视频内容新拓展

除了传统的六大版块之外，C视频平台还在形式上不断进行着新的探索。直播成为当下的热潮，C视频平台也抓住了这个潮流趋势，开发了直播版块。但不同于市场主流的电商直播带货，基于自成立之初就带有的“人文”的基因，C视频平台致力于以内容为主的直播。2021年五一劳动节，C视频平台和“予她同行”公益团队合作，进行了一场“关注女性成长”的主题直播。2021年上海国际电影节短视频单元的入选短片《两代人》是C视

①②③ 郑龙：《爆款短视频是怎样炼成的》，《视听界》2018年第9期。

频平台的团队另一次新的尝试，《两代人》探讨了代际沟通矛盾，形式类似小情景剧。C视频平台将《两代人》定义为话题片，基于当下社会的一些热点在短视频形式上进行新的探索。

近年来，打造以视频为核心的互联网企业特色党建品牌成为C视频平台的一块重要内容。C视频平台发挥自身原创视频生产者的企业特色，将党建融合于自身创作的微纪录短视频中。主题选择上关注基层中无数扎根一线、勇于担当的党员干部及先锋人物，用视频记录了十余年来关爱老人的社区支部书记、为考生护航二十余年的出租车司机、为街坊免费修理小家电近十年的七旬老人、为病人家属提供一元厨房的平凡老夫妻、将青春和热忱奉献给教育事业的乡村教师等闪耀着平凡光芒的基层共产党员的先锋故事。2019年9月，C视频平台正式入驻学习强国，并陆续在央视频、新华网App、人民日报App等新媒体端开设账号，实现了平台的互相融合。

（三）视频制作流程

选题报备、播前终审、播出调控、全国联动是C视频平台的内容生产逻辑。其具体操作流程如下：

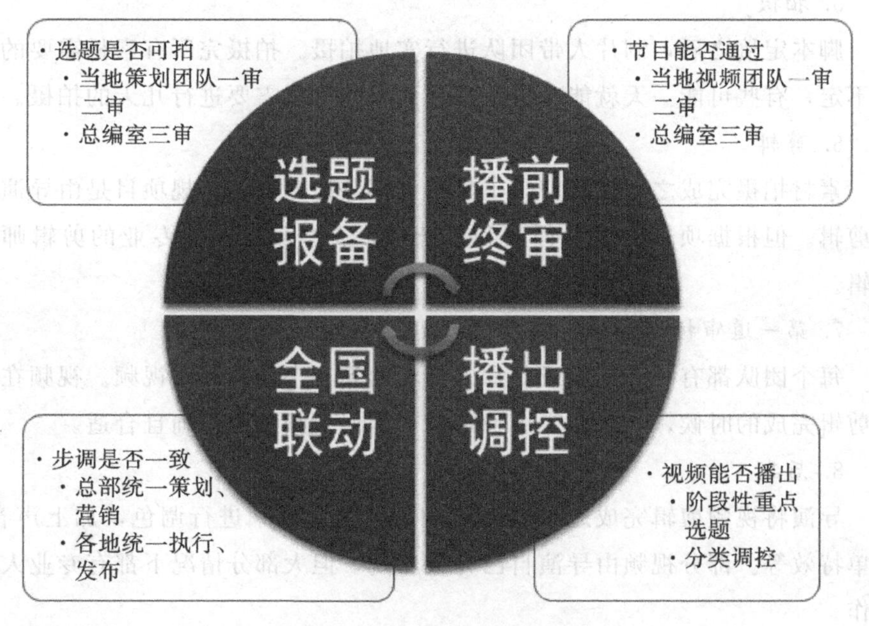

图2　C视频平台内容生产逻辑

1. 报选题

视频制作流程的第一步是导演报选题。导演团队通过报纸、微博或网站等渠道寻找选题。在报选题的时候，要求导演已经和采访对象取得联系，并进行前采。通常一条视频只有 5—8 分钟的时长，因此只能选择从一个切入面拍摄。在报选题阶段，导演就需要有清晰的思维脉络，确定自己拍摄的思路和计划。

2. 讨论选题

报选题之后，已有充分的前期调研和前采，主编会带领团队人员进行讨论，判断选题的可行性，并给出一些建议。

3. 写脚本

选题通过之后的下一步就是写拍摄脚本，思考如何对采访对象进行拍摄。C 视频平台有一套自己的脚本撰写模式，有规范化的表格，具体到第一幕拍摄的内容、画面、机位以及可能会出现的问题等。

4. 讨论脚本

脚本完成之后，主编会再次聚集团队，讨论脚本需要修改的地方。

5. 拍摄

脚本定稿之后，制片人带团队进行实地拍摄。拍摄完所有素材需要的时间不定，有些可能一天就能完成拍摄，而有些可能需要进行几天的拍摄。

6. 剪辑

素材拍摄完成之后就是剪辑工作。大部分情况下，常规项目是由导演自己剪辑。但根据项目的难易程度和复杂性，有些项目会让专业的剪辑师来剪辑。

7. 第一道审核

每个团队都有一个主编或制片人带着两到三个导演制作视频。视频在粗片剪辑完成的时候，主编介入进行审核，确保视频结构正确且合适。

8. 后期

导演将视频剪辑完成之后开始后期制作，对视频进行调色，加上声音、简单特效等。部分视频由导演自己完成后期，但大部分情况下都有专业人员制作。

9. 正式审核

团队拍摄、剪辑和包装完成后，进入审核阶段。C 视频平台的审核制度为“三级终审制”。“三级终审制”的第一级审核由主编负责，第二级审核由制作团队所在的公司负责人负责。第三级审核，即终审，负责终审的是总编室。总编室在终审时会对视频进行多维度的审核，包括政治导向、价值观等问题，以及一些技术指标、版权问题甚至是错别字。

10. 入库、播出

所有审核都通过之后，这条视频就可以入库，等待运营根据不同的推送安排播放。

11. 运营

后续阶段就是关于视频的运营，包括盈利、版权、网络平台端、奖项端等的运营。例如，其他公司、平台等对C视频平台的视频内容感兴趣，他们有各种各样的屏幕需要内容，便会向C视频平台采买这些版权，C视频平台会以整体授权的形式向他们提供视频。此外，很多公司在制作视频时需要C视频平台视频里的镜头素材，这种情况也需要跟C视频平台进行合作。

(四) C视频平台的传播平台

根据《2019纪录片内容及用户报告》等相关数据显示，主流视频平台用户主要年龄集中在18—30岁，普遍接受过高等教育。纪实类短视频的优质内容、海量信息、深刻主题，在不同程度上满足了这类人群的观看需求，这也是C视频平台受到这类用户关注的原因。

C视频平台有一套非常互联网化的传播矩阵，由五个字母构成：W（微信、微博）＋T（Top渠道）＋N（视频门户、资讯App、视频App）＋S（Screen）＋I（International），涉及线上线下视频传播平台。[①] 一般来说，C视频平台采用“一键多发”的方式发布视频，即在多个平台同时发布同样的内容。不过，即使各个平台发布同样的视频，也会根据平台用户的特征采用不同的文案。比如，微信公众号和微博等平台的标题可能不同；不同地区账号发布的文案也会有所差异，旨在呈现出地方特色。此外，基于某些平台的特征，C视频平台也会对投放的视频进行特殊化、专门化处理：

1. 抖音

C视频平台短视频的时长一般是五六分钟，但在抖音平台往往无法播出全片。针对这种情况，C视频平台便会从片库中挑选一些适合抖音用户浏览

① 郑龙：《爆款短视频是怎样炼成的》，《视听界》2018年第9期。

习惯的片子，并且让工作人员或团队进行二次剪辑，甚至会二次包装。

2. YouTube

在国际化视频平台YouTube上，受众是来自全球各国的观看者。因此，C视频平台会对所发布的视频内容进行文字翻译。同时，通过对C视频平台在YouTube平台上播放数据的长期分析，发现美食类、风光类和奇闻趣事类的视频点击播放量较高。在针对YouTube平台进行投放时，C视频平台会根据相关数据和经验，选择更受用户欢迎的视频内容。

3. 学习强国及央媒平台

C视频平台对于在学习强国及央媒平台播放的视频内容的审核更加严格，多以发布正能量内容视频为主。此外，C视频平台也会根据平台要求选择相关的视频内容进行发布。

三、小视角、故事化的微纪录片生产

（一）C视频平台短视频生产特征

1. 以人物微纪录片为主

相比于传统宏大叙事的纪录片而言，微纪录片在时长、主体等方面都呈现出不同的特点。C视频平台的短视频以普通大众为核心，从内容上来看，C视频平台传达的是一种积极的价值观、生活态度，从微小的地方去刻画不平凡的经历；将内容类型主要定位在人物微纪录片。C视频平台在2014年11月30日创立当日，推送了第一条原创短视频——《杭州24小时》。这是一部关于普通人的微纪录片，将镜头对准各行各业的普通人，看似身份不同，实际上有着相似的鲜明特点：热爱生活，充满生命力，平凡却又特殊。在短片的末尾则点出了这部片子的出发点——“寻找与生活沟通的方式”和“发现身边不知道的美”，随后这也成为C视频平台短视频的核心。

2. 围绕一条线，讲述一个故事

线索贯穿纪录片的始终，纪录片从头至尾围绕着线索进行叙述。在微纪录片的叙述中，主要分为单线式叙事结构和多线式叙事结构。单线式叙事结构，是指在叙事过程中只有一条线索，以一种渐进关系为基础，层层深入，不断呈现其主线，最后实现内容的呈现。由于时长的限制，C视频平台的人物微纪录片通常控制在7分钟以内，因此，在短时间内无法对人物进行全面的展示，因此只能抓住某一角度进行刻画。这样一来，通过简单的单线式叙事结构，能够更加清晰、直观地展示人物，突出其最具特色的地方。同时，这也使观众更好地理解作品的主题核心。

3. 时长设置合理，符合观看需求

人物纪录片在其中占据最主要地位。时长在一定程度上会影响视频的内容呈现。通过梳理发现，C视频平台的微纪录片时长主要集中于3－7分钟。时长小于3分钟时，会影响内容的表达，无法较好地突出重点；当时长大于7分钟时，叙事时间偏长，会影响观众的接受度，观众极有可能会失去观看的耐心。因此，视频的时长控制在一个比较合理的时长范围内，符合用户的心理期望。另外，受到时长的限制，内容往往会围绕一个方面来集中叙述，深挖其中的核心，从而避免角度过多而造成主题不明确，有利于让观众更好地接受内容。

4. 取材“平民化”，接近大众生活

从推出的第一条原创短视频《杭州24小时》到之后所创作出的微纪录片里，人物类微纪录片是其主要创作类型。C视频平台微纪录片的创作理念是以普通人为主体，把平凡人作为视频的主角，希望通过对人物的拍摄，传递具有生命力的生活方式和鲜活的形象，以及积极向上、有影响力的人生价值观。通过对平凡人、平凡生活的视频记录，不仅得到了人民网、央视新闻、共青团中央等央媒党媒的频频转发，获得了大量的再次转发和点赞，而且也容易使用户产生共鸣，产生更强大的传播效果。

5. 以小见大，突出核心

人物微纪录片作为人物报道的一种新形式，往往会通过一种平民化的叙事方式，从微观角度出发，从一些具体的角度入手，讲述人物的主要故事。C视频平台以“发现身边不知道的美”为核心，从生活中的平凡人、平凡事入手，接近观众的生活，在一定程度上更容易拉近与观众的距离，从而更容易和用户产生情感上的共鸣。

C视频平台人物微纪录片的主体都是在各行各业奋斗的人，将视角聚焦在形形色色的普通人身上，他们或是手工艺人，又或是经营者、护士、学生、为信仰而坚守的人，等等。在叙事过程中，以小见大，由点及面，抓住人物的矛盾点、闪光点进行叙述，中国的传统价值观都能在他们的身上一一对应。这些人物微纪录片也构成了时代的缩影，每一个自强不息的、奋斗着的个体都给这个时代带来独特珍贵的价值。从受众角度看，这些平凡普通的人也代表着受众自己，是受众自己的缩影，进而引发强烈共鸣。

C视频平台从创立以来的主流价值观始终是其价值主张。对主流价值的宣扬不再单单停留在口号上，而是将口号放在行动的后面，将主流价值观融入平凡人的生活当中，从细微之处凸显其核心价值，从而产生潜移默化的作用。

（二）个案分析：《最后一班地铁》系列短片

C视频平台在2019年4月推出纪实系列短片《最后一班地铁》，通过采访地铁上普通的通勤人，纪录平凡人不同生活的喜怒哀乐。这一系列接近大众的平凡故事，传递了温暖的力量，鼓舞了和他们一样正在奋斗追梦的年轻人，也获得了广泛的关注和好评。自2019年第一季播出以来，目前《最后一班地铁》系列已经做到第四季，以平均一周双更的速度发布，每个视频的点击率均在10万+以上。《最后一班地铁》系列短片呈现的都市年轻人从事不同行业，背景、家庭环境各不相同，绘制出了一幅大都市Z世代青年的风貌群像。

1. Z世代青年就业观——为热爱而拼

搭乘最后一班地铁的很多年轻人都是因为刚刚结束一天的工作。因此，当拍摄者上前询问时，他们在镜头前首先聊起的就是自己的工作。《彩妆师家辉》的主人公家辉学习的是汽车工程专业，毕业后在杭州的一家车企工作，经历了公司老板“画大饼”后决心改变原来的生活。在大三、大四时家辉就喜欢美妆，研究改造自己，因为热爱，他最终投身于美妆行业。《其实我是一个演员》中中戏毕业、跑过龙套、当过主持人，现在是一名表演老师的窦威，对着镜头表达了他对表演的热爱，“热爱表演是没有理由的”，也正是因为表演让他热爱生活中的一切。在《最后一班地铁》系列短片之中，视频主人公在讲述自己的职业和来到大都市的原因时总离不开“热爱”这两个字。出于对快速发展的大都市的向往和憧憬，Z世代青年离开自己的家乡，希望通过努力，在自己热爱的领域施展才能。《最后一班地铁》系列短片呈现出Z世代青年为热爱而拼的就业观。

“斜杠青年”一词近些年来风靡于社交媒体，成为Z世代年轻人所追求的“新”理想生活。斜杠青年表征同时追求多重职业的青年群体。[①]《最后

① 杜敏：《职业发展中的“斜杠青年”现象论析》，《当代青年研究》2017年第5期。

一班地铁》系列短片也对斜杠青年进行了生动的刻画。例如，《不听话的涤纶》的主人公涤纶就是一位斜杠青年，他除了是辅导机构的一对一初中英语老师，还是一位写手，为朋友的公众号供稿。问起他职业的时候，他说自己想成为自由的人。《花一般的生活》中，主人公戴晨宇的主业是一家工作室的花艺师，同时他还经营着一家淘宝店售卖杂货品。他向镜头介绍精巧设计的收纳篮子，这种篮子的销售为他带了不少的收益。因为爱好摄影，他还有另一个身份就是婚礼摄影跟拍师。多重身份不仅丰富了戴晨宇的生活，也使他有能力还得起每月6000块的房贷，在杭州购买了一套自己的房子。斜杠青年看重“钱途”，但并没有把“钱途”与“前途”等价，他们在选择多重职业时更加关注职业的挑战性、鲜活性、趣味性和多样性，珍视职业发展的意义感、价值感和满足感。《最后一班地铁》系列中的斜杠青年都是理想的追求者，通过多元的尝试丰富人生，实现自我。

2.Z世代青年生活观——在焦虑社会中慢下来体验

在中国的大都市中，焦虑成为一种持续的、弥散的社会心态，是加速社会中的人们对现实和未来无法把握的情感表征。[①]《最后一班地铁》系列短片也描绘了Z世代青年生活中的焦虑：《三叔》中的主人公因为家庭变故、情感问题，有很长一段时间受到抑郁失眠困扰；《小张和小张们》中的主人公小张面对赚钱的工作和热爱的工作这个选择题，“如果是几年前我肯定会选择有趣的工作”，现实的压力让他变得犹豫起来；《慢慢生活 慢慢爱你》的主人公六一上个月底刚和男友分手，社会节奏不断加快，爱情也逐渐变得快餐化，她开始思考到底应不应该这样。在面对上述问题的时候，这些年轻人逐渐找到了自己的答案：三叔选择了更加需要耐心的阅读纸质书和外出旅行，在读书中放慢节奏，通过汲取前人的经验完成自我拯救，在旅行中逃离碎片化的信息世界，与大自然相处，感受时间的美好；小张给自己设定了一个时间期限，来到大城市重新开始；六一对着镜头说虽然社会发展飞快，爱情也进入快餐式，但不代表其不需要真诚了，她会把自己调整到合适的节奏，仍然用真诚来对待爱情。

尽管大都市的生活异常忙碌，《最后一班地铁》仍展现出了青年积极向上的生活态度。一部分年轻人试图把自己的生活节奏放慢，用一种慢节奏体

① 王小章：《论焦虑——不确定性时代的一种基本社会心态》，《浙江学刊》2015年第1期。

验人间的烟火气。《生活多美丽》主人公小唐从事房地产事业，每天晚上十点半才下班的她乘坐最后一班地铁回家。小唐平时会自己做饭、睡觉前读书做笔记、在家中种菜、买了瑜伽垫坚持运动、用画笔构想自己的未来。这些事情看似普通，但对大城市中休息时间很少的上班族来说极为奢侈，小唐坚持用这些方式来体验生活中的美好。《CY的“老”友记》中的视频主人公CY和她的三个姐妹住在一起，她们一起逛展览、一起拍创意摄影、一起练毛笔字。这些时间被高强度工作占领的Z世代青年并没有放弃生活的仪式感，通过他们自己的方式和途径继续热爱生活、快乐生活。

3.Z世代青年消费观——生存基础上合理享乐

Z世代是成长于中国经济腾飞时期的一代，在享乐主义消费文化的影响下，往往被认为缺乏自我控制的能力，存在攀比及从众和盲目消费。[①] 在《最后一班地铁》系列短片之中，Z世代的消费观并不是其主要呈现的部分，但是或多或少能从主人公的行为中窥得。《彩妆师家辉》中家辉在展示其化妆品的时候说其实自己这里没有很贵的东西；《三叔》主人公三叔称自己是穷开心，通过买书看书来丰富自己的生活；《其实我是一个演员》的主人公窦威屋子里挂着各式各样的衣服，但许多是由他自己设计的；《慢慢生活 慢慢爱你》中的六一只有在节日时才和朋友出去吃一顿仪式感大餐。短视频中的主人公们的消费观是Z世代青年的缩影。大城市寸土寸金租房贵，刚开始工作工资水平低，刚步入社会的Z世代青年们首先面临的就是生存问题。但他们并没有像社会所痛斥的那样“啃老”，解决问题的办法是开源节流。开源途经有很多，斜杠青年是一条道路，“废物”变现也是一种Z世代青年青睐的新方式。此外，视频中绝大部分主人公选择和别人合租，住在一个很小的空间里来节约生存经费。

Z世代的消费理念并非过度追求一种奢侈和虚荣，《最后一班地铁》系列短片更多地呈现出这部分青年群体独立自主、节俭生活的一面。他们依靠个人能力赚钱生活，购买最适合自己的东西，在自己消费能力范围内偶尔进行具有仪式感的“奢侈”消费，从而形成了属于这一群人独特的、理性的、务实的消费观念。

---

① 林江、蒋楠：《中美青年消费状况的比较研究》，《中国青年研究》2017年第3期。